国库集中支付电子化管理理论与实践

GUOKU JIZHONG ZHIFU DIANZIHUA GUANLI LILUN YU SHIJIAN

财政部国库司　编著

经济科学出版社
Economic Science Press

图书在版编目（CIP）数据

国库集中支付电子化管理理论与实践/财政部国库司编著．—北京：经济科学出版社，2013.7（2014.1 重印）

ISBN 978－7－5141－3601－2

Ⅰ.①国… Ⅱ.①财… Ⅲ.①计算机应用－国库－收付实现制－研究－中国 Ⅳ.①F812.2－39

中国版本图书馆 CIP 数据核字（2013）第 155681 号

责任编辑：柳　敏　于海汛
责任校对：王凡娥
版式设计：代小卫
责任印制：李　鹏

国库集中支付电子化管理理论与实践

财政部国库司　编著

经济科学出版社出版、发行　新华书店经销

社址：北京市海淀区阜成路甲 28 号　邮编：100142

总编部电话：010－88191217　发行部电话：010－88191522

网址：www.esp.com.cn

电子邮件：esp@esp.com.cn

天猫网店：经济科学出版社旗舰店

网址：http://jjkxcbs.tmall.com

北京汉德鼎印刷有限公司印刷

永胜装订厂装订

710×1000　16 开　20 印张　320000 字

2013 年 7 月第 1 版　2014 年 1 月第 3 次印刷

ISBN 978－7－5141－3601－2　定价：56.00 元

（图书出现印装问题，本社负责调换。电话：010－88191502）

编　委　会

主　编： 翟　钢

副主编： 娄　洪　赵永旺　赵文海

编　委： 刘文卿　李大伟　郝红林　毕马宁
李树平　战　冰　欧　涛　杨世英
唐贝贝　田红梅　杨　阳　易　毅
郜玉乔　王连泽

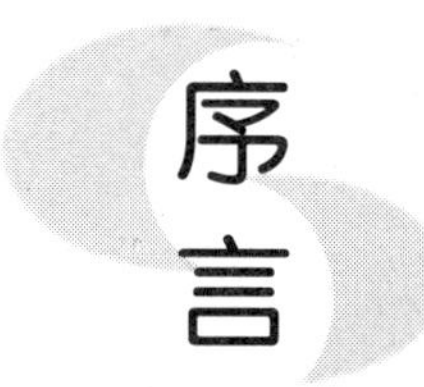

不断深化财政国库管理制度改革
全面推行支付电子化管理

——在2013年9月27日国库集中支付电子化管理全国推广电视电话会议上的讲话

财政部会同中国人民银行共同推进国库集中支付电子化管理工作，是深入贯彻落实党的十八大、十八届二中全会精神，按照党中央、国务院对财政工作的总体要求，以科学化、规范化、信息化为基本方向，以构建功能完善、安全高效的现代国库管理制度为主要目标的一项创新性、基础性的重要工作。

一、深刻认识支付电子化的必要性

支付电子化管理是需求牵引和技术推动共同作用的结果，财政部、人民银行决定推广支付电子化管理，是充分考虑了当前财政资金管理工作的现状，认真研究了未来发展的趋势，科学做出的安排部署。开展这项工作，十分重要，很有必要。

第一，是提升财政资金安全管理的现实需要。安全问题是重中之重。以往发生的财政资金安全案件，大都与伪造纸质凭证和公章有关，而且伪造手段越来越高，门槛越来越低，亟须采取行之有效的办法，予以解决。保障财政资金安全，最关键的有两条，一是加强管理，二是技术支撑。实行支付电子化，在业务上实现链条式管理，在技术上引入安全支撑控件，建立更科学的信任体系，从根本上实现数据的唯一性、完整性、防抵赖和防篡改。大量工作由计算机控制并完成，减少了人工干预，也降低了故意违规的风险。可以说，支付电子化是目前条件下进一步保障财政资金安全最强有力的技术手段。

第二，是提高效率、厉行节约的具体实践。近年来，国库集中支付工作量成倍增加，财政、人行、预算单位和代理银行的业务人员手工签章、逐笔打印、往返跑单，耗费大量人力、物力，且效率低、易出错。传统的管理方式必须创新。支付电子化改变了以往半电子、半手工的处理方式：取消纸质凭证流转，不再人工跑单；加盖电子印章，不再人工签章；实行电子校验，不再人工核对；通过自动对账，及时发现问题。在保障安全的同时，可以大幅提高工作效率和服务能力、降低行政成本，具有明显的经济效益和社会效益。从经济学角度看，支付电子化是一次典型的“帕累托改进”，符合激励相容的要求，是应用信息技术促进财政管理创新、节能增效的有益尝试。

第三，是深化国库管理制度改革的必然要求。今年初召开的国务院第一次廉政工作会议，要求继续推进国库集中收付制度改革，实现国库集中收付制度的全覆盖。国库集中支付制度是现代管理理念和信息化技术相融合的产物，没有先进的技术手段，国库集中支付的制度优势就无法充分发挥，改革也难以深化。支付电子化，可以有效解决“集中式管理”所带来的“效率”和“区域”的限制；可以最大程度上实现从人工核对到计算机自动控制的转变；可以有效消除财政、人行、代理银行间信息不对称的现象，加强财政财务监管；可以从根本上解决基层银行网点不足、清算时间过早等制约乡镇国库改革的瓶颈。通过全面推行支付电子化，国库改革必将得到进一步深化。同时，其他各项财政改革，如非税收缴、政府采购、工资统发、农民直补等，都可以沿用这套体系，从整体上提升财政管理水平。

第四，是提升财政信息化管理水平的关键一环。近年来，财政信息化建设有了很大发展。但实事求是地讲，无论纵向看还是横向比，财政信息化建设步伐偏慢，各级财政部门普遍存在信息“孤岛”现象，规划不衔接、标准不统一、低水平重复建设等问题比较突出。楼继伟部长非常重视信息化工作，他在全国财政厅（局）长座谈会上指出，要以国库集中收付系统为主体，构建覆盖全流程的完整业务生产系统。支付电子化要求把业务单据的整个生命周期纳入系统管理，指标流、资金流和业务流都集中到电子凭证这个载体上，实现业务生产系统的整合；要求统一标准规范，消除信息“孤岛”，实现海量数据的汇集与处理；要求建立横向、纵向的部门信息系统自动衔接机制，实现深度数据共享和分析。将来，整个财政管理的信息化都要以支付电子化为基础向外拓展，最终形成全链条闭环的财政管理系统。因此，支付电子化肩负着带动财政信息化工作全局的使命。

支付电子化从 2007 年中央本级试点，到 2013 年十二省市试点，“六年磨一剑”，经历了创新、论证、实践的艰苦过程。试点工作中，财政部、人民银行总行通力合作，公安部等部门大力支持，各家代理银行、试点省（市）财政部门和人民银行、基层预算单位、相关信息安全厂商和开发公司全力配合，近千名同志直接参与，大家为试点工作的成功付出了辛勤的汗水。

二、着力巩固支付电子化的试点成果

从试点的结果看，支付电子化起步扎实，发展势头良好，全面推广的条件已经基本成熟。为此，财政部和人民银行总行研究决定，省级国库集中支付业务全面推行电子化管理。

已开展试点的12个省市，支付电子化的实际效果逐步展现，得到了大家的拥护和支持，取得了许多宝贵经验。如河北省1至8月电子化支付资金610多亿元，减少纸质单据14万张、签章66万个；重庆市利用支付电子化较好解决了纸质单据从代理银行向预算单位传递慢、易丢失的问题，受到预算单位的一致认可；辽宁省实行支付电子化以后，一次性审核2500多条授权支付额度，整个签章过程只用了50秒；河南省建立了数据同步检查机制，规范了代理银行系统功能，有效杜绝了“先清算后支付”违规操作的可能；安徽省实现了直接支付全程网上办理，预算单位不再邮寄纸质申请，群众路线教育实践活动期间，预算单位纷纷要求尽快加入试点；湖北省试点了“自助柜面”系统，预算单位足不出户就可办理资金支付，省去了写支票、来往银行、排队等候的环节，以前半天才能完成的业务，现在只用半个小时。

试点工作的另一个宝贵经验是思路的创新，做到“小手术，大效果”。财政国库工作服务千家万户，牵一发而动全身。由于财政、人行、代理银行都建立了各自的信息系统，支付电子化的基本思路是以各方的系统为基础进行嵌入式优化。简单说，就是利用一套标准规范、“支撑控件”和“自助柜面”两个软件，打通财政、人行、代理银行三个系统，实现财政、人行、预算单位、代理银行四方电子化管理。

试点经验表明，支付电子化的理念、方向和路径是正确的，符合有关各方的愿望和要求。巩固和发展前一阶段的成果，试点省市要继续当好排头兵，为全国提供榜样和示范。

一是继续创新管理模式。试点省市财政部门要以国库集中支付制度为基础，以支付电子化为契机，把工作重点放到创新管理模式上来，重点完善支付电子化的管理办法和制度建设，研究优化工资统发、公务卡等批量支付业务的效率问题，同时要安排部署地市的支付电子化应用，研究县乡财政国库集中支付的流程简化问题。国库司也要继续下大力气抓，提出基本的原则和要求，形成全国基本统一的管理模式。

二是尽快向纵深推进。人民银行和代理银行的信息化建设比较领先，在支付电子化工作中给了财政很大支持和配合。但是，人行和代理银行的网络系统是“上下一条线”的全国统一部署，改造难度比较大。下一步，试点省市财政部门要积极配合人民银行做好系统自动化衔接，督促代理银行做好相关系统的完善工作。同时，试点省市要尽快扩大电子化管理的覆盖范围，扩展到所有集中支付业务和预算单位。

三是加强技术保障。安全问题永远是最重要的问题。实施支付电子化以后，资金安全、支付效率大幅提高，但对信息安全管理的要求也相应提高。以前出问题是局部的一个点，现在网络都是贯通的，如果出问题就会造成全局性的影响。况且开弓没有回头箭，电子化管理以后，就很难退回到手工操作了。我们要从保障财政资金安全的高度，重新审视我们现有的技术条件和环境，弥补短板，查漏补缺，让我们的信息安全基础更牢固。试点省市财政部门要特别重视并加强技术实施的可靠性、安全性，系统开发和改造要严格按照中央制定的标准规范进行；要按国家要求实施系统安全等级保护；电子签章等配套安全设备要符合国家相关标准，必要时请权威机构测评；要加快电子审计和容灾备份系统建设，不管冷备份、热备份，一定要有备份系统，条件不够就在当地备份，条件够了就在异地备份。各级财政信息技术部门，要切实负起责任，与有关单位密切配合，充分发挥技术优势，强化技术支撑。

三、严格落实支付电子化的核心任务

支付电子化涉及观念理念更新、业务管理协调和工程技术实现，实施工作千头万绪，是一项复杂的系统工程。各地财政部门牵头这项工作，既要脚踏实地、循序渐进，也要通盘谋划、突出重点，关键是严格落实以下四项重要任务：

第一，大力加强支付电子化制度建设。支付电子化是财政资金支付方式的重大转变，改变了国库支付管理的技术环境和基础，这就对国库管理制度建设提出了新的要求。一是要建立电子化条件下的新型信任体系，按照财政部、人民银行总行印发的支付电子化管理暂行办法，建立健全内控管理、安全保障、应急处置等各方面的管理制度，通过制度建设保障财政资金支付管理体系的安全。二是要将电子化融入到日常的业务管理中，调整业务审核流程、凭证管理内容和印鉴管理方式等原有制度规定。三是要做到合法、合规，根据有关法律要求，财政部门要与人民银行、代理银行签订业务办理协议，组织预算单位与代理银行签订“自助柜面”服务协议等。各地在制度建设过程中，必须坚持国库集中支付制度框架不变的基本原则，具体做到三个不改变：不改变“先支付，后清算”的支付体系，不改变代理银行的服务职能，不改变预算单位的预算执行责任主体地位。

第二，严格遵守支付电子化标准规范。财政部会同人民银行总行及相关部门，根据满足信息交换和信息安全的双重要求，共同研究制定了支付电子化相关业务和技术标准。这套标准规范是消除信息“孤岛”，实现跨部门、跨地区互联互通的“灵魂”，是“硬要求”，各地一定要严格执行。财政部正在逐步建立全国财政系统标准化体系，使之成为财政信息化的引领和驱动。各地财政部门也要树立标准化意识，不断强化标准规范的约束作用，在支付流程调整、业务系统改造、安全服务应用等方面，严格遵守中央制定的支付电子化标准规范。执行过程中，如果遇到问题，要及时和财政部、人民银行总行汇报、沟通、确认，以便补充完善。

第三，统一部署安全支撑控件。在全国范围，如何实现跨人民银行、代理银行等多部门的信息交换，保障资金安全有效管理是一个重要的问题。经过两年努力，攻关小组成功研发了安全支撑控件这一重要“抓手”，它把数字签名、电子印章、安全传输等功能进行封装，供各类业务系统调用。为了让安全控件真正发挥作用，财政部和人民银行总行聘请国家信息安全管理机构，对该产品进行了安全加固。地方各级财政部门、人行和代理银行使用这个软件时，要统一向财政部和人民银行总行申领，经批准后免费使用。今后，要逐步把它做成硬件，即插即用，最大程度地减小实施工作量、提高设备通用性。

第四，全面规范自助柜面业务系统。为实现全国80多万家基层预算单位“一站式”服务的目标，财政部、人民银行总行组织各家代理银行开发了自助柜面业务系统。这个系统是银行传统柜面业务的延伸，不仅能有效解决预算单位地域限制和银行基层网点不足、清算时间过早等突出问题，还有助于规范银行代理行为，降低代理成本，提高服务质量，是财政、代理银行互利共赢的具体体现。代理银行要按照“系统在总行、数据在分行”的思路，加强自助柜面的建设，打通代理业务系统与核心业务系统，从管理和技术层面压缩违规操作的空间。各地财政部门组织预算单位使用全国统一自助柜面系统，不得再单独向代理银行提出类似业务需求。全国性商业银行的自助柜面系统由财政部牵头验收，区域性商业银行的自助柜面系统由省一级财政部门牵头验收。财政部将会同人民银行总行统一制定验收标准。

四、全力做好支付电子化的推广工作

支付电子化是全面深化国库管理制度改革的重要任务。我们要以攻坚克难的决心、科学创新的手段、务实高效的举措，集中资源，有规划、有重点、有步骤地推动这项工作，力争早日取得成效。目标要求是，全国各省、区、市到明年上半年以前完成省级支付电子化实施，具备条件的地区今年年底以前完成省本级实施。已经开展类似工作的地区，要依据财政部和人民银行总行联合印发的支付业务电子化管理暂行办法、标准规范进行对照检查，按统一要求改造业务系统，使用全国统一的安全支撑控件和自助柜面系统。

一是加强组织领导。支付电子化工作时间紧、任务重，各地财政部门要高度重视，成立专门领导小组，组织好实施。地方财政部门主要领导要主动抓、亲自抓，制定明确计划，督促落实责任；要坚持质量第一、确保工作质量；要把握重点，切实加强资金安全是第一要务。另外，省级财政部门还要按照“两级建设，五级应用”的思路，积极发挥对所属市、县和乡镇支付电子化管理的统一规划、指导作用。其中，“两级建设”是指中央和省级财政负责支付电子化管理的主体建设，“五级应用”是指中央、省、市、县和乡镇财政统一使用。

二是建立协调机制。支付电子化是一项多部门联动的系统工程，涉及面广、协调难度大。地方财政部门要搞好协调和服务，切实发挥牵头和枢纽作用；要与人民银行积极配合，确保按照规范性要求开展实施工作；要加强对代理银行的培训和指导，不断提升代理服务水平；要协调好预算单位的业务调整，在加强资金安全的基础上，为预算单位提供便利；要统筹安排好软硬件厂商技术力量，做好技术服务。

三是规范采购行为。支付电子化需要一定的软硬件配套和资金投入，涉及多家服务厂商。各地要遵循厉行节约、公平公正的原则，尽可能降低采购成本。对于通用服务器等硬件设备，能利用旧的就不要采购新的；对于电子签名、印章服务器等安全基础设施，要遵从国家标准，没有国家标准的，要执行财政部会同人民银行总行制订的标准，不得指定品牌、厂商，人为设置技术壁垒；对于支付系统升级改造、支撑控件实施及运行维护等工作，有条件的要逐步实现本地化，尽量减少对生产厂商的直接依赖，提高工作效率、降低成本。

四是加强指导宣传。支付电子化是一项全新的工作，理解掌握需要一个过程。财政部近期将组织召开两个片会，以会代训指导地方。地方实施工作启动后，财政部国库司要指定专人跟踪指导。各地财政部门也要充分利用财政部搭建的网络论坛，加强学习，深入思考，上下联动，共同推进。在做好具体工作的同时，各级财政部门还要重视开展宣传工作。试点地区，尤其要认真总结经验，做好传帮带，利用各种媒体加强宣传，营造良好氛围，扩大社会影响力，培育推进支付电子化的“正能量”。

支付电子化工作影响深远，责任重大。希望大家同心协力，以这次会议为契机，全力推进支付电子化，加快财政信息化建设，推动国库现代化改革，努力开创财政事业新局面，为全面建成小康社会和实现中华民族伟大复兴的中国梦做出应有的贡献。

财政部副部长 刘昆

前言

现代国库管理是业务规范与信息技术的有机融合。自2001年我国实施国库集中收付制度改革以来，财政部门、人民银行及代理银行分别开发或改造信息管理系统，有效支撑了国库集中支付业务的开展。特别是一些地方探索建立电子化管理方式，部分实现了系统间信息的自动交互。但由于受管理模式制约，银行垂直统一的系统与财政分散开发的系统之间，管理规范、业务规则、技术标准差异过大，财政部门出于现实条件和安全考虑，依旧保留了电子信息与纸质凭证并存的模式。要突破上述瓶颈制约，就必须立足全国实际，加强顶层设计，制定出科学合理、安全高效、切实可行的解决方案。

财政部国库司会同中国人民银行总行国库局，在公安部等信息安全主管部门的指导下，历时两年制定出一套较为完善的管理体系和实施方案。首先构建了跨部门的电子化管理标准化体系。通过标准化体系把一个个信息“孤岛”连成整体，达到数据共享、资金流与信息流同步运行的目标。其次，以“电子凭证库”为核心，开发出“电子凭证安全支撑控件”。通过这个媒介打通财政、人民银行、代理银行系统，建立三方间安全、高效的信息高速通道，同时确保不对现有系统产生较大影响。从2012年在河北、重庆的试点情况看，支付电子化管理不但大幅提高了财政资金支付的安全和效率，同时以电子凭证库为“支点”，丰富和完善了国库服务手段，初步体现了支付电子化对深化国库改革的积极促进作用。独木不成林，单弦不成音。2013 年，财政部会同人民银行加大了支付电子化管理推广力度，安徽、辽宁、河南等 10 个第二批试点省市正陆续上线运行，其他省级财政、人行部门也在积极准备，争取年底初步实现支付电子化管理。

为配合国库集中支付电子化管理全国推广工作，财政部国库司组织编写了《国库集中支付电子化管理理论与实践》一书。全书共分五章，第一章对信息安全基本概念和构建信息安全管理体系作了理论阐述，并阐明了国库支付业务可能面临的风险以及信息安全与支付电子化的关系，目的是促使广大财政干部树立信息安全意识和电子化管理理念；第二章回顾了开展国库集中支付电子化管理有关背景及认识历程，阐述了国库集中支付电子化管理的总体思路；第三章以方法论为统领，阐述了实施国库集中支付电子化管理的基础准备、业务调整思路和技术实现方式；第四章以业务问答的形式，简要介绍了国库集中支付电子化管理基本概念、总体思路以及实施过程中可能遇到的业务和技术问题，为实施工作提供有针对性的指导；第五章围绕电子化管理需要整理了相关制度范本，为实施支付电子化管理的部门提供制度参考。此外，本书还以附录形式收集了相关领导讲话、经验交流和电子化报文规范，便于广大读者了解和把握支付电子化管理工作的方向和细节。

本书可以作为财政部门各级领导理解和掌握电子化管理相关理论的指导手册，便于从宏观上把握这项工作的方向，此类读者可主要关注前三章；也可以作为具体组织实施电子化管理工作同志的工具书，利用书中提供的思路和实用方法迅速开展工作，建议此类读者通读全书；还可以作为参与这项工作的技术部门、开发公司同志的参考书，便于将信息技术手段与国库管理业务更好的融合，此类读者可主要关注第三章、第四章及附录报文规范部分。希望本书的出版，能够指导地方财政部门高效规范地开展相关工作，为国库集中支付电子化管理工作在全国推广做出应有贡献。

国库集中支付电子化管理是一项开拓性和创新型的工作，相关认识仍处于不断发展之中，有关制度体系、技术保障也在不断完善中，加上时间仓促，本书难免有疏漏和不足之处，恳请广大读者批评指正。

财政部国库司司长

2013 年 7 月

目录

信息安全与支付电子化

财政国库改革从一开始就与信息化密不可分。可以说，没有信息化，国库改革就无从谈起。十年来，按照建立现代国库管理制度的改革要求，各级财政国库部门大力推进国库信息化建设，国库管理信息系统对国库改革的支撑和促进作用不断增强，为完善现代财政国库管理体系提供了坚实基础。然而，迅猛发展的信息技术在服务国库改革的同时，也带来了信息安全风险，像一把“双刃剑”立在我们面前。如果国库信息安全问题处理不好，将很可能诱发财政资金运行风险，甚至威胁到国家的核心利益。为此，进一步夯实国库信息化建设的安全基础，建立较为完备的信息安全保障体系，既是确保支付电子化管理目标有效落实的重要保障，也是适应日益严峻的信息安全形势的客观需要。信息安全建设将是财政 IT 部门的一项基础性、长期性的工作。

1.1 初步认识信息安全

美国未来学家托尔勒说过：“谁掌握了信息，谁控制了网络，谁就将拥有整个世界。”因此，在信息网络上，“正义”与“邪恶”的斗争一刻也没有停止过。无论你是否愿意，只要你使用信息系统，信息安全就是你必须面对的事情。

1.1.1 什么是信息安全

什么是信息安全？“不就是在电脑上设置个密码，装个杀毒软件吗”？当你这样想时，你就和全世界95%的人一样，误解了信息安全的内涵，低估了信息安全的重要性。2013 年 4 月 23 日，由于美联社推特（Twitter）账户被黑客盗用，并发布了“白宫被炸”的假新闻，纽约股市道琼斯工业平均指数、标准普尔500 种股票指数和纳斯达克综合指数随之出现较大跌幅，纽约油价也应声下跌。近年来，关于网上银行、网络游戏密码账号被盗的案例也不胜枚举，“网银大盗”、“证券大盗”、“传奇窃贼”、“天堂杀手”等专门盗号的木马病毒给网民带来了巨大的经济损失。虽然以上例子是所发生的信息安全事件中的“冰山一角”，但希望它能够激起你了解信息安全知识的愿望。

国际标准化组织（ISO）对信息安全的定义是：“为数据处理系统建立和采取的技术的和管理的安全保护，保护计算机硬件、软件、数据不因偶然的或恶意的原因而遭到破坏、更改和泄露”。[①]

美国《联邦信息安全管理法案》（The Federal Information Security Management Act）对信息安全的定义是：“保护信息和信息系统，防止未经授权的访问、使用、泄露、中断、修改或破坏，以提供保密性、完整性、可用性。”

英国信息安全管理标准给出的定义是：“信息安全是使信息避免一系列威胁，保障商务的连续性，最大限度地减少商务的损失，最大限度地获取投资和商务的回报，涉及的是保密性、完整性、可用性。”[②]

《中华人民共和国计算机信息系统安全保护条例》（国务院令［1994］147 号）对信息安全的定义是：“保障计算机及其相关的和配套的设备、设施（含网络）的安全，运行环境的安全，保障信息的安全，保障计算机

① International Organization for Standardization：Information security management systems – Requirements（ISO/IEC 27001）.

② British Standards Institution：Code of Practice for Information Security（BS 7799 –1：1999）.

功能的正常发挥，以维护计算机信息系统的安全运行。”

上述关于信息安全的定义体现了一些比较主流的观点，从中可以看出，目前学术界和信息安全管理实践中，对信息安全问题的观察视角主要集中在层次和属性两个方面。

1. 信息安全层次观

从信息安全的作用层面来看，人们首先关心的是计算机与网络等硬件设备自身的安全，如网络是否通畅、服务器有无故障、机房电力供应是否正常等，称之为“物理安全”；其次关心的是计算机与网络设备运行过程的安全，涉及越权访问、黑客攻击、系统瘫痪等问题，称之为“运行安全”；当讨论信息自身的安全时，就是狭义的“信息安全”，包括对信息系统中所加工存储、网络中所传递的数据的泄露、仿冒、篡改以及抵赖等问题，称之为“数据安全”。上述从信息安全作用点来看待信息安全问题，称之为信息安全的层次模型（如图 1.1 所示）。

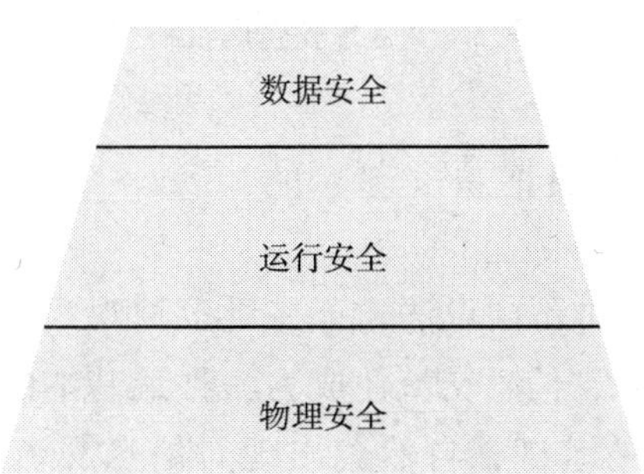

图 1.1　信息安全层次模型

2. 信息安全属性观

保密性、完整性和可用性是信息安全最基本的属性，也被国内外学者称为信息安全金三角。保密性是一个古已有之的需要，据传恺撒大帝为防止敌人获取军事情报发明了著名的“恺撒密码”，通过字母转换进行秘密情报传递。概括地说，保密性就是保证未经授权的人看不到、拿不走信息，或者即便截获信息，也读不懂、解不开；完整性是指信息未经授权不能进行更改，即信息在存储或传输过程中不被偶然的或蓄意的破坏和丢失。完整性与保密性不同，保密性要求信息不被泄露给未经授权的人，对抗的是被动攻击，完整性则要求信息不致受到各种原因的破坏，对抗的是主动攻击。可用性是指信息可被经过授权的人访问并能按需访问，这一点往往被忽视，如果信息系统采取的安全措施致使授权用户也不能正常使用（如为防止外部攻击采取断网的方式，形成一个个信息孤岛），信息系统的价值无从体现，信息系统再安全也变得毫无意义。这三种属性相互作用，相互支撑，共同构成信息安全属性模型（如图 1. 2 所示）。

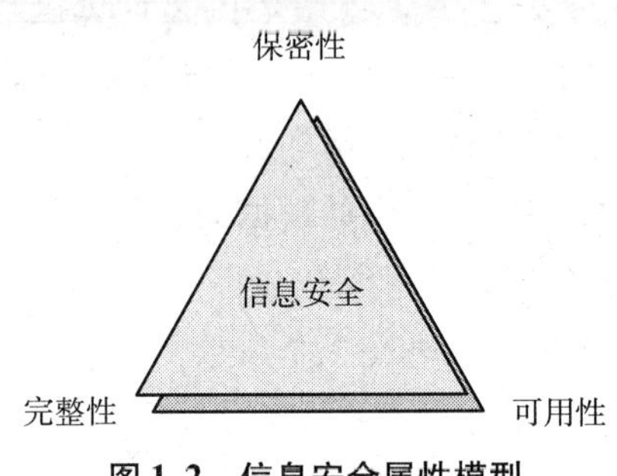

图 1. 2　信息安全属性模型

1. 1. 2　信息安全内涵的演变

信息安全出现多种不同说法，存在着多种观察视角，并不是偶然的现象。自有人类以来，信息交流便成为一种最基本的人类社会行为，是人类其他社会活动的基础，自然会出现对信息交流各种质量属性的期望。因此，对信息安全的需求一直是普遍存在的。特别是现代信息技术革命以来，政治、经济、军事和社会生活中对信息安全的需求日益增加，信息安全作为有着特定内涵的信息科学门类逐渐得到重视，其内涵不断演变。

1. 通信保密阶段

通信保密是人们最早认识的安全需求，但直到 20 世纪 40 年代，通信保密才步入科学化的轨道，其时代标志是 1949 年香农（Shannon）发表的

《保密系统的通信理论》[1]，该理论提出了信息的度量单位“熵（shāng）”，并给出了保密系统的数学模型。在这个阶段所面临的主要安全威胁是搭线窃听和密码学分析，而主要的防护措施是数据加密。

2. 计算机安全阶段

进入20世纪70年代，人们关心的是计算机系统不被未经授权的用户非法使用，这时学术界称之为“计算机安全（COMPUSEC）”时代，其时代标志是1977年美国国家标准局公布的《数据加密标准》（DES）和1985年美国国防部公布的《可信计算机系统评估准则》（TCSEC）[2]，这些标准提出了基于访问控制的信息系统等级化保护要求，意味着解决信息系统保密性问题的研究和应用步入了新的历史阶段。这一时期，人们认识到，由于计算机中信息有共享和易于扩散等特性，它在处理、存储、传输和使用上有着严重的脆弱性，很容易被干扰、滥用、遗漏和丢失。因此，人们开始关注计算机系统中的硬件、软件及处理、存储、传输信息中的保密性。主要手段是通过访问控制，防止对计算机中信息的非授权访问，从而加强信息的保密性。

3. 网络安全阶段

进入20世纪90年代，人们关心的是如何防止通过网络对联网计算机进行攻击，这时学术界称之为“网络安全（NETSEC）”时代，此时，通信和计算机技术已经相互依存，计算机网络发展成为全天候、通全球、个人化、智能化的信息高速公路，互联网逐渐成为人们日常生活不可或缺的重要平台，人们需要保护信息在存储、处理或传输过程中不被非法访问或更改，确保对合法用户的服务并限制非授权用户的服务，确保信息系统的业务功能能够正常运行。

---

① C E SHANNON：Communication theory of secrecy systems [J]. Bell System Technical Journal，1949，28：656 – 715.

② Department of Defense of USA：Trusted Computer System Evaluation Criteria，5200. 28 – STD，1985.

© Cartoonbank.com

"You know, you can do this just as easily online."
"你晓得，通过网络会更容易些。"

"网络威胁"简介

所谓"网络威胁"，是指对网络功能和服务造成某种损害的潜在可能性。随着网络的普及，网络威胁也越来越频繁，据美国金融时报报道，世界上平均每20秒就会发生一次入侵国际互联网的信息安全事件。网络威胁轻则使网络及网络上的计算机无法正常使用，重则恶意控制网络资源或者窃取隐私信息。"知己知彼，百战不殆"，对网络威胁手段了解得越多，越有利于保护网络和信息安全。网络威胁往往集多种特征于一体，根据不同的特征和危害，网络威胁可分为病毒、流氓软件、远程攻击、网络钓鱼、垃圾邮件等。

1. 病毒

计算机病毒是指编制或者在计算机程序中插入的破坏计算机功能及数据，影响计算机使用并且能够自我复制的一组计算机指令或者程序代码。简言之，计算机病毒就是一段会自我复制的程序，具有破坏性、复制性和传染性。如2007年国内爆发的“熊猫烧香”病毒在短时间内感染了几百万台计算机，造成计算机反复重启、蓝屏、硬盘数据丢失等严重影响，一度引起了广大计算机用户的恐慌。

2. 流氓软件

流氓软件是介于病毒和正规软件之间的软件，同时具备正常功能（下载、媒体播放等）和恶意行为（弹广告、开后门），给用户带来实质危害。这类软件很多不是小团体或者个人秘密地编写和散播，反而有很多知名企业和团体牵涉其中。比较典型的一个例子是雅虎旗下的3721，该软件采用多种技术手段强行安装和对抗删除，很多用户投诉在不知情的情况下遭到安装。

3. 远程攻击

远程攻击主要有两种类型，一种是主动攻击，以各种方式获取攻击目标相关信息，找出系统漏洞，侵入系统后，将会有选择地破坏信息的有效性和完整性，例如利用“邮件炸弹”使系统瘫痪；另一种是被动攻击，在不影响网络正常工作的情况下，进行截获、窃取、破译以获得重要机密信息。

4. 网络钓鱼

网络钓鱼是指攻击者利用欺骗性的电子邮件和伪造的Web站点进行的网络诈骗活动。诈骗者通常会将自己伪装成网上银行、在线零售商和第三方支付平台等可信的品牌，骗取用户的私人信息。受骗者往往会泄露自己的私人资料，如信用卡号、银行卡账户、身份证号等内容。

5. 垃圾邮件

《中国互联网协会反垃圾邮件规范》定义垃圾邮件为：(1) 收件人事先没有提出要求或者同意接收的广告、电子刊物、各种形式的宣传品等宣传性的电子邮件；(2) 收件人无法拒收的电子邮件；(3) 隐藏发件人身份、地址、标题等信息的电子邮件；(4) 含有虚假的信息源、发件人、路由等信息的电子邮件。垃圾邮件的主要来源包括邮件病毒产生的、商业性的恶性广告邮件等。

4. 信息保障阶段

进入21世纪，为应对日益严峻的信息安全形势，美国军方率先提出了“信息保障（IA）”的概念：“保护和防御信息及信息系统，确保其可用性、完整性、保密性等特性。这包括在信息系统中融入保护、检测、反应功能，并提供信息系统恢复功能。”① 信息保障强调了信息系统的自我保护能力，还提出要重视提高系统的入侵检测能力、系统的事件反应能力以及系统在遭到入侵引起破坏后的快速恢复能力。由于对信息系统的攻击日趋频繁，安全不再满足于简单的防护，人们期望对整个信息及信息系统进行保护和防御，与此同时，安全与应用的结合更加紧密，其相对性、动态性等特性日趋引起重视，追求适度风险的信息安全逐渐成为共识，安全不再单纯以强度作为评判指标，而是强调适应运行环境以及满足应用需求。

随着信息技术迅猛发展，“Web 2.0”、“云计算”、“物联网”等新应用层出不穷，形形色色的信息扑面而来，像一张无形的网渗透进我们生产生活的各个方面。信息不仅是知识，是资产，更是生产力，信息越重要，与之相伴相生的信息安全也越来越重要，发达国家已经将其上升到国家安全的高度来认识和对待。在这样一个战略高度上，信息安全内涵有了更广阔的拓展，看待信息安全问题的角度已从关注简单的技术后果扩展为关注信息安全对国家政治、经济、文化、军事等全方位的影响。这种非传统的

① National Security Agency of USA: Information Assurance Technical Framework, V1.0, 1998.

信息安全观念，并非源于网络与信息系统自身发生的安全问题，而在于信息技术的应用方式和信息内容的传播对国家和社会的运行乃至大众的心理活动及其行为所产生的潜移默化的重塑作用。信息时代，信息安全已成为国家安全的重要组成部分。

1.1.3 信息安全主要应用技术

信息安全技术是实现信息安全的重要保障，这是一个比较专业的领域，掌握一些基础知识，了解相关技术的作用和原理，对于我们更好地认识信息安全、保障信息安全具有重要意义。电子签名及电子印章、公钥基础设施、防火墙、入侵检测、安全审计、数据恢复，这些都是非常关键和常用的信息安全技术，在推行国库集中支付电子化管理工作中，将为我们提供基本信息安全保障。

1. 电子（数字）签名及电子印章

《中华人民共和国电子签名法》中将电子签名定义为“数据电文中以电子形式所含、所附用于识别签名人身份并表明签名人认可其中内容的数据”。从法律上讲，签名主要有两个功能：标识签名人和表示签名人对文件内容的认可。这部法律确立了电子签名的合法地位，规定“可靠的电子签名与手写签名或者盖章具有同等的法律效力”。

数字签名在电子商务、电子政务活动中出现的频率也非常高，其内涵与电子签名并不完全一样，是电子签名技术中的一种（电子签名还可应用生物识别等技术），但由于数字签名是应用最普遍、技术最成熟的、可操作性最强的一种电子签名方法，大多数情况下，提到的电子签名一般指的都是“数字签名”。数字签名具体指通过某种密码运算生成一系列符号及代码组成电子密码进行签名，来代替手写签名或印章，对于这种电子化的签名还可进行技术验证，其验证的准确度是一般手写签名和印章的验证所无法比拟的。数字签名采用了规范化的程序和科学化的方法，用于鉴定签名人的身份以及对一项电子数据内容的认可。它还能验证出文件的原文在传输过程中有无变动，确保传输电子文件的完整性、真实性和不可抵赖性。

电子印章，是电子签名的一种可视化表现形式，将电子签名操作转化为与纸质文件盖章操作相同的可视化效果，同时利用电子签名技术保障电子信息的真实性和完整性以及签名人的不可否认性。现阶段电子印章是电子签名技术的一项应用，把电子签名技术变成了人们习以为常的签名盖章方式，比较符合人们传统的信用习惯与诚信体系，对电子签名的应用推广具有一定的价值。电子印章的具体做法是将电子签名通过数字水印、加密等技术与电子印章图像进行有效绑定。只有通过电子签名验证的电子印章图像才能被正确显示出来，否则会直接展示成无效印章，把电子签名过程及验证结果都转变成了“一目了然”的可视化效果。验证电子印章真伪的过程其实就是验证电子签名的过程，电子印章也只有与电子签名相结合才具有受法律保护的法律效力。

USB Key

USB Key，也称U盾，是一种USB接口的硬件设备，模样跟普通的U盘差不多，但它的内部结构可不简单，内置了单片机或智能卡芯片，有一定的存储空间，可以存储用户的密钥以及数字证书，利用USB Key内置的密码算法实现对用户身份的认证。每一个USB Key都具有硬件PIN码保护，PIN码和硬件构成了用户使用USB Key的两个必要条件。用户只有同时取得了USB Key和用户PIN码，才可以登录系统。即使用户的PIN码被泄露，只要用户持有的USB Key不被盗取，合法用户的身份就不会被仿冒；如果用户的USB Key遗失，拾到者由于不知道用户PIN码，也无法仿冒合法用户的身份。

USB Key具有安全数据存储空间，用户密钥保存在密码锁中，理论上使用任何方式都无法导出，因此保证了用户认证的安全性。USB Key内置的芯片，可以实现加解密和签名的各种算法，加解密运算在USB Key内进行，保证了用户密钥不会离开USB Key，从而杜绝了用户密钥被黑客截取的可能性。

相对来说，USB Key比较安全，但并非绝对安全，也存在被破解的可能性，于是很多安全厂商推出了二代USB Key，这种USB Key从硬件形态上增加了显示屏和物理按键，每次进行签名时关键信息会显示在显示屏上，且只有在有限时效内按下物理按键后签名才能成功。USB Key是应用电子签名、电子印章等信息安全技术的媒介和实现手段，每一个办理电子支付业务的人员都需要一个USB Key。为保证财政资金安全，建议在资金支付时使用二代USB Key。

2. 公钥基础设施

公钥基础设施（Public Key Infrastructure，PKI）技术采用证书管理公钥，通过第三方的可信任机构——身份认证中心（Certificate Authority，CA），把用户的公钥和用户的其他标识信息（如名称、E-mail、身份证号等）捆绑在一起，在网络上验证用户的身份。目前，通用的办法是采用建立在PKI基础之上的数字证书，通过对要传输的数字信息进行加密和签名，保证信息传输的机密性、真实性、完整性和不可否认性，从而保证信息的安全传输。如同公路、电力等基础设施发挥支撑作用一样，PKI技术在网络上面向各种应用提供身份认证、加密、电子签名等安全支撑服务。PKI技术是信息安全技术的核心，也是国库集中支付电子化管理的关键和基础技术。

3. 防火墙

防火墙（Firewall）本意是指阻隔火势从一个区域蔓延到另一个区域的建筑设施，通常是一道墙。在互联网领域，往往借用这一概念，引申为在内外网之间进行访问控制的网络安全设备。防火墙犹如一道屏障隔在被保护的内部网络和不安全的外部网络之间，阻断来自外部的对内部网络的入侵，保护内部网络的安全。

防火墙主要起到边界保护作用，其最基本也是最重要的功能就是访问控制，即什么人可以访问内部的特定资源，什么人不可以；防火墙的另一个主要功能是进行内容控制，阻止不安全的内容进入内部网络，如防火墙可以从电子邮件中过滤出垃圾邮件；此外，防火墙还原原本本地记录了网络通信情况，包括哪个用户在什么时间做了什么，通过对记录的分析可以发现潜在的威胁，以便及时改进安全策略进行防范。

当然，防火墙并不能解决所有安全问题，它也有许多防范不到的地方，如不能防范内部人员发起的攻击，不能防范不经过防火墙的攻击（黑客高手往往能够成功绕过防火墙）。此外，防火墙是一种被动式的防护手段，设置的安全策略只能对已知的网络威胁起作用，随着网络攻击手段的不断更新和一些新的网络应用的出现，不可能一次性解决永远的网络安全问题。

4. 入侵检测系统

入侵检测系统（Intrusion Detection System，IDS）处于防火墙之后，通过实时监控受保护的系统或网络的状态，及时发现可疑行为，并进行记录和报警。如果说防火墙是对内部网络进行保护的一道门，入侵检测系统就是俯视整个网络的监视器。对于绕过防火墙的外部攻击、内部人员发起的攻击等防火墙无能为力的安全威胁，入侵检测系统能通过对计算机网络或计算机系统中若干关键点进行信息收集、分析，从中发现是否有异常行为或被攻击的迹象。

入侵检测系统的核心功能，就是发现入侵行为，什么行为是非法的？什么行为会带来不良后果？这涉及复杂的行为分析模型、行为描述语言等关键技术，目前应用最广泛的检测手段就是建立一个攻击特征库，通过检查网络中的数据是否包含这些特征，来判断是不是攻击；近年来，入侵检测系统运用人工智能、数据挖掘等技术大大提高了对入侵行为的分析能力和预警的准确度，同时与防火墙、路由器等配合工作，在发现可疑情况时不但能发出警报，还可采取主动防御措施。

5. 应用安全审计

应用安全审计是指以应用系统为对象，针对用户的各种操作（登录、查询、新增、修改、删除）过程进行实时采集、分析还原、安全存储、事后展现的安全管理措施。针对各种业务系统的专业性和特殊性，应用安全审计更加贴近业务特色，为安全管理人员、业务管理人员等提供业务日志分析，数据处理预警等功能。

应用安全审计着重解决信息系统出现问题后，“跟踪不下去、查不到源头、取不到证据”的问题。它相当于系统的“实时旁观者”，在不影响业务办理的同时，实时监控用户操作行为，并且提供细粒度审计，按照业务种类、特色进行还原展现，能够帮助技术人员及管理人员分析业务系统问题，为事后故障分析和责任界定提供有力证据。

6. 数据灾难恢复

数据灾难恢复是指当电子数据存储设备发生故障或遭遇意外灾难造成数据意外丢失时，通过相应的数据恢复技术体系，达到找回丢失数据，降低灾难损失的目的。数据灾难恢复作为“救灾机制”中重要的一环，在加强灾害应急体系建设、减少损失方面起着不可估量的重要作用。

国库集中支付电子化管理实施后，电子数据将作为唯一的信息来源及法律依据。因此，更应该注重电子数据的备份与灾难恢复，实现本地和异地的连续数据保护和自动化的灾难恢复，最大限度地减少计划外停机时间，将数据丢失概率降到几乎为零，保证业务不间断运行。

1.2 如何加强信息安全管理

根据长期的信息安全管理实践，人们总结出“三分技术、七分管理”的经验和原则。很多复杂多变的安全威胁和隐患仅靠技术是无法消除的，同时，先进的信息安全技术往往在完善的管理下才能发挥作用，因此，信息安全管理已成为信息安全保障能力的重要基础。安全管理是信息安全的黏合剂和催化剂，只有将有效的安全管理自始至终贯彻落实于安全建设的方方面面，信息安全的长期性和稳定性才能有所保证。

1.2.1 信息安全管理体系基本概念

信息安全管理体系（Specification for Information Security Management Systems，ISMS）是特定组织在整体或特定范围内，建立信息安全方针和目标，以及完成这些目标所用方法的集合。目前国际上针对信息安全管理体系已经形成了一套比较成熟的规范标准，即《信息安全管理体系标准》（ISO/IEC 27001：2005）和《信息安全管理实用规则》（ISO/IEC 27002：2005），其中，ISO/IEC 27001：2005 标准①定义了信息安全管理体系的一套实施规范，包括建立、实施和维护信息安全管理体系的要求、实施机构应该遵循的风险评估标准等；ISO/IEC 27002：2005 标准②则定义了一个比较完整的信息安全管理体系所包含的内容。按照上述标准，信息安全管理体系结构如图 1.3 所示。

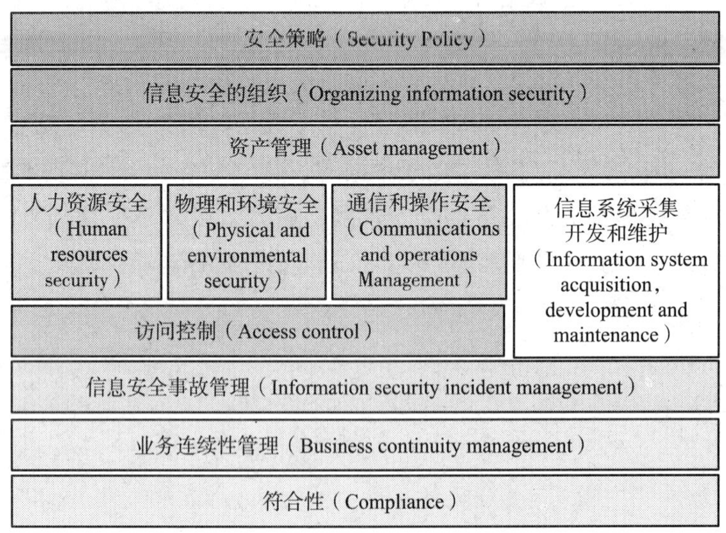

图 1.3　信息安全管理体系结构

信息安全管理体系引入风险管理的思想，针对组织所具体面临的安全风险综合运用管理和技术手段，实施有效的安全控制。这些控制措施既包括高层的安全策略和组织安排，也包括针对资产、人力资源、物理环境和操作等的微观管理方法，还涉及业务连续性管理和符合性管理等方面的目标要求。

- 安全策略方面，明确信息安全管理的组织和方向，规定文件形式及评审机制。

① ISO/IEC 27001：2005 Information security management systems-Requirements.

② ISO/IEC 27002：2005 Code of Practice for Information Security.

- 信息安全组织方面，明确信息安全工作的管理框架，确定信息安全工作的职责分工、内部外部协调机制等。

- 资产管理方面，明确信息资产的分类及其价值属性、特点，确定分级保护策略。

- 人力资源管理方面，明确雇员、合同方人员和第三方人员的安全责任和行为准则。

- 物理和环境安全方面，明确信息安全管理的物理和环境管理措施。

- 通信和操作安全方面，明确操作规程、信息交换及网络安全等方面的管理措施。

- 访问控制方面，明确访问控制策略、用户访问管理、网络访问控制、应用系统访问控制和移动计算、远程工作等措施要求。

- 信息系统采集、开发和维护方面，从应用系统开发建设和运行维护过程等方面提出控制目标、控制措施等要求。

- 信息安全事故管理方面，针对可能发生的信息安全事件明确有关措施要求。

- 业务连续性管理方面，明确防止业务活动中断、保证重要业务流程不受重大故障和灾难影响的相关措施要求。

- 符合性方面，包括以下控制目标：与法律法规要求的符合性，与标准以及技术要求的符合性，以及与组织的安全策略的符合性。

1.2.2 构建信息安全管理体系的原则

信息安全管理体系对信息安全管理要素和一般性管理方法进行了阐述，但是还有很多管理问题，诸如如何确定恰当的管理目标，如何充分发挥各要素的作用，如何有效推动管理水平的提升等，需要进行更深入的讨论。首先要了解和掌握构建信息安全管理体系的基本原则，以便为信息安全管理实践指明方向。

1. 总体规划、统一标准

构建信息安全体系在设计之初要充分考虑诸种安全因素，实现人、管理、技术、操作的协调统一。具体来说，要考虑从物理安全、运行安全到数据安全的全方位安全保障，采取控制、预防、监督等各种安全管理措施，在不同环境、不同环节相互作用，形成合力，从整体上提升系统安全防护水平。为避免实施过程中的随意性，要建立统一的安全标准体系，防止使用任何不规范的技术，增加安全设备互联互通的难度，或使网络系统的可管理性和互连性受到威胁，或使安全措施的效能因之而降低。树立全局化、标准化思想，是构建信息安全体系的首要原则，也是事关成败的关键。

2. 需求驱动、安全实用

完全理想的安全系统是不存在的，现实的做法应该是以需求驱动来建设与之相配套的信息安全体系，以尽可能小的代价获取目标收益，而不是投入越多越好。在分析安全需求时，要根据信息安全的内在属性及其运行规律，统筹考虑安全性原则、完整性原则、可靠性原则及可用性原则。安全性原则是指防止非授权访问，防止病毒或不良信息的侵入，防止用户误操作造成的信息泄露，这是信息安全管理最重要的原则；完整性原则要求信息在存储或传输过程中保持不被修改，不被破坏和丢失，保证信息的完整性是信息安全管理的基本要求；可靠性原则是指信息的准确性和完整性的可信赖程度，与系统传输、存储、处理和保密等环节都密切相关，需要在各个环节上加强信息安全管理；可用性原则是指当需要时能否存取所需信息，这是信息安全管理的重点，要保持信息系统的稳定性和可持续性，为业务服务提供有力支持。兼顾系统的安全性与实用性，综合考虑信息价值与安全成本，达到满足安全需求的合理保障水平，是构建信息安全体系实践中应该坚持的一项重要原则。

3. 权限分离、任期有限

权限分离原则要求管信息的不管系统，管系统的不管信息，也就是通常所说的系统管理员与业务操作员要严格分离，按不相容岗位分设。有的系统安全级别特别高，如商业银行的核心系统，对同一类型的岗位还设置了多岗稽核机制，至少同时有两个人授权才能进行后台系统管理操作，避免系统管理员由于权限过大产生道德风险或误操作可能导致的严重后果。一般情况下，还应在权限分离原则基础上遵循任期有限原则，任何人最好不要长期担任与信息安全有关的工作。对那些即使是短期的或者是永久性的信息，只要是属于高安全级别的，对管理它的工作人员必须严格遵循这一原则。从事该工作的人员可进行定期轮岗交换，同时，还应规定对工作人员进行轮流培训，以使任期有限原则得到有效的贯彻落实。

1.2.3 构建信息安全管理体系的方法

信息安全问题是一个综合复杂的、动态发展的问题，随着信息技术的不断发展，将会出现越来越多新的安全问题，也会催生出更多新的管理理念和技术手段。构建信息安全管理体系，将信息技术、系统工程、管理学方法综合应用于这一体系建设中，是信息安全管理实践的实现基础和重要保障。

1. 系统工程方法的运用

系统工程是一种建立和管理系统的方法，它在实践中把所要研究和管理的某个对象视为系统，进而采取系统的理论和方法，求得技术先进、经济合理、时间最省以及整体协调运转的最佳效果，是对所有系统都具有普遍意义的科学方法。① 系统工程方法，在信息安全管理中也得到日益广泛的应用。

由于各信息安全防范方法之间是相互影响、相互依赖的，信息安全管理体系越来越向综合化、集成化方向发展。信息安全管理体系既不是各种管理方法的机械叠加，也不是技术、产品及人员的简单融合，而是管理与技术的整体优化。具体来说，在信息安全管理实践中，要注重发挥安全产品之间、安全产品与管理之间的互补增殖效应，实现各种管理手段的相互促进；要避免某种安全手段出现薄弱环节，一旦引起“木桶效应”将降低整体的安全性；要综合考虑安全管理中各个层面、各个环节、各种手段的协调统一，达到综合收益的最大化。

2. 动态管理方法的运用

黑客手段和防护技术总是在此消彼长中交替发展。因此，安全管理制

① 孙东川：《系统工程引论》（第2版），清华大学出版社2009年版。

度和安全防护措施不是一劳永逸的，要随着业务环境和技术条件的变化而不断进行调整，不断进行实施—反馈—改进的过程。现代信息安全管理必然要面向空间、时间、功能和人员进行全方位的动态安全管理。

动态管理的概念最早是由美国质量管理学家爱德华兹·戴明（W. Edward Deming，1900～1993）提出来的，其核心管理环节包括计划、实施、检查和行动，并形成一个有机的管理循环，实现管理质量的持续提高①。国际标准化组织将动态管理理论与信息安全管理相结合，构建了信息安全管理的 PDCA 模型②，该模型主要含义如下：

- 计划（Plan）：建立与管理风险和改进信息安全有关的方针、目标、过程和措施。
- 实施（Do）：实施和运行安全管理方针及控制措施。
- 检查（Check）：总结执行计划的结果，分析与目标的差异，找出问题。
- 行动（Action）：对总结检查的结果进行处理，采取纠正和预防措施，以持续改进信息安全管理过程。

信息安全管理要从安全需求和期望出发，将安全管理的计划、实施、检查和行动四个环节连接成一个环状的循环过程，在每个环节中适应风险的变化而变化，并从一个环节适度地过渡到下一个环节，体现了安全管理的动态性；同时，它循环往复，环节之间密切衔接，体现了安全管理的持续性，如图 1.4 所示。

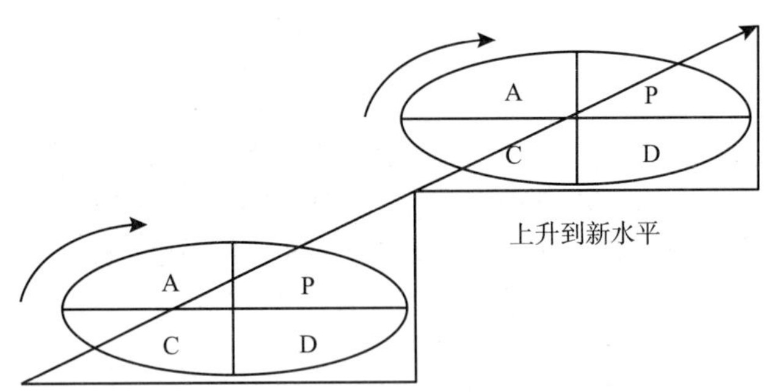

图 1.4　动态安全管理循环

① 爱德华兹·戴明：《戴明论质量管理》，海南出版社 2008 年版。

② ISO/IEC 27001：2005 Information security management systems-Requirements.

3. 风险管理方法的运用

信息安全管理的实质是风险管理，信息系统安全保护的直接目的便是控制安全风险。风险不可能完全消除，只能尽量降低其影响或进行合理规避。安全风险由内因和外因共同作用而产生，内因是信息系统自身的脆弱性，脆弱性也常常被称之为“漏洞”，人的认识能力和实践能力总是有局限性的，因此，信息系统存在脆弱性是不可避免的；外因是来自外界的威胁，信息资产是有价值的，组织的业务战略越重要，其对资产的依赖程度越高，资产的价值就越大，就越容易成为被攻击对象。脆弱性是信息资产本身存在的，但如果没有被相应的威胁利用，单纯的脆弱性本身不会对信息资产造成损害。而如果系统足够强健，即使是严重的威胁也不会导致信息安全事件发生。脆弱性、威胁和风险之间的相互作用见图 1.5。[①]

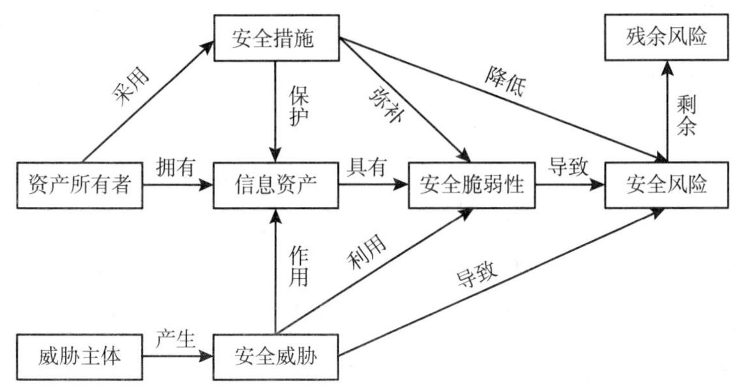

图 1.5　威胁、脆弱性和风险之间的相互作用

信息安全管理，就是在综合考虑成本与效益的前提下，通过安全措施来控制风险，使残余风险降到可接受的程度。如果安全措施的成本超过了实施安全措施、控制风险后可能带来的收益，那么这种安全措施便失去了意义。由于任何信息系统都会有安全风险，人们追求的所谓安全的信息系统，实际上是指信息系统在实施了风险评估并做出风险控制后，仍然存在

① 详见 ISO/IEC 13335－1 Management of information and communications technology security-Part 1：Concepts and models for information and communications technology security management.

的残余风险可被接受的信息系统。因此，信息安全管理的目标不是追求“零风险”，零风险的信息系统也是不存在的，信息安全管理是要在安全控制措施与安全风险和安全收益之间寻求平衡。

1.3 财政国库支付业务可能面临的风险

财政国库支付业务管理，既涉及财政内部的审核控制，也涉及财政与预算单位、代理银行和清算银行等的信息交互，具有信息控制链条长、业务关系复杂、对信息系统依赖程度大等特点，综合性、复杂性、开放性使其面临来自内部和外部的多重安全威胁，致使国库支付业务在一定程度上可能面临安全风险。

1.3.1 业务运行面临的风险

国库集中支付制度从根本上改变了财政资金管理方式，大大提高了财政资金使用的安全性、规范性和有效性。但随着改革的进一步深化，安全问题与效率问题相互交织，业务管理与技术手段相互影响，各级财政国库部门在工作中都不同程度的存在业务运行风险。

首先，现有“手工”、“半手工”业务处理方式无法支撑财政日益增长的工作量，造成规章制度难以落实。随着财政资金支出规模不断扩大，财政支付工作量不断增加，在现有支付模式下，工作量较大与人手相对不足、时间和距离成本较高的矛盾日益突出。对财政国库部门、预算单位、人民银行、代理银行来说，每日要有专人传递大量的纸质凭证和单据，并需对方工作人员进行纸单和电子数据的重复核对，工作效率低，业务差错率高。更为严重的是，有限的人力实际上已经无法完成海量明细数据人工比对工作，造成不能严格按照制度要求执行，形成安全隐患。

其次，传统安全管理机制的作用效力正逐步减弱，存在潜在的资金安全风险。传统资金支付管理方式下，主要依靠“大红印章”来保障纸质凭证的真实性和权威性，然而随着技术的发展，“萝卜章”仿真水平越来越高、复制成本越来越低，几乎可以以假乱真。例如，某省预算单位人员离职后，通过伪造“萝卜章”和纸质支付凭证，仍然可以办理财政资金支付业务，轻易盗取了财政资金。

最后，业务处理与信息系统控制之间存在断层，致使资金流和信息流割裂。目前，财政资金支付管理从单位申报、财政审核到银行支付，各个预算执行主体之间大都经历了多次电子信息与纸质凭证的相互转换，严格的系统控制有可能被分割成若干互不关联的片段，客观上造成了信息不对称，增加了资金运行风险。

1.3.2 信息系统引致的风险

现有国库集中支付业务运行系统，为国库集中支付制度改革提供了强有力的技术支撑。但这些系统一般建设都较早，而且在系统设计之初，更多地关注于业务需求的实现，不同程度地忽略了信息安全需要，许多系统仍存在一些不安全因素。

首先，权限管理体系不够严密。现有国库支付系统大都仅靠简单的用户名、口令进行用户身份认证，利用普通的黑客工具就能很容易破解出用户口令，从而导致用户身份被假冒造成非授权访问。有些地方即便利用了CA认证等安全技术手段，也仅是在用户登录系统等局部环节使用，没有进行全方位的权限管理。

其次，后台数据库维护制度不够健全。目前，财政系统的后台数据库维护通常由技术部门指派的系统管理员承担，有的地方还存在系统开发人员同时承担系统维护的情况。系统管理员通常都被赋予了超级权限，不但可以随意进入信息系统，还可直接修改后台数据、添加用户等。理论上，系统管理员很容易一个人把业务从头做到尾，最后把资金支付出去。例如，某市曾发生过系统管理员后台修改支付系统数据，与预算单位工作人员串通盗取财政资金的案件。

再次，缺乏一套安全、可信、高效的监督审计系统。目前，财政系统的应用安全审计工作基础普遍比较薄弱，审计系统建设、管理制度和工作机制尚未健全，数据被篡改却不知道是谁改的，非法授权却不知道是谁干的等问题时有发生。实施国库集中支付电子化管理后，信息系统将由辅助作用转为支撑，如不采取有效措施，数据篡改、数据盗取、越权访问等行为将严重威胁财政资金和信息安全。

上述信息系统的安全风险，仅是选取了当前国库支付系统中存在的几个典型问题进行分析，对信息系统安全风险的全面评估，国家信息安全主管部门出台了相关管理要求和技术标准，其中最重要的就是通过信息安全等级保护测评工作，识别和发现信息安全风险，并选择适当的安全控制措施，确保信息系统具有与其安全级别相对应的安全保护能力。

信息安全等级保护制度

信息安全等级保护管理制度，是国家安全主管部门对重要信息系统强制推行的、按照信息系统的重要程度和遭到破坏后的危害程度，按等级采取的相应强度的安全保护措施。

信息安全等级保护工作，主要有定级备案、建设整改、等级测评、监督检查等四项内容。(1) 定级备案是等级保护的首要环节，系统定级过程实质上是对国家重要信息资产的识别过程，通过备案可以使国家信息安全管理部门知晓在哪里、由何人、运行着何等重要程度的信息系统，为国家风险管理提供翔实的基础数据。(2) 建设整改是等级保护工作落实的关键，是对信息系统安全风险的控制过程，即根据信息系统的安全保护级别为信息系统选择适当的安全控制措施，并在信息系统中实现这些安全技术措施和管理措施，确保信息系统具有与其安全级别对应的安全保护能力。(3) 等级测评是对信息系统安全风险的监控过程，不仅能够帮助信息系统运行使用单位发现系统漏洞和存在的隐患，还能全面揭示系统风险并提出整改建议，提升信息系统的综合防御能力。(4) 监督检查是保护能力不断提高的保障，通过持续跟踪和监控信息系统的安全状态，对可能影响国家利益、社会秩序和人民生活的信息系统安全与否及其运行环境的变化进行检查，并根据威胁的变化督促其运行使用单位进行安全控制措施的改进和完善。

同时，国家制定了一系列信息安全等级保护标准，对不同等级的信息系统需要采取的安全保护措施进行了细化和量化，提出了规范性要求。其中技术部分分为物理安全、网络安全、主机安全、应用安全和数据安全及备份恢复等5大类，管理部分分为安全管理制度、安全管理机构、人员安全管理、系统建设管理和系统运维管理等5大类，为信息系统建设、运营及使用提供了有针对性的指导。

1.3.3 运行环境和设备风险

由于摩尔定律[①]的作用，信息产业与传统产业相比，发展速度要快得多。从第二次世界大战后至今，信息技术的进步一直是每一到两年翻一番。对于各级财政部门来说，受到技术和资金等方面的限制，相关 IT 设施更新速度很难跟上信息技术的发展，机房、网络、主机、交换机等国库支付业务运行环境和设备，一定程度上存在设备老化、技术落后、防护能力弱等问题，同时也面临来自内部和外部的各种安全威胁，其风险不容小觑。

首先，机房基础设施需要改进。“金财工程”启动已十余年，有些省市基础设施主体部分还是十年前所建，当时设计的机房，在防震、消防、通风、防潮、电源等方面一般考虑较少，即使是新建机房，在防电磁辐射、安全设备隔离等信息安全领域也未必完全到位，且随着业务的不断拓展，设备承载能力也越来越有限，这些都给国库支付系统安全、稳定、高效运行带来一定风险。

其次，网络安全防护能力亟待加强。国库支付信息流和资金流需要在部门、代理银行、清算银行以及上下级财政之间流转，其开放性、交互性使得来自横向和纵向边界上的安全风险日益增高。如今，网络空间中的渗透与反渗透、控制与反控制、窃密与反窃密对抗日趋激烈，信息安全形势不容乐观。财政部门部署的网络安全设备，不同程度存在投入不足、防护能力

① 摩尔定律最早由英特尔公司的创始人之一戈登·摩尔提出。其内容为：当价格不变时，单位体积电路上可容纳的电晶体数目，约每隔 24 个月（现在这个周期缩短为 18 个月）便会增加一倍，性能也将提升一倍。（资料来源：维基百科）

不强等情况，无法完全满足新时期国库支付业务对信息安全保障的要求。

再次，容灾系统建设相对滞后。国库支付系统作为实时生产系统，资金拨付量大、用户范围广，系统稳定运行及业务数据安全性至关重要。目前，少数几家省级财政部门建设了异地容灾备份中心，较好地保障了国库支付业务的运行安全和数据安全；但还有很多省尚未提上议事日程，一旦发生机房火灾、地震等突发事件，将可能直接导致存储在信息系统中的海量财政业务数据丢失或受到破坏，国库支付业务短时间内也无法恢复正常运行。

财政国库支付业务面临的风险既可能存在于财政方面，也可能存在于银行或预算单位方面，这就要求构筑覆盖各个业务参与方的全方位、立体式的防护网，充分利用新的信息安全技术提出全新的“支付电子化”解决方案，保障财政国库管理职能的有效发挥。

1.4 支付电子化对信息安全管理的新要求

支付电子化管理，是以信息安全为基础，以电子凭证为业务办理依据，覆盖所有财政资金，贯通财政、预算单位、代理银行、人民银行，构建链条完整、操作规范、安全可控、高效便捷的“无纸化”资金支付体系。从有纸到无纸，原有的安全信任体系的基础发生重大变化，无纸化以后不能简单的模拟纸质凭证的安全机制，而是要基于电子化环境建立一整套全新的安全信任体系。在这个体系中，除了要实现传统的信息保密性、完整性、可用性要求以外，还要以电子凭证为核心，研究解决身份认证、授权管理、交叉稽核、稳定运行等问题。为适应支付电子化管理带来的新变化、新要求，要从制度建设、信息系统建设和运行环境建设等方面入手，运用科学管理理念，采用先进信息技术，进一步提升国库信息安全管理水平。

1.4.1 完善内控机制

严格的内控机制是确保财政资金安全的重要保证。建立内部控制管理制度体系，应立足国库管理实际，针对国库信息安全风险特征和电子化管理的内在要求，强化对关键岗位和关键流程的控制和管理，从事后处理，向事前预防和事中控制转变。要重点完善以下几方面的制度。

1. 进一步完善业务管理制度

实施支付电子化管理，对业务管理制度的调整要求主要反映在两方面：一是要明确电子化管理法律效力、建立电子化管理业务运行方式；二是合理界定各方权利义务、加强内控管理。具体可以从以下几个方面对现行业务管理制度作进一步完善：财政部门组织支付电子化管理各参与方签订相关业务办理协议或制定有关管理细则，明确各方责任义务和支付电子化管理的业务范围；建立电子凭证发送、接收、确认、退回和作废等与支付电子化管理相适应的业务管理流程，确保各方业务协同和电子凭证信息的一致性；规范业务审核控制机制，明确岗位职责，严格业务操作权限审批，如一人一 Key，不允许串用；调整有关账务管理制度，直接依据电子凭证记账，条件成熟时可开展实时对账。

2. 建立和完善电子签名和电子印章相关管理制度

电子签名和电子印章是电子化管理的基础性制度，也是新技术手段带来的新的管理任务。电子签名、电子印章在标示所有人身份、保证信息真实性、完整性等方面具有重要作用，但这些基础作用的有效发挥需要相关配套管理制度予以保障。加强电子签名、电子印章管理，首先要明确管理责任，指定专人进行电子签名认证证书和电子印章管理；其次要实现全生命周期的管理，从申请、审批、制作、使用到废止等全过程都要有明确的管理程序和管理规范。

3. 建立健全相关业务处理系统运维管理制度

电子化管理以后，有业务运行风险向技术风险转化的趋势，也因此更要重视相关系统运维保障问题。首先，如同业务管理一样，对信息系统的管理要体现严格的分权原则。按不相容岗位不能由一人兼任的要求，设置不同的管理岗、操作岗，各岗位之间既分工合作，又相互制约、相互监督。其次，要保证系统运行的合规性，对系统维护、系统变更建立规范的授权体系和管理程序。再次，还要保证系统运行的稳定性、安全性，这里要特别注意加强信息系统安全审计和容灾恢复能力：建立完善的财政国库业务安全审计机制，有效侦测、记录和警示任何针对业务数据的修改；建立完善的业务数据（尤其是电子凭证）备份机制，如建立异地灾备、实时热备等；制订相应的系统应急恢复预案，并定期进行演练，确保应急措施的有效性。

4. 制定支付电子化管理应急预案

电子化管理大大提升了财政资金的运行效率，但是电子化管理所赖以运行的环境复杂、环节众多，一旦发生业务系统故障、安全基础设施故障或网络故障，电子化业务就无法正常运行。国库资金拨付关系到国家宏观政策的落实，关系到国计民生的保障，关系到政府机关的正常运转，因而确保国库生产系统万无一失，安全稳定运行是国库部门的首要任务。为了提高应对突发事件的能力，确保在系统出现故障的情况下，财政资金都能正常支付和清算，就需要制定专门的支付电子化管理应急预案。应急预案要综合考虑各种不同情况，一方面可通过系统恢复手段保障电子化管理相关业务及时恢复运转；另一方面可通过启动原有纸质凭证管理方式确保资金的及时支付和清算。

1.4.2 改造信息系统

支付电子化管理，对电子凭证赖以运行的信息系统提出了高安全性要求。高安全级别信息系统，其安全保护的特点与我们通常概念上的安全有较大区别，信息系统建设的重点放在增强系统自身防护能力和对恶意代码的免疫能力上，而不仅依赖于传统的防病毒、入侵检测等技术。对国库相关信息系统的改造，要重点关注以下几个方面。

1. 实现高强度身份认证

身份认证是对某个实体身份的保证，意味着每当某个实体声称其是谁时，要能证实这一声明的真伪。实行电子化管理，首先要解决在茫茫网海中如何确认“你是你，我是我，他是他”的问题，而PKI技术是在网络上建立信任体系最行之有效的技术。通过给每个参与方发放代表其身份的唯一的身份证，明确每个人的身份；通过提供第三方认证服务，通信双方可以安全地进行互相认证，而不用担心对方是假冒的；通过对登录用户进行授权管理，保证经过授权的用户“丢不了、拿不错、赖不掉”，未经授权的用户“进不来、看不到、改不了”。PKI 体系将一个无政府的网络社会改造成一个可管、可控、可追责的安全互联网络，在国库集中支付系统中建立和应用 PKI 体系，是实现电子化管理最基本的要求。

2. 建立严密的访问控制机制

访问控制就是在保障授权用户能够获取所需资源的同时，又拒绝非授权用户访问的一种安全机制。根据系统安全管理原则，应建立系统管理员、业务操作员和系统安全员“三员分立”的访问控制机制。系统管理员仅负责系统授权管理，不能进行任何业务操作；业务操作员根据职责分工，可在权限范围内执行业务管理功能；系统安全员相对独立，不进行任何系统授权和业务操作管理，仅负责进行安全监控，监督系统管理员的授权行为是否恰当、合理、合规，业务操作员的系统操作是否符合业务管理流程和业务控制规范。按照三员分立原则，系统管理员就不可能拥有超级权限，客观上避免了一个人把业务做到底的风险，从而保障财政资金安全。

3. 确保数据的完整性和机密性

实施支付电子化管理后，电子凭证成为唯一的业务办理依据，首先要保证电子凭证的完整性，即在电子凭证传递使用过程中没有被篡改、插入、删除过，一直保持其本来的面貌；同时由于电子凭证要在财政、预算单位、代理银行、人民银行之间传递，网络环境复杂，还要确保电子凭证的机密性，不能被第三方机构或个人截获。目前，在保证数据完整性和机密性方面，应用最广泛的就是基于非对称加密技术的电子签名技术。数据经电子签名后，既能确认签名人身份，表明数据经签名人认可，且一旦被更改即能被系统检查出来，数据即使被非法窃取，非授权的人没有数据解密密钥，也无法获知数据的原始内容。实行电子化管理，必然要引入电子签名技术，在关键业务处理环节和安全信任体系相结合，进一步提高数据的安全性。

4. 强化信息安全审计

信息安全审计，是对电子支付活动过程中违反和破坏安全的事项做到事中发现、事后追查的有效手段。安全审计虽不能直接阻止信息安全威胁，但能起到威慑作用，令不法分子不敢轻举妄动。安全审计分为技术审计和业务审计两部分，技术审计主要是对业务人员系统操作、管理员授权管理和信息传输过程等进行跟踪分析，发现异常情况及时预警；业务审计主要是对国库集中支付电子化管理工作中重要的业务规则进行归纳整理，形成财政资金安全规则库，如对重要账户的资金变动情况等进行跟踪审查，实现对财政资金的安全审计要求。安全审计系统作为相对独立的管理系统，能够对应用系统的运行状况、业务处理逻辑进行全面的监控、审查和预警，是财政国库信息安全的最后屏障，应重视和加强相关系统建设。

1.4.3 加固运行环境

为了给国库集中支付电子化管理提供安全可靠的运行环境，需要加强网络、服务器、机房等基础设施建设，尤其要关注网络及硬件设备的高可用性、稳定性和抗攻击能力。

1. 加固网络安全

网络安全是指能提供充分的响应，保证信息不拖延或者误传递。电子化业务的正常运行要依托于财政、代理银行和人民银行三方网络的互联互通，对网络的可用性和稳定性提出了更高要求，可考虑对这些主干网络实行双线路备份，从而降低网络故障带来的风险，保证业务不间断运行。同时要提高网络的健壮性和抗攻击能力，通过加固网络安全设备，加强网络入侵检测和预警系统建设，切实提高网络防护能力。

2. 加固服务器安全

为了保证支付电子化业务“全天候”运行，相关应用服务器要采用双机热备机制，一台服务器出现问题可立即切换到另一台服务器上继续提供服务，这既包括支付系统应用服务器、电子凭证库应用服务器，还包括签名服务器、电子印章服务器等安全基础设施。同时，为保证服务器的安全稳定运行，还要建立相关监控预警机制，如发现服务器部件损坏要及时更换，服务器达到资源负荷要及时采购新设备，服务器出现异常宕机等情况要及时分析解决等。此外，为确保万无一失，还应开展同城及异地容灾系统建设，即使在发生火灾、停电、地震等较大范围、较为严重的信息安全事件时，国库支付电子化管理相关系统也能确保电子凭证数据不丢失、支付业务及时恢复运行等。

3. 要求加固机房运行安全

国库集中支付电子化业务要保持不间断安全稳定运营，物理安全是其中非常重要的一环，要求建立现代化的机房，加强消防、防潮、避雷、通风等措施，保障支付业务数据库、应用系统等核心设备的正常运转。机房安全，不但要重视硬环境，还要重视软环境，加强对机房运营的管理也至关重要，要建立健全机房管理制度，如开发公司人员不能随意进出机房、访问安全设备要进行严格限制等。

上述关于制度、系统和环境的安全管理措施不是孤立的，需综合运用，并结合信息安全管理和技术的最新发展，在信息系统建设、评估、运行和管理过程中不断优化升级，才能形成合力，更好的保障国库集中支付电子化管理目标的实现。

国库集中支付电子化管理总体设计

财政国库“十二五”规划提出“以制度创新、机制创新和管理创新为动力，以高素质人才和先进信息技术为保障，全面建设和不断完善基础牢固、功能健全、体系完备、水平先进的现代国库管理制度”。全面实现国库集中支付电子化管理是落实财政国库“十二五”规划的重要举措。

国库集中支付电子化管理，其基本原理就是废弃铁皮文件柜，使用“电子凭证库”。这一看似简单的原理，涉及现代管理学、运筹学、系统工程论、信息化技术等方方面面。一言以蔽之，支付电子化是先进技术与现代管理理念相融合的产物，是一项复杂的系统工程，既涉及现行管理制度的调整和突破，又涉及业务与技术的协同和融合，还涉及财政、人民银行、代理银行及预算单位的衔接和互通，其管理理念之新、技术要求之高、协调难度之大都是前所未有的，如果各地单兵突进、分头建设，不但会遇到很大阻力，也很难达到预期效果。因此，财政部确立了全国“一盘棋”的建设思路。

从财政部会同人民银行总行，开始顶层设计、统一规划，到形成一套较为完善的理论体系和实施方案，大约历时两年。这期间，财政部和人民银行密切合作、共同努力，召开20余次较大规模的研讨会，来自公安部第三研究所、国家信息技术安全研究中心、工商银行，以及河北、重庆、湖北等10余个省市的近百位业务和技术专家参与其中，形成了总计上千页的各类制度、标准和方案，为推进这项工作提供了坚实的理论基础和科学的实践指南。

2.1 国库集中支付电子化管理实施背景

财政国库集中支付电子化管理探索，大约经历了5年时间，分为三个阶段：一是小步探索阶段。2007年10月，按照部领导“法律能允许，安全有保障，技术可支持”的要求，从财政与人民银行间收支业务这一最简单环节着手，财政部开始进行支付电子化管理探索。2009年8月1日，财政部与人民银行总行彻底终结了沿袭几十年相互交换纸质单据的历史，实现了电子化管理。与此同时，上海、海南、山西等省市也在积极开展支付电子化管理探索工作。随着研究工作的深入，我们发现当时的支付电子化方案在自动化、安全性、协作性等方面尚有差距，在制度、标准等方面存在空白。财政部及先期开展探索的省市均遇到了瓶颈问题，制约了有关工作深入开展。二是全面规划阶段。在前期探索的基础上，2010年10月，为解决上述问题，财政部组织人民银行、公安部、商业银行、安全设备厂商等单位有关同志，以安全支撑为首要目标，全面打造支付电子化系统工程。经各方共同努力，最后终于形成一套较完备的实施理论、一系列技术和业务标准、一个电子凭证安全支撑控件。三是试点综合验证阶段。2012年3月，为验证整体方案的可行性、安全性以及支撑控件与现有支付系统的兼容性，我们选择河北、重庆两省市进行试点。2013年1月4日，两个试点省市同步正式上线运行。试点成功实施，验证了支付电子化整体设计方案的先进性和可行性，为此财政部领导专门批示：“国库支付电子化创新有回报，试点效果好。当下要抓紧总结经验，完善技术手段，确保万无一失。目标顺序是：资金安全、效率提升、成本降低”。2013年4月，全国财政国库工作会议对支付电子化管理工作进行全面部署，明确了2013年实现全国省级财政部门推广实施的工作目标，标志着支付电子化管理工作已经全面展开。

国库集中支付电子化管理总体设计方案能够按时完成，实施工作能够顺利推行，是在法律条件具备、地方呼声较高、中央准备充分以及财政信息化建设一体化、规范化要求日益迫切等大的背景下进行的。

2.1.1 支付电子化实施条件成熟

实施国库集中支付电子化管理，资金安全保障将从传统有纸模式到无纸模式转变，这需要相应的法律基础和技术支撑。电子签名法的实施，国家信息安全标准体系的逐步完善，信息安全产品的飞速发展，为支付电子化实施创造了有利的客观条件，开展国库集中支付电子化管理的时机基本成熟。

1. 电子签名法的颁布实施，奠定支付电子化的法律基础

早在1999年，我国修改后的《合同法》就承认了数据电文（包括传真、电子邮件等）的法律效力。但是当纠纷发生时，法院仍无法将一般性的数据电文采纳为证据，理由是无法保证证据的可靠性和有效性。虽然20世纪90年代兴起的PKI技术，从技术上可以满足电子信息不可篡改、防抵赖等安全性需要，但在当时，它却没有法律制度的支持。法律体系和技术手段相脱节，使中国电子商务、电子政务在很长一段时间内无法快速发展。

2004年8月28日，中华人民共和国第十届全国人民代表大会常务委员会第十一次会议通过了《中华人民共和国电子签名法》，并于2005年4月1日起正式施行，这是我国首部真正意义上的信息化法律，它的正式实施对我国信息化立法，对创建网络环境下的法律保障体系，对建设适合中国国情、符合科学发展观的信息化发展道路意义重大。《电子签名法》明确界定了数据电文的概念及其法律效力，将以电子、光学、磁或者类似手段生成、发送、接收或者储存的信息，包括电子数据交换、电子邮件、电报、电传或者传真等都纳入其中，较为完整地定义了电子签名过程中的这一关键概念。该法规定不得仅因为其采用电子签名、数据电文的形式而否定其法律效力，并具体阐明了司法机构在审查数据电文真实性时所依据的标准，从而在法律上清楚地肯定了数据电文的证明效力，使参与到电子商务中的交易各方受到法律的保护。

而今，电子商务以其独特的优势已经成为经济增长的引擎，推动着区域经济和世界经济的发展。一名普通网民在家中只需轻点鼠标，就可进行商品选择，完成在线支付。前不久，阿里巴巴宣布旗下淘宝网和天猫的年总交易额突破1万亿人民币，网店数量已达600万家。对比2003年淘宝网刚创立时的数字，10年来交易额增长了5万倍。电子商务正在不知不觉中改变着人们的消费习惯和工作、生活方式。

从电子政务的角度来看，《电子签名法》明确：在政府部门实施经济、社会事务的管理中，所采用的电子手段，如电子报关、电子报税、电子年检以及依据行政许可法规定采用数据电文方式提出行政许可申请等，涉及电子签名，同样适用本法的有关规定，从此扫清了我国电子政务运行过程中的法律障碍。国库集中支付电子化管理作为财政国库资金管理的重要组成部分，也正是基于《电子签名法》提供的坚实法律基础得以发展。该法颁布之后，我国不断制定和完善了一系列针对信息安全的政策法规，进一步为电子信息的安全性和合法性提供了全方位的制度保障。

2. 不断发展的信息安全保障体系，为支付电子化保驾护航

资金安全是财政国库部门的“生命线”，每年十几万亿财政资金都要运行在系统上，容不得半点闪失。近年来，我国信息安全保障体系快速发展，一系列制度、标准不断建立，各种安全产品不断完善，足以为国库集中支付电子化管理保驾护航。

（1）国家信息安全标准体系逐步成熟。十八大明确提出要“健全信息安全保障体系”，说明我国政府已将加强信息安全工作提升到国家战略层面。我国信息安全标准化工作，经历了以跟踪和采用国际标准为主，到采用国际标准与自主研制并重的发展历程，逐步建立起包括基础网络、工业控制、政府和涉密信息系统、网络信任体系、密码技术、信息安全产品等在内的相关信息安全标准体系。尤其是近年来，通过实施信息安全等级保护制度，以网络信任体系建设为基础，以信息安全管理、信息安全产品和信息安全评估为手段，我国国家层面的信息安全保障能力不断增强。在信息安全领域，应用比较广泛的标准主要有《计算机信息系统安全保护等级划分准则》（GB17859－1999）、《信息安全技术　信息系统安全等级保

护基本要求》(GB/T22239－2008)、《信息技术　安全技术　信息安全管理体系要求》(GB/T22080－2008)、《信息技术　安全技术　信息安全管理实用规则》(GB/T22081－2008)等，这些标准具有很强的指导性和可操作性，逐渐成为国内信息化建设普遍遵循的准则，显著提高了我国管理信息系统的建设质量和安全防护能力。

(2)信息安全设备不断发展。信息安全设备的发展经历了从被动防范到积极防御，再到可信计算三个阶段，逐渐步入良性发展轨道。目前，国家信息安全主管部门已建立了信息安全设备生产许可、检测认证和安全监管等管理体系，信息安全设备的可靠性、安全性及性能都有了长足的发展，电子签名服务器、电子印章服务器、时间戳服务器等已广泛应用于网上银行、电子商务等领域，在验证信息收发双方的身份方面发挥了关键性作用，能够有效保障信息的安全保密和不可篡改的完整性要求。我国信息安全产业经过十几年的发展，已经孕育了一大批具有自主知识产权、掌握核心安全技术且具有国际先进水平的信息安全厂商，开发出一系列从加密芯片、网络防护、身份认证到安全集成的信息安全产品。实施财政国库支付电子化管理，充分利用这些成熟的信息安全产品，将为国库信息安全管理提供坚实的基础保障。

(3)财政信息安全体系建设日趋完善。从财政系统自身的信息安全体系建设情况来看，截至2012年年底，财政身份认证和授权管理系统基本实现省级财政全覆盖，正在逐步向地市推广，为实施国库集中支付电子化管理提供了最直接的基础安全环境支撑。同时，按照国家信息安全等级保护有关要求，财政系统已经全面开展信息系统安全测评工作，对重要信息系统进行风险评估和安全加固，建立起涵盖网络安全、设备安全、应用安全、数据安全、制度保障、运维服务等全方位的信息安全保障体系，财政信息安全管理的专业化、科学化水平有了长足的进步。

2.1.2　国库改革深化需要提升支付效率和安全性

“十二五”时期，国库管理制度改革进入提档加速的关键时期，随着财政国库科学化、规范化、信息化管理的不断推进，原有的资金运行方式已经无法满足国库管理改革深化的需要，效率问题、安全问题一直困扰着财政干部，各级财政部门迫切需要实施支付电子化。

国库集中收付制度改革横向到边、纵向到底深入开展，财政收支规模加速扩大，财政收支项目日趋细化，财政、预算单位、人民银行、代理银行工作量成倍增长。根据地方财政支付业务实际情况，省本级每年直接支付业务基本都在数万笔以上，甚至更多，授权支付业务更是达到三四十万笔，在传统资金支付管理方式下，业务人员需逐岗手工签章、逐笔打印凭证，在财政和人民银行、代理银行之间，每日要有专人传递大量的纸质凭证和单据，并需银行工作人员进行纸单和电子数据的重复核对，工作效率低，业务差错率高。突出表现在以下几个方面：一是不断增加的工作量超过人工核对的极限。不少代理银行反映，财政部门有时一天就给代理银行下达上千条授权支付额度，已无法在短时间内完成纸质凭证与电子信息的人工比对，即使完成人工比对也无法保证100%的准确率。在实际办理业务过程中，客观上造成现有管理制度无法严格执行。二是财政直接支付效率较低。总体来看，国库集中支付改革大幅提高了财政资金运行效率，但就直接支付环节来说，一笔直接支付资金，从预算单位填写支付申请，到财政审核后完成资金支付，有的需要20天左右。经分析，大多数时间浪费在纸质凭证流转上面，对于与主管部门不在同一地办公的基层预算单位来说效率问题尤其突出。广大预算单位迫切要求提升直接支付的效率。三是人民银行留给市县级财政办理集中支付业务的时间较短。受各种条件制约，市县级人民银行在传统模式下难以处理大量清算单据，只能把清算时间提前（一般都限制在上午），这样留给财政和预算单位办理集中支付的时间仅有几个小时，严重影响了国库集中支付制度在市县两级的推广实施。

基于以上原因，转变财政资金支付管理方式，实现安全可控的电子化管理，已经成为各级财政国库管理部门的共识和迫切需要。

2.1.3 财政信息化发展呼唤“顶层设计”

楼继伟部长在财政部全体司局长座谈会上指出：“当前和未来一段时期，财政工作要全面、深入地推进财政管理的科学化、规范化和信息化”。近十年来，财政信息化建设取得了长足发展，基本建立了覆盖全部财政业务的信息化管理体系。但是，无论从纵向看还是横向看，财政系统“信息孤岛”现象仍然比较严重，存在缺乏规划、标准不统一、重复建设等问题。下一步，要使全国财政信息化建设水平再上一个台阶，迫切需要中央有关部门做好统筹规划、开展顶层设计。

1. 实现财政与人民银行、代理银行系统高效互联互通的需要

支付电子化管理需要财政、人民银行、代理银行间建立安全高效的信息交换渠道。从我们前期调研的情况看，地方财政系统与外部系统衔接方式五花八门，多数不能真正实现系统直连，这就无法有效避免“在系统中已完成操作，账也记了，但资金实际没有支付出去”，“先清算，后支付”等问题，即信息流与资金流割裂。对于这些问题，并不是地方财政部门的同志没有关注到，他们也曾多次尝试解决，但收效甚微。主要是因为各地财政部门情况复杂，接口多样，而人民银行、各代理银行核心系统都是集中式的，造成银行“大一统”系统无法与财政众多系统有效对接。2008年，财政部为了实现财政信息的上下贯通，印发了《财政业务基础数据规范》，2010 年更新为 2. 0 版。表面上看，财政系统已经有了统一的业务标准，但实际情况不容乐观。一方面由于当时财政部建立统一的数据规范时，没有充分考虑跨部门衔接的情况，对外信息交互问题留给各省市财政部门自行解决，但这个问题显然不是靠地方财政“各自为战”能够解决的；另一方面数据规范还不够细化，比如，很多业务“值集”没有严格约定，实际上“值集”是数据规范的最后“一公里”，没有统一的“值集”，就像音乐没有统一的音调一样，即使地方严格按照规范执行了，也不能达到数据互联互通的效果。因此，推进全国财政信息化建设向前发展，实现支付电子化管理，必须首先建立跨部门的、足够明细的业务传输标准。这是一项长期而艰巨的基础性工作，而且要建立日常的协调、更新等管理机制，有关工作由财政部和人民银行总行牵头来做显然更为合适，也是这两个部门的职责所在。

2. 支付电子化管理对信息安全提出更高专业性和权威性要求

有些财政干部接触信息安全时间不长，对信息安全技术的复杂性和重要性认识还不够深。个别前期探索支付电子化的省市，存在偏重效率，忽视安全的情况，或者没有能力发现存在的安全隐患。实施国库集中支付电子化管理对信息安全提出了更高的要求，需要建立较完备的信息安全管理体系。建立信息安全管理体系，第一，需要各省市财政部门严格按照国家信息安全有关规定，部署安全设备，建立完善有关制度，将安全设备与业务系统科学、安全、高效地结合起来，发挥其基础支撑作用。第二，需要设计适应支付电子化管理要求的专用安全产品，比如电子凭证库。财政部和人民银行总行借助国家级信息安全管理机构和专家的力量，对各省市财政部门、人民银行建立信息安全体系提供指导和必要的帮助，有利于在全国构建一道最基本的财政资金支付安全防线，低成本、高效率的开发出能通过国家信息安全管理部门认证的支付安全管理控件。

支付电子化管理是一项系统工程，从根本上要求中央职能部门做好顶层设计，从优化流程、提高效率、保障安全、改善管理等方面进行科学规划，把各地支付电子化建设，逐步统一到中央的部署上来，消除信息孤岛，实现财政信息化质的飞跃。

2.2 国库集中支付电子化管理认识历程

同每一位第一次接触支付电子化的同志一样，我们最早将其称为“无纸化”，其实‘无纸化’是一个片面的概念，因为它只强调了打破一个旧的体系，没有体现一套新的管理理念、一个新的信任体系的建立，容易将人引入歧途。随着研究工作的不断深入，我们对支付电子化的理解也有了质的飞跃，提出了全新的支付电子化管理理念。从2007年到2012年，这个认识过程可以分为安全与效率的对立、安全与效率的统一、业务变革的支点三个阶段。这三个阶段对于我们规划整个支付电子化顶层设计至关重要，也正因为有了质的飞跃，才能跳出信息系统看支付电子化，才能够以崭新的视角考虑制度创新、业务流程再造等问题，从而引发国库管理理念的更新和管理方式的变革。

2.2.1 安全与效率的对立：束缚我们的假命题

一般认为安全和效率是一对矛盾，它们是此消彼长的关系。按此逻辑，在支付电子化探索初期，很多人都认为取消纸质单据后，在带来支付效率大幅提升的同时，安全性必然有所降低。因此，当初“无纸化”工作就好像在安全和效率之间找平衡点，总是不能有大的突破。实际上，这陷入了一个误区。

1. 认为使用纸质单据是绝对安全的

造纸术是中华文明古国的四大发明之一，纸张已经使用了1800多年，而它第一次作为信用凭证（交子的出现）也有1000多年了，在我们的观念里“字据为凭”已经根深蒂固。但随着科技的发展，纸质单据的安全性正在逐步减弱或丧失。早在第二次世界大战期间，很多参战国为扰乱敌对国的金融市场，大量印制假钞，当时的技术水平就可以做到真假难辨。因此，对方唯一的反制手段也只有同样印制假钞。虽然这是一个比较极端的国家行为，但我们从中可见一斑，纸质的安全并非想象中那么可靠。目前，纸质凭证的伪造成本已变得越来越低，尤其是起关键作用的“大红印章”，以前都是手工制章，或许还有差别，现在都是机器制章，几乎可以无限复制。近年来，社会上发生的很多违法事件都是通过伪造纸质凭证和公章手段得逞的。因此，人们在被迫改变着信用认证的方式，就像人事部门更多的是从网上确认新员工的学位情况，而不是去看员工提供的印刷精美的学位证书。最终，也许有一天，纸质单据（证书）只能作为传递信息的媒介之一，而不再有任何信用凭证的作用。

实体国库券的消失

我国自1981年开始，由财政部根据《中华人民共和国国库券条例》，每年定期发行国库券。从1981年至1997年的十多年间，发行的国库券都是实物券，面值有1元、5元、10元、50元、100元、1000元、1万元、10万元、100万元不等。这些实物券作为有价债券防伪要求非常高，样子和人民币差不多（如下图所示）。发行实物券是当时历史条件下的一种选择，随着时间的推移，实物券的一些弊端逐渐显现：

对于小额国库券，在印制、发行、兑付等方面需要付出高昂的资金和人力成本，使得发债的综合成本居高不下，得不偿失；另一方面，大额国库券又面临很高的伪造风险。即便采取了先进的防伪措施，大额国库券也一度成为一些不法分子造假牟利的对象，如1998年浙江省破获的一起伪造千元面值的假国库券案件，涉案金额高达2400万元。改革国债发行方式，取消实物券被推到了风口浪尖。

随着计算机网络的广泛应用，我国商业银行网络化、电子化水平飞速发展，同时上海、深圳电子化证券交易市场的建立，为我国创新国债发行方式、提升国债管理水平提供了良好的市场环境。基于上述原因，自1998年开始，我国停止了实物国库券的发行，开始全部采用凭证式和证券市场网上无纸化发行。实物国库券逐渐退出历史舞台，如今也只有在收藏市场上才能看到它的身影了。

1983年发行的五十元面值国库券

2. 认为保留汇总纸质凭证取消明细单据，所降低的安全性是可以忍受的

例如，随着财政管理日趋细化，每天需要给代理银行打印并传送授权支付额度通知书，个别时候需要传送近千张单据，银行工作人员已经无法按时完成纸质单据与电子信息的核对工作。为了提高效率，多数省市财政部门采取的一个做法就是打印一张汇总单据，其他明细额度信息靠电子数据去传输，甚至有的省对直接支付凭证也采取类似方式处理。而明细数据才是真正起作用的交易指令，如果对其不采取相应的信息安全保障措施，这些明细数据就相当于在“裸奔”，严重影响财政资金安全。因为，盗取财政资金的人可以在明细数据上做文章，通过后台篡改明细数据，从而绕开汇总单据，套取资金。

在电子化探索的前期，我们一直在“有纸”和“无纸”间徘徊，在安全和效率中纠结。当我们意识到“纸质单据是安全的”，在很多情况下是个假命题的时候，一切好像豁然开朗，工作的方向和重点就由单纯关注“有纸”和“无纸”安全性，转向如何整体提升财政资金支付的安全性。

2.2.2 安全与效率的统一：电子支付安全支撑体系的诞生

由于对支付电子化的认识有了本质的提升，第二阶段工作重点不再是要不要取消纸质凭证，而是如何解决目前面临的资金安全问题。2011 年，财政部会同人民银行开始支付电子化的顶层设计就是基于这个思路，建立的是一套新型的安全高效的信任体系，取代传统的业务管理模式，保证财政资金安全。

实行支付电子化管理，要将安全放在首位，高标准、高起点来构建立体安全“防护网”。第一，从管理学角度，加强财政内部治理，需要树立链条式管理理念。针对单靠纸质凭证衔接各个业务管理环节，在实际执行过程中经常出现制度执行不到位和信息不对称，造成系统内部审核控制与纸质凭证管理相互脱节，未形成完整的管理链条，给违规使用财政资金以可乘之机的情况，考虑利用信息技术手段将传统支付模式下各个相对独立的分散控制通过流程再造整合成一个完整的管理链条，从而实现“环环相扣、互相牵制、有始有终”的内控机制，确保任何人都无法单独完成财政资金支付交易，支付流程中的任何操作都运行在阳光下，靠系统管资金、管账户、管干部，最大限度地杜绝财政资金管理漏洞，防范财政资金安全风险。第二，从技术保障来说，按照国家信息安全法律法规建设完善财政安全基础设施，建立电子凭证“保险柜”。对业务凭证进行真实记录，可控读取，保证电子凭证的真实性、完整性和保密性，保证未经授权的用户“进不来、看不到、改不了”，经过授权的用户“丢不了、拿不错、赖不掉”。

通过这些措施大幅提高国库资金的安全性和运行效率，建立起涵盖管理制度、标准规范、支撑软件及安全设施的“电子支付安全支撑体系”，将现行的支付管理模式与信息安全管理统一起来，协调推进；将管理与技术相互融合，以信息化促进管理规范化，双管齐下，相得益彰。

2.2.3　业务变革的支点：游戏规则的改变

美国前国防部部长拉姆斯菲尔德曾有一个形象比喻：不改革思维方式，“就如同给亚瑟王宫廷骑士一支 M－16 步枪，这名骑士不是躲在树后向敌人射击，而是仍沿用传统的办法用枪托去砸对手的脑袋”。由此引致了美军对其军事理论的深入探讨：军事变革不仅是技术的飞跃、武器的更新和作战样式的演进，更重要的是思想观念的革命。支付电子化管理从表象上看是取消纸单，实现了无纸化，是技术的革新，但应该看到其核心和实质是生产力的提升。在提高安全与效率的同时，这种新的技术手段必将成为业务变革的支点，导致游戏规则发生变化。

1. 效率和安全的全面提升引发溢出效应

支付电子化实现了真正意义上的“无纸化”，财政部门、预算单位、人民银行、代理银行，利用信息网络技术，通过电子凭证库，实现各业务系统间安全、高效、对等衔接，取消纸质凭证和单据流转，发出电子指令办理财政资金支付及清算等业务，通过电子化管理把传统支付管理相对独立的分散控制通过流程再造整合成一个完整的管理链条，实现财政资金安全、高效运行。业务变革将带来显著的“溢出效应”，实行支付电子化管理，业务人员从人工核单、手工盖章、取单送单等大量体力劳动中解放出来，进一步提高了财政资金运行效率、透明度和规范性，为强化预算执行管理监控、信息分析报告等功能打下更坚实的基础。同时也可以作为推动县级国库改革的有力手段，有效解决县级财政国库集中支付改革运行效率低、人手短缺、资金安全基础薄弱等问题。

2. 凭证和账务管理的变化引发业务流程的再造

实施支付电子化管理后，由于电子凭证代替了原来的纸质凭证，对账务处理的流程、凭证单据的管理方式带来一系列变化，电子凭证作为唯一的、不可篡改的记账依据，省去了与纸质单据进行核对的工作，提高了对账的及时性，保证了账务调整的规范性。电子凭证明细数据自动形成各种口径的汇总信息，因此可以取消汇总单，淡化联次的概念等等。账务处理方式、凭证管理方式、印鉴管理方式等变化，有助于建立起动态校验、电子验章、自动对账、全程跟踪等新型业务管理形式。比如，在工资统发、公务卡还款等小额批量资金支付业务方面，可取消银行过度账户及辅助还款环节，转变为财政或预算单位直接自动化处理；再比如，以解决人民银行清算时间限制为契机，简化县级国库集中支付流程，有利于快速推广和完善县级国库集中支付改革。

3. 数据标准的统一引发“管理革命”

实施支付电子化管理，标准规范一致的大量预算执行明细数据通过电子凭证库进行汇集，为我们消除信息孤岛创造了有利条件，方便国库部门形成天然的“预算执行数据中心”。统一的数据标准也为挖掘利用这些海量数据提供了基础支撑，通过数据仓库技术、先进的数据挖掘工具，对国库海量数据进行挖掘分析，将促进行政管理、宏观决策和公共服务跃上新的台阶。

势者，机也。推进支付电子化管理，既是财政管理创新的内在要求，从基础上筑牢财政资金安全防线，加强廉政风险防控，提高财政资金运行效率，提升政府部门行政效能，提升国库管理水平，也是深化国库业务变革的大好契机。

2.3 构建电子化管理标准化体系

中国有句老话，叫做“没有规矩，不成方圆”。对国库集中支付电子化管理来说，规矩就是标准，不建立标准，就无法开展相关工作。电子化管理工作涉及财政内部、人民银行、代理银行、软硬件供应商等，为使电子数据能够在各种形态各异、标准不一的硬件、软件、网络之间自由交换，必须构建统一的标准化体系。通过标准化体系把一个个信息“孤岛”连成整体，达到数据共享、资金流与信息流同步运行的目标。构建电子化管理标准化体系是电子化管理的起点，也是重点和难点。

2.3.1 标准化体系是支付电子化的“灵魂”

《礼记·中庸》曾记载秦始皇统一六国后采取“车同轨，书同文”的举措，极大地促进了各民族各地区的经济文化交流。标准化，可以说是“车同轨、书同文”的现代版。构建电子化管理标准化体系，既是解决电子化管理互联互通、资源共享的实现途径，也是在全国范围内进行顶层设计、统筹规划的内在要求。

国内外信息化的实践证明，信息化建设必须有标准化的支持，并要充分发挥标准化的导向作用，以确保其业务上、技术上的协调一致和整体效能的实现。在规划和实施国库集中支付电子化管理过程中，标准化具有以下重要作用：（1）标准化是信息交换的基础。信息资源的存储和传输是以电子数据形式进行的，不能产生统一的数据流，支付电子化就成为一句空话。（2）标准化是总体规划的关键。支付电子化管理是一项长期而艰巨的系统工程，标准化则是解决系统问题的科学手段，它将各个业务环节、各个不同单位、各个不同设备有机连接起来，为彼此间的协同工作提供技术准则。（3）标准化是科技创新的制高点。支付电子化管理涉及众多创新内容，创新已成为推动改革工作的原动力，标准化则是创新过程中技术实力的体现和技术实现的保证。因此，将标准化作为设计规划支付电子化管理的“灵魂”，我们才能打下这场“硬仗”。

电子化标准体系建设伴随整个规划设计的过程，共历时两年。通过对电子化管理业务及技术各个层面的抽象与提炼，充分考虑统筹规划、信息共享、互联互通、安全规范等电子化管理需要，广泛动员和吸收各参与方意见，财政部会同人民银行研究制定了一系列业务规范和技术标准，形成了《国库集中支付电子化管理接口报文规范》、《预算单位自助柜面业务系统设计规范》、《电子凭证库接口标准》、《安全设备接口标准》等总计近10万字的标准化文档。这些标准之于语言，如同普通话，是实现支付电子化必须共同遵守的准则，为在全国统一实施支付电子化管理奠定了重要基础。

2.3.2 多渠道构建电子化管理标准体系

国库集中支付电子化管理工作涉及面广，电子化标准体系需结合管理目标和具体实施环境分对象、按层级、多渠道进行统一规划。在规划过程中，按照科学合理、规范实用的原则，我们统筹考虑了现实管理和未来发展的需要，业务灵活性和安全通用性要求，以及兼顾各方诉求等很多方面。

1. 针对财政系统内部业务数据上下贯通的需要

随着国库集中支付改革的推进，各地方财政部门都已建成了相对独立的财政支付系统，但是从全国层面来看，多数系统自成体系，采用不同的业务基础数据分类，不仅给财政本级系统之间的数据交换带来困难，还严重阻碍了财政系统内部上下级业务数据的采集和共享。为此，财政部2008年颁发了《财政业务基础数据规范》（中华人民共和国财政标准 CZ0001 - 2008），随后又进行了补充完善，于2010年发布了2.0版。但近几年财政改革涉及面越来越广，地方遇到的问题也越来越复杂，由于种种原因，《财政业务基础数据规范》在具体实施过程中未能完全执行到位。此次新制定的《国库集中支付电子化管理接口报文规范》，是以《财政业务基础数据规范2.0》为基础，统筹规划电子化管理各个环节业务基础信息的构成要素、关联方式、具体值集等内容，选取分类对象最稳定的本质属性或特征作为分类的基础和依据，将电子化管理的业务基础数据规范由“业务形态”向“技术形态”转变，在规范国库业务管理的同时适应各地不同的业务管理需要。推广实施支付电子化管理要求财政、人民银行、代理银行对等部署统一开发的电子凭证安全支撑控件（电子凭证库），为财政业务基础数据规范的落实提供了有效手段，为财政业务数据上下贯通打下了坚实的基础。

2. 针对财政与银行间业务数据交换的需要

推行国库集中支付改革以来，各地财政部门分别与人民银行、代理银行建立了网络链接，由于缺乏全国统一的接口标准，实施过程中遇到很多问题。站在人民银行和商业银行角度来看，全国集中模式的银行核心系统难以应付标准不一、流程不同的各式财政业务系统，总行没有办法进行统一规划，各省分行分别建设，造成一个个“信息孤岛”，还带来资源的极大浪费；站在财政角度看，无法与人民银行和代理银行的核心系统进行“直联”，容易产生财政记录信息与银行实际支付资金脱节的现象。为解决这些问题，财政部会同人民银行总行在启动支付电子化管理的同时即开始着手研究制定跨部门的《国库集中支付电子化管理接口报文规范》，统一全国电子化管理各参与方联网传输接口标准，实现了财政支付系统与人民银行和代理银行核心系统的互联互通。

3. 针对电子凭证库与业务系统无缝对接的需要

为保障支付电子化管理中各参与方信息的有效交互和电子凭证的安全存储，电子凭证库由财政部和人民银行统一开发、统一管理和统一部署。但是如何在地方财政千差万别的支付系统上统一部署电子凭证库是面临的难题。让各地方财政部门大改支付系统既不经济也不现实，让电子凭证库去分别适应各地的支付系统也难以做到。为此对电子凭证库进行了业务抽象和技术剥离，使它与业务系统和其他安全设备相对独立，并在此基础上创立了《电子凭证库接口标准》。各个与电子凭证库相连的业务系统只需稍加改造就可通过调用电子凭证库的标准接口服务，实现对电子凭证的签章、入库、验章、发送和打印。《电子凭证库接口标准》就像一把“万能钥匙”，为地方支付系统打开了电子化管理的大门，为电子凭证库在全国统一、快速推广打下坚实的基础。

4. 针对代理银行为财政提供统一服务的需要

长期以来，地方财政部门对国库集中支付代理银行提出了各具特色的业务需求，代理银行各级分支机构疲于应付与各式财政支付业务进行衔接，这种局面既与代理银行越来越集中化的系统规划不相适应，也与支付电子化管理的内在要求不符。财政部通过统一制定《预算单位自助柜面业务系统设计规范》，对代理银行系统操作流程进行了全面规范，不仅明确了业务操作模式，改变当前地方各级财政部门和代理银行各自为政的局面，增强了业务协调性；还通过界定代理银行与财政的职责边界，分别降低了双方业务操作人员的工作负担，增强了业务流程的顺畅性、系统的适应性。在此基础上，财政部统一发文进一步规范了代理银行相关设计方案报批、系统开发验收等的管理制度，确保代理银行相关系统建设满足规范性管理要求。

5. 针对与第三方安全产品互联互通的需要

国库集中支付电子化管理实施过程中，需要部署电子签名服务器和电子印章服务器等安全产品，但生产这些安全产品的厂商众多，如何实现与不同厂商的安全产品互联互认，标准化显然是必要的手段。为此，财政部组织相关厂商，创建了《安全设备接口标准》，这个标准最大的特点就是开放性，任何符合这一标准的安全产品经财政部门测试通过后，均可用于国库集中支付电子化管理。《安全设备接口标准》不仅解决了不同厂商的安全产品互联互认问题，还有利于建立公开、公平、公正的市场环境，降低电子化管理各参与方的实施成本，加快支付电子化全国推广实施步伐。

2.4 国库集中支付电子化管理核心内容

国库集中支付电子化管理，是现代管理理念与先进信息技术高度融合的系统工程，需站在业务和技术角度进行突破和创新，站在总体布局角度进行统筹和规划。“电子凭证库”和“预算单位自助柜面业务系统”是国库集中支付电子化管理的核心内容，是将管理与技术相互融合、实现电子化管理多重目标的创新型产品。

2.4.1 构建电子凭证库

国库集中支付电子化管理，最基本的原理就是废弃铁皮文件柜，使用“电子凭证库”。电子凭证库，不是一个抽象的技术概念，而是来源于对电子化业务的高度抽象，是融合了安全与标准化的重要载体，通过它不但能解决安全和效率问题，还能够以此为支点带动国库内控制度的完善和综合管理水平的提升，在未来将发挥巨大的辐射效应。

1. 电子凭证库的安全机制

电子凭证库集成了“链条式”管理理念，通过一系列内置的安全规则，构建了立体安全“防护网”，实现对业务凭证的真实记录和可控读取，以及传输过程中的防抵赖和不可篡改，确保了电子凭证的真实性、完整性和保密性。

（1）实现“链条式”管理。

传统模式下，财政支付系统仅记录业务凭证的审核结果，不能有效记录和控制凭证的审核过程；新模式下，电子凭证库就像一架高速照相机，捕捉每一次关键操作，以电子凭证“快照”的方式记录下对电子凭证的所有审核过程，并在下一岗审核时自动对上岗的签名（章）进行有效性校验，确认审核人身份的合法性以及电子凭证的完整性，把原来相对独立的分散控制通过流程再造整合成一个完整的管理链条，从而实现了“链条式”管理，如图2.1所示。

（2）实现“闲人莫入”。

电子凭证库固化了基本的安全管理规则，禁止未授权人员访问凭证库、禁止非法凭证进入凭证库，如连续两岗业务操作是同一操作人、证书无效等违反安全规则的业务根本就做不下去，可以说，电子凭证库为业务管理设置了一道天然的屏障，将不合法操作拒之门外。同时，电子凭证库也为各地的业务管理差异预留了一定的空间，可自定义安全规则及控制级

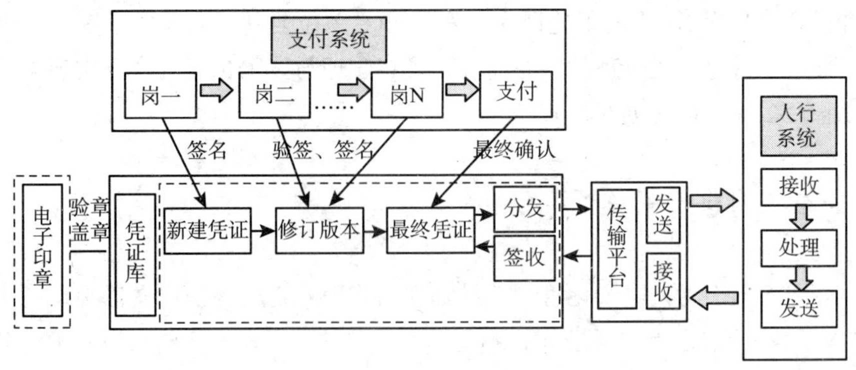

图 2.1 电子凭证库的链条式管理

别，某些无关安全但有利于强化管理的规则可以不进行严格控制，仅给出警告提醒，便于业务人员灵活掌握，如图 2.2 所示。

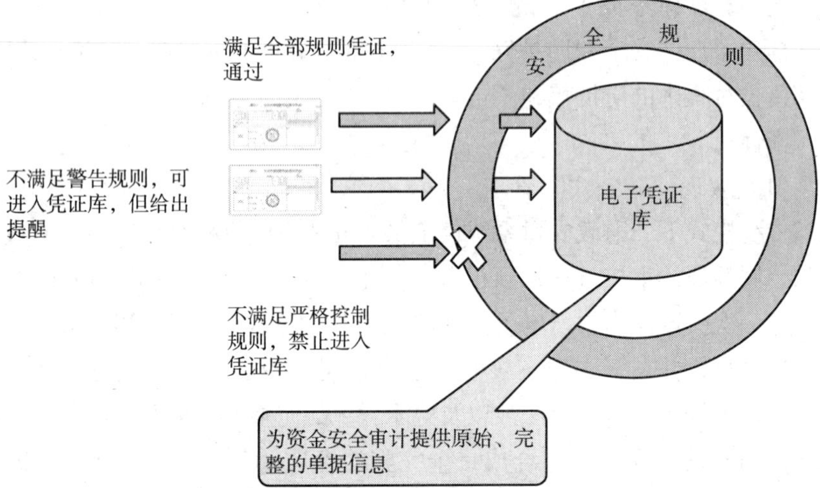

图 2.2 电子凭证库的安全规则验证

（3）实现加密传输。

电子凭证库之间的数据传递采用电子签名和数字信封技术，确保传输过程的安全性。其中，电子签名如同手写签名，起到防抵赖、防篡改的作用；数字信封就是给电子凭证套了个信封，这个信封只有收信人使用自己的私钥才能解开，其他人不知道密钥只能看到一串“乱码”，防止传输过程中信息泄密。电子凭证传输过程如图 2.3 所示。

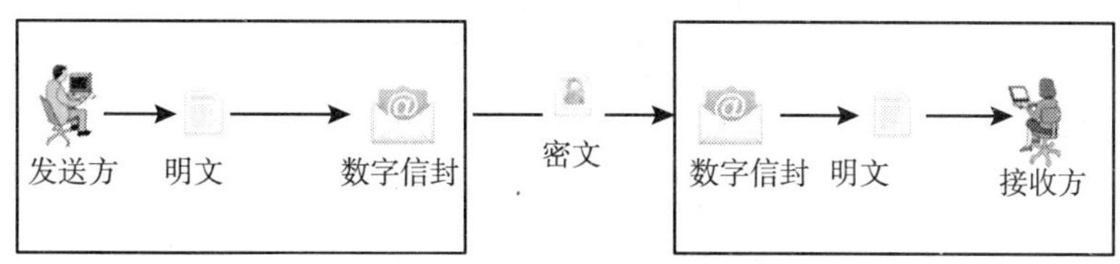

图 2.3 电子凭证库之间的加密传输

2. 电子凭证库的功能和作用

电子凭证库作为电子化管理的实现载体，其最核心的功能是实现电子凭证的安全管理，同时还能起到媒介作用，通过它建立财政与人民银行、代理银行间信息高速通道，实现各方业务系统与安全基础设施的协同工作。

（1）电子凭证的“保险柜”。

电子凭证库对电子凭证进行全生命周期管理，是电子凭证的“保险柜”。电子凭证库对电子凭证的安全管理主要体现在几个方面：一是确保电子凭证的真实性，通过对访问电子凭证库的用户身份的认证，记录电子凭证的操作人、操作时间以及操作内容，能够真实再现凭证审核过程；二是确保电子凭证的完整性，通过对电子凭证进行电子签名（签章），实现电子凭证不可篡改、防抵赖，且一旦电子凭证发生非法改变可以立即预警；三是确保电子凭证的保密性，通过技术手段为凭证库加了道密码锁，只有持合法密钥的授权用户才可以访问凭证库，自动屏蔽非法用户的访问。与传统文件柜相比，电子凭证库的防伪能力、抗破解能力、安全防范能力等都更胜一筹，是名副其实的“保险柜”。

（2）各方衔接的“枢纽”。

电子凭证库是财政与外部进行电子凭证交互和信息共享的“枢纽”。支持不同业务系统通过标准接口调用实现电子数据的安全传输，可以方便地与不同的业务系统进行衔接。财政、人民银行和代理银行端分别部署电子凭证库，可以实现电子凭证在三方间的自动交互和无缝衔接（见图 2.4）。此外，利用电子凭证库的第三方独立性的特征，有助于建立“权责清晰、规范有序”的业务协调机制和管理框架，进一步规范和促进国库集中支付管理制度改革。电子凭证库也可作为财政与外部业务系统之间非电子凭证数据传输的“绿色通道”。如财政与外部系统单纯的指令性交换、信息交换等，可利用电子凭证库绿色通道进行直接交互，达到网络信息安全通道高效复用的目的。

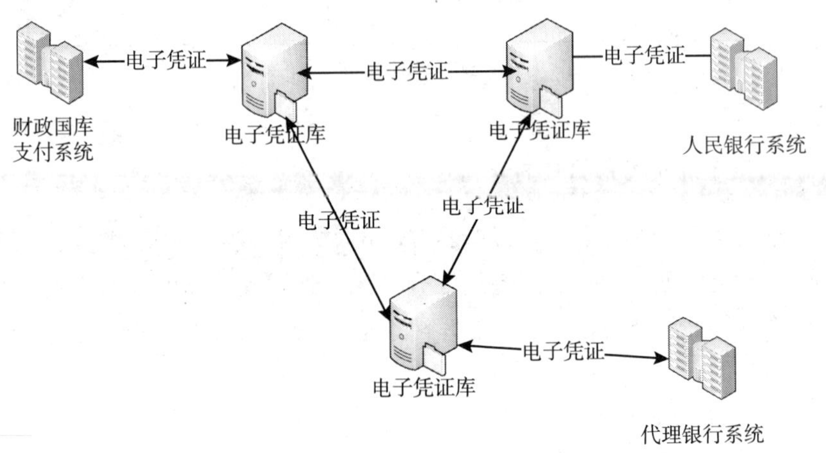

图 2.4　电子凭证库的三方对等部署

（3）最小化的“安全网关”。

电子凭证库能够与各种符合标准的安全软硬件产品进行适配，是最小化的“安全网关”。按照信息安全分权思想，将安全管理从业务系统中相对独立出来，业务系统对所有业务流、资金流进行统筹管理，实现业务审核权限控制、业务管理流程控制等业务管理要求；电子凭证库对所有电子凭证进行全生命周期管理，实现电子凭证审核留痕、安全传输等统一的安全管理要求。两方互相配合、互相制衡，任何一方都无法独立完成业务处理，提升了系统整体的安全性。电子凭证库同时还具有部署相对简单，通用性强等特点，对各方业务系统影响小，降低了业务系统电子化改造的复杂度和难度。

3. 电子凭证库的未来发展方向

电子凭证库是一个创新型产品，除了满足基本的安全和效率等电子化管理要求外，未来还可以发挥更大的作用：（1）从财政内部业务管理来看，电子凭证库除了应用于国库集中支付电子化管理，未来还可在非税收入收缴电子化和政府采购电子化管理等方面“大显身手”，通过安全、高效地管理非税电子缴款书、政府采购交易凭证等，促进国库各项改革的快速推进。（2）从财政与外部信息交换来看，电子凭证库内含全国必须统一遵守的业务规范和技术标准，将成为落实标准和规范执行的最有效途径，未来可以作为财政与外部机构进行信息交换的综合“前置机”，只要完成电子凭证库在各方的统一部署，就能通过这一渠道实现所有相关信息的安全交互和有序共享。（3）从技术发展角度来看，目前，电子凭证库以软件的形式存在，未来待电子凭证库进一步成熟完善后，拟将其做成如同交换机和路由器一样的硬件设备，就像一个“黑匣子”，在任何行业、任何有需要的地方都能够实现即插即用，将大大降低电子凭证库的实施难度和实施成本。

2.4.2　建设全国统一的自助柜面业务系统

建设全国统一的自助柜面业务系统，作为国库集中支付电子化管理的核心内容，是代理银行在全国范围内为预算单位提供安全、高效、全天候自助金融服务的重要渠道。通过自助柜面业务系统办理财政授权支付业务，不仅能够有效解决财政授权支付地域限制、清算时间限制、商业银行网点不足等突出问题，有助于深化国库管理制度改革，还有助于代理银行降低运行成本，提高代理业务服务质量，具有良好的社会效益和经济效益。

1. 自助柜面业务系统的实现原理及特点

自助柜面业务系统的基本实现原理是：由代理银行总行，按照财政部制定的全国通用的电子化管理业务规范和技术标准，统一定制开发一个自助柜面业务平台，将财政授权支付内部审核与电子转账整合在一个业务流程中，形成业务管理闭环。预算单位利用与财政部门已有的专线连接，在财政国库支付系统内提交相关授权支付申请，完成内部审核流程，将符合规定的待支付授权支付电子凭证，通过财政部门与代理银行的专线提交至代理银行自助柜面业务系统，然后在代理银行自助柜面业务系统中将财政资金支付出去，如图2.5所示。

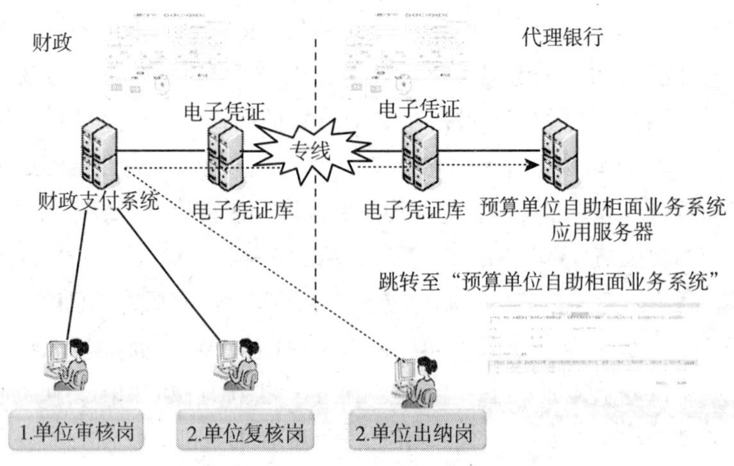

图 2.5　自助柜面业务系统实现原理

自助柜面业务系统这一运行模式，与代理银行为社会大众和一般性组织提供的网银服务有本质不同，主要反映在安全性、规范性、服务质量等方面：一是资金安全保障能力大幅提升。网上银行通常都运行在互联网上，且与组织内部管理没有衔接。自助柜面业务系统是代理银行为财政统一开发的、在财政内网运行的系统，它将财政授权支付内部审核与电子转账整合在一个业务流程中，成为支付审核流程中的第 N+1 岗，资金支付安全更有保障，业务人员操作也更方便。二是业务管理更加规范便捷。通用网银由于与财政内部业务系统无法关联，在进行小额批量资金支付业务时需从零余额账户将资金转账至过渡户中，再由过渡户分发至多个分散账户。而自助柜面业务系统与财政支付系统无缝衔接，可实现资金直接由零余额账户转账至多个分散账户，省去了中间环节，实现了实时到账，资金运行更规范、更高效。三是代理银行服务质量大幅提升。企业网银一般由各代理银行分行自行开发，根据客户业务需求进行个性化定制。自助柜面业务系统是在财政部指导下由各代理银行总行统一开发，统一部署，全国使用，不仅节省了大量人、财、物，大幅降低代理银行代理成本，更重要的是便于总行集中资源，打造精品工程，为财政提供更好的服务。

2. 自助柜面业务系统的功能

自助柜面业务系统主要支持预算单位授权支付转账支付业务，现金、限额支票等业务还需要到银行网点柜面进行办理。自助柜面业务系统通过电子凭证读取、转账支付（包括同行和跨行转账）、退款信息匹配和交易流水查询等功能为预算单位提供自助金融服务。

（1）凭证读取。

预算单位用户登录财政国库支付系统录入审核授权支付电子凭证，财政端“电子凭证库”自动将审核通过的授权支付电子凭证发送至银行端“电子凭证库”。代理银行系统后台进程读取可支付的电子凭证信息，作为预算单位办理授权支付转账支付交易的依据。

（2）转账支付。

预算单位用户登录代理银行提供的预算单位自助柜面业务系统后，可查询待支付且结算方式为“自助柜面”的授权支付凭证，勾选相关授权支付凭证进行资金转账，同行转账直接提交即可，如图 2.6 所示；跨行转账需按照人民银行大小额支付系统要求补充收款人开户行行号，如图 2.7 所示。

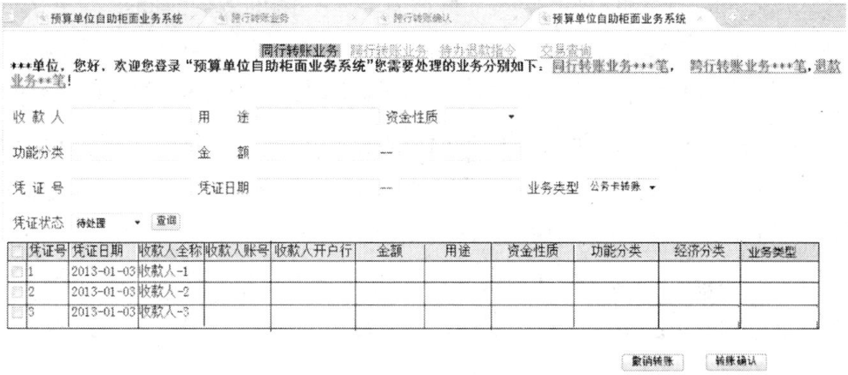

预算单位自助柜面业务系统　跨行转账业务　跨行转账确认　预算单位自助柜面业务系统

同行转账业务　跨行转账业务　待办退款指令　交易查询

单位，您好，欢迎您登录“预算单位自助柜面业务系统”您需要处理的业务分别如下：同行转账业务笔，跨行转账业务***笔，退款业务**笔！

收 款 人　用　途　资金性质

功能分类　金　额 --

凭 证 号　凭证日期 --　业务类型 公务卡转账

凭证状态 待处理　查询

凭证号	凭证日期	收款人全称	收款人账号	收款人开户行	金额	用途	资金性质	功能分类	经济分类	业务类型
1	2013-01-03	收款人-1								
2	2013-01-03	收款人-2								
3	2013-01-03	收款人-3								

撤销转账　转账确认

图 2.6　自助柜面业务系统同行转账界面

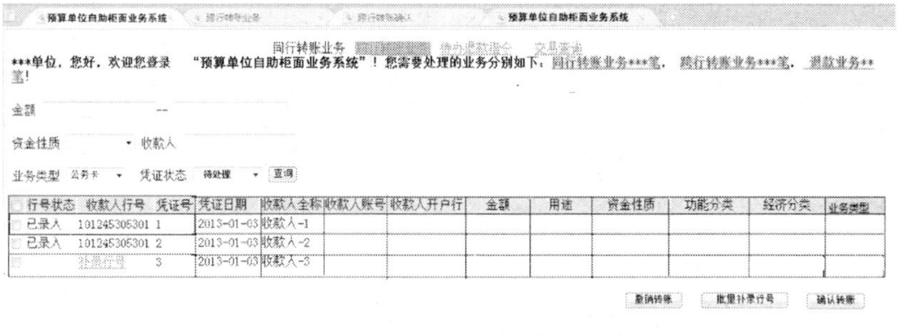

预算单位自助柜面业务系统　跨行转账业务　跨行转账确认　预算单位自助柜面业务系统

同行转账业务　跨行转账业务　待办退款指令　交易查询

单位，您好，欢迎您登录　“预算单位自助柜面业务系统”！您需要处理的业务分别如下：同行转账业务笔，跨行转账业务***笔，退款业务**笔！

金额 --

资金性质　收款人

业务类型 公务卡　凭证状态 待处理　查询

行号状态	收款人行号	凭证号	凭证日期	收款人全称	收款人账号	收款人开户行	金额	用途	资金性质	功能分类	经济分类	业务类型
已录入	101245305301	1	2013-01-03	收款人-1								
已录入	101245305301	2	2013-01-03	收款人-2								
	补录行号	3	2013-01-03	收款人-3								

撤销转账　批量补录行号　确认转账

图 2.7　自助柜面业务系统跨行转账界面

（3）退款信息匹配。

考虑到各地退款业务流程不尽相同，有的由预算单位指定退款信息，有的由银行柜员匹配退款信息，有的需预先经财政审核确认，有的没有财政审核环节，预算单位自助柜面业务系统，对于退款业务只做最基础的信息匹配工作，其他差异化的业务管理需求均通过各地柜面业务系统实现。预算单位用户登录自助柜面业务系统后，查询选择退款交易流水，匹配原交易信息后生成退款申请，提交到银行柜员后台系统，由银行柜员完成后续退款业务操作。

3. 自助柜面业务的扩展

目前，自助柜面业务还仅仅定位于代理银行柜面业务的延伸，是一种辅助资金支付手段。实际上，自助柜面业务作为一种渠道，极大地拓展了财政对外服务的范围，丰富了财政资金管理方式，且具有安全、高效、便捷等传统业务渠道所无法比拟的优势，将拥有非常广阔的发展空间：（1）在财政资金支付管理领域，自助柜面业务，不仅适合于预算单位一般性支付转账业务，还特别适合预算单位进行小额批量资金支付，如对于工资统发、公务卡还款等业务，可通过自助柜面业务系统直接将财政资金支付到个人工资卡或公务卡上；（2）在财政资金收缴管理领域，自助柜面业务也大有可为，可作为执收单位非税收入收缴综合管理平台，实现收缴信息与实际缴款的自助匹配；（3）在其他财政国库管理领域，自助柜面业务系统可作为全国统一的资金和信息服务平台，将财政管理与预算单位利用金融服务有机结合起来。

3

国库集中支付电子化管理实施

实施国库集中支付电子化管理，肩负多重目标，既要提升国库信息安全管理水平，又要大幅提升业务运行效率，更重要的是以此作为业务变革的支点实现国库管理的新跨越，这显然不是一个简单的项目实施问题，而是一项具有复杂性、创造性和开放性的工作，也必然要经历一个长期的过程。这项庞大而艰巨的工作任务，在管理、技术、协调等多个层面对我们提出了新的挑战。如何深入领会支付电子化的核心内容？如何抓住关键环节？如何预先规避棘手问题？这就要在科学实施方法的指引下，做好基础性工作，由简到繁，循序渐进，逐步建立完善的国库集中支付电子化管理体系。

3.1 讲求科学方法

国库集中支付电子化管理实施工作，可以将其看成是一个开放性的复杂巨系统[①]。之所以这么说，是因为实施过程中业务问题与技术问题相互

① 复杂巨系统这一概念最早由钱学森、于景元、戴汝为1990年提出，详见《一个科学新领域：开放的复杂巨系统及其方法论》，载于《自然杂志》1990年第1期。

交织，各个管理环节相互影响，还涉及跨地区、跨部门协调问题，这些要素相互关联、相互制约和相互作用，关系复杂，且随着电子化管理业务范围越来越广、参与方越来越多、交易量越来越大，其开放性也越来越显著。对于这样一个复杂系统，需要用系统工程的思想来认识问题、解决问题。钱学森院士在其专著中指出："系统工程是一种对所有系统都具有普遍意义的科学方法。即用系统的观点考虑问题，用工程的方法研究和解决问题。"① 系统工程涉及系统学、工程学、管理学等多个交叉学科，既是一门实用科学，更是一种管理的艺术。实施国库集中支付电子化管理，要将系统工程的一般理论和基本方法应用到实践中，努力探索其独特的内在规律性，找准方法，科学运用，才能少走弯路，才能事半功倍，从而更好地发挥电子化管理效能。

3.1.1 从整体上认识

在处理具体工作时，我们常常会陷入"只见树木，不见森林"的困境，系统学家彼得·圣吉把"看见整体当成是一项修炼"。② 难度不言而喻。实施国库集中支付电子化管理需要这种"修炼"，组织者要善于发现各种"隐性关系"，需以更宽广的视角看待"整片森林"。

首先，要统筹好业务与技术的关系。支付电子化是先进信息技术与现代管理理念的高度融合，无论是偏重任一方面而忽略另一方面都会走弯路，达不到电子化管理预期目标。很多从事国库管理的同志刚接触电子化这一概念时，总是对电子签名、电子印章、电子审计等技术术语望而却步，不去用心了解有关知识，或者想当然的认为实施电子化，就是单纯的信息化建设项目，交给技术部门就高枕无忧了。正是基于这种错误认识，业务部门的同志可能会缺乏改革意识、创新意识，当然也就不会把"电子化"当成一种新的生产力，从而也不可能提出适应电子化的先进管理方式。根据试点反馈的情况，确有部分同志缺乏电子化管理意识，仍要求电子凭证保留多联和汇总单据处理等传统管理方式，其实这些都是不合理或不能适应新情况的需求，其根源是忽略了计算机（电子化模式）处理事务

① 钱学森：《论系统工程》，上海交通大学出版社 2007 年版。

② 彼得·圣吉：《第五项修炼》，郭进隆译，三联书店 1999 年版。

与人（传统模式）处理事务的本质差异，具体原因我们在电子化知识问答中做了详细介绍，读者可以参见本书第4章的有关部分。当然，仅仅站在技术的角度去实施支付电子化也会走入误区，我们发现多数技术人员从不反思业务需求的合理性，或者片面地强调信息安全，忽略业务管理上应承担的责任或现实情况，造成系统处理逻辑异常复杂，导致效率低下等问题。因此，组织者和电子化方案的设计者必须深入了解国库集中支付业务和信息化技术两方面的知识，在实施过程中，一定要把两者看成是电子化这一整体的有机组成部分，充分发挥各自的优势，才会产生1加1大于2的增殖效应。

其次，要统筹好财政、代理银行内部上下级之间的协作关系。按照总体设计，支付电子化的技术路线和标准在全国范围必须统一，各省市财政支付电子化业务模式可以有一定的特色，但本省范围内的技术路线和业务标准应该严格统一。这些要求促使各级财政部门和代理银行务必加强协同、协作，改变以前可能存在的“各自为战”的局面。对省级财政来说，需要站在全国一盘棋的高度，既要服从于全国电子化管理工作安全上台阶以及规范化管理的大局，按照中央统一要求和部署设计好省本级的实施方案，还要着眼于全省各地市的实际情况，规划好全省支付电子化实施方案。为此，各省级财政部门在规划建立省本级支付电子化管理基本框架时，有必要提前做好准备工作，事先理清市县情况，初步确定市县未来支付电子化管理模式，以便在省内推广时，能够按照统一模式顺利分步实施，并预留充足资源与市县对接。对代理银行来说，总行负责预算单位自助柜面业务系统的统一建设，提供给全国各级预算单位使用；分行负责开发省级财政代理业务系统，为本省财政部门提供服务。表面上看，代理银行总行与各分行之间分工明确、边界清晰、没有交集。但如果把这两个系统设计成了两条不相交的“平行线”，总分行分头记账、分头清算，中间没有衔接关系，资金支付和清算就会出现问题。因此，总行与各分行间要在支付确认、额度控制、交易流水等方面建立严格的信息交互和控制协调机制，以实现自助柜面业务与传统柜面业务的联动及协作。

最后，要统筹好财政、代理银行和人民银行三方间的网络互联互通。在组织实施时，要将财政与代理银行、人民银行的网络衔接进行统一规划。具体来说，以建立三者间电子凭证库对等部署三角关系为工作的出发点，可以根据市县财政部门的信息化条件、人民银行内部网络规划、代理银行规模大小、实施成本等情况，分别考虑三方电子凭证库部署模式和网络互联模式。

3.1.2 抓住关键环节

对业务人员来说，我们已经习惯按照直接支付、授权支付、实拨等业务类型分类来讨论具体问题，这样容易整体认识、分析和解决管理问题，也便于向上级领导汇报清楚改革思路。但运用到电子化管理实施中，这样做既不利于工程实现，也不容易分析透问题、说清楚问题。不妨暂时忘记具体业务类型，以环节来分类（确认环节应以独立性为尺度），再顺藤摸瓜分析解决各环节中的业务问题。因为环节间相对独立，容易分重点、分层次解决问题，实现起来不容易出现顾此失彼、问题叠加的情况。具体来说，实施国库集中支付电子化管理，要抓住以下几个关键环节，按照环节逐步实现支付电子化，从而将不同类型的支付业务平稳、顺利、全面地纳入电子化管理。

1. 财政部门与人民银行

这个环节涉及实拨、汇总清算额度通知、清算回单等业务，管理内容相对简单；实施双方都是政府机构，安全上相对有保障；人民银行内部使用全国大集中的系统，并且就支付电子化有关问题财政部与人民银行总行已基本达成一致意见，技术实现上相对简单。基于此，我们建议原则上各地可以首先实现财政部门与人民银行间的支付电子化。需要注意的是，一般不要在此环节再细分业务类型，应该一并电子化。反之，如果按业务分类分别实施，从工程实现角度反而是自找麻烦。因为，财政部门和人民银行都要同时支持新旧两种业务管理模式，在网络连接、接口规范、系统开发等方面都会面临复杂的处理逻辑。但也有特例，有些省市财政的集中支付系统和实拨系统是分开的，那么财政部门按实拨和集中支付分类分别实施，对财政是可行的，对人民银行是否合适，那就要具体情况具体分析了。如果人民银行是半手工处理，影响不大；如果人民银行已通过系统自动化处理相关业务，那么人民银行的工程实施难度相对较大，整体实施成本和协调难度就会加大。总而言之，在财政部门与人民银行间实施支付电子化，应本着对等部署、总体成本最低、技术方案最简化原则，充分协商、相互配合，共同推进国库集中支付电子化管理工作。

2. 财政部门与代理银行

国库集中支付大多数业务集中在财政部门与代理银行环节，在这一环节实现了支付电子化，整个国库集中支付电子化管理工作就可以说取得了基本成功。各地财政部门应该将更多的精力投入到这个环节，将其作为工作核心和重点。但由于这个环节涉及多种业务和多家代理银行，与财政内部管理流程关联度更高，实施难度也较大。在实施过程中要注意把握好三点：一是为适应支付电子化管理，财政内部集中支付管理流程要提前做优化设计；二是选择热情高、条件具备的代理银行优先开展实施，为后续开展支付电子化的代理银行探索道路，摸索经验，树立示范效应；三是财政部门与某家代理银行之间所涉及的业务应一并电子化，原则上在该环节不要再区分授权支付业务和直接支付业务分别实施。无论在技术实现还是在业务处理上，同一银行保持原来模式与电子化模式并行所造成的风险和困难，要远远超过在该环节电子化一步到位所可能造成的负面影响。就系统改造来说，同一环节分别实施与一并实施的区别在于：分步实施，财政系统要同时支持原有模式和电子化模式，对财政来说做到这一点并不难，而且必须做到。因为，分步实施的思想已经决定了财政需要暂时对不同代理银行采取不同的业务处理模式。困难在于，对同一家代理银行同时保持两种业务处理模式，在工程实现和业务管理上非常复杂，得不偿失，甚至难以实现。一并实施，财政系统仍要同时支持原有模式和电子化模式，但对任一代理银行只需支持一种模式。如此，不用分析银行系统情况，就可以得出选择后者是最优的。最后，需要强调的是，财政与某个代理银行间实现了电子化，未必该行与预算单位间的业务处理模式就一定要同步改变，可以根据具体情况分步实施。

3. 人民银行与代理银行

人民银行与代理银行环节间的业务相对单一，主要是财政直接支付和授权支付汇总清算。具体业务表面上与财政部门没有直接关系，但其也是国库集中支付电子化管理的重要环节，财政部门应该主动推动人民银行与代理银行之间的电子化工作。在财政与人民银行，财政与代理银行环节电子化实施完成后，利用已经部署完毕的电子凭证库实现电子清算，在技术实现上非常简单，原有系统基本上不需要做大的改动。如果遇到人民银行与代理银行间网络连接困难，暂时无法建立双方直连通道，财政部门可以考虑暂时以财政厅（局）网络为中心节点，为双方提供网络路由服务。

4. 基层预算单位与财政

这个环节主要涉及直接支付申请和用款计划等业务，其中重点任务是实现直接支付申请的电子化管理。在实施过程中需要注意：一是要建立基层预算单位与财政部门的专线连接，这是实现这一环节电子化管理的前提条件。二是要建立严格的身份认证管理体系，为此财政有必要针对广大基层预算单位建立严格的 USB Key 管理制度。三是综合考虑管理成本、使用效率、安全需要等因素，不建议制作和使用预算单位电子公章，相关业务审核环节仅使用电子签名即可，财政部门可适当调整部分管理制度。由于基层预算单位众多，情况复杂，建议财政部门选择内部管理较为规范、人员配备较为充足的部门优先开展实施，经验丰富后再全面推广。

5. 基层预算单位与代理银行

在以上环节，尤其是基层预算单位与财政环节实现电子化管理后，基层预算单位与代理银行实现电子化管理是水到渠成的事情。这个环节电子化管理主要是借用代理银行专用服务解决基层预算单位电子转账问题。实施过程需要注意：一是保证预算单位与财政要有专线连接，确保预算单位能够通过专线访问代理银行提供的自助柜面业务系统。二是预算单位和代理银行双方签订自助柜面服务协议。三是代理银行负责发放、管理自助柜面系统专用 USB Key。

3.1.3 复杂问题简单化

复杂问题简单化、抽象化、模块化是人们在面对大系统时经常采用的一个朴素方法。自然科学的简洁之美，同样适用于社会学领域。复杂问题简单化处理以后，不但认识思路更清晰了，实现路径也更直接了。在电子化管理实施过程中，可着重考虑以下两个简化处理的途径：

1. 先简单，再复杂

万事开头难，就像婴儿蹒跚学步，迈出稳稳的第一步可能需要经历成百上千次跌倒、爬起的反复练习才能成功，一旦学会行走，具备行走能力，第二步、第三步就变得很容易。推行电子化管理，必然涉及财政国库集中支付系统改造问题，一般而言，可以有两条实现路径：一是一步到位，对支付系统进行大改造，甚至推倒重来；二是循序渐进，先进行必要的、基础性的改造，再逐步完善。如果选择第一条路，不但要付出高昂的成本，而且要冒很大的风险。电子化管理涉及面广、管理理念新、技术要求高，统筹协调各业务方保持一致需要花费大量精力，各方在认识上也不可能一步到位，会遇到很多不确定性问题。在实施电子化管理的过程中，我们不如先将确定的、简单的问题解决，再在此基础上解决复杂问题，那时复杂问题也会变得清晰而有条理。

2. 小手术，大作用

电子化管理的核心内容，即电子凭证库和预算单位自助柜面，都是“小手术，大作用”思路的集中体现，在具体实施时，也要高度重视这一方法的运用。举例来说，在试点阶段，个别代理银行总行在如何统筹实施电子化管理的认识上存在偏差，认为既然财政部要建设全国统一的自助柜面业务系统，干脆顺便把本行各省分行的集中支付业务系统也一并统一起来。这样做要出大问题，首先，各省财政的具体业务模式不尽相同；其次，总行与各省财政如何有效沟通？所以，这样做至少现在不现实，即所谓“大手术，反作用”。那么，是不是将来代理银行就一定实现不了一套系统支持全国财政呢？当然不是，只要电子化管理按照标准化模式走下去，相信将来总有一天会实现这个目标。目前，对于各家代理银行总行来说，最稳妥、成本最低的办法是，先保留各分行的系统不大动，同时通过自助柜面业务逐步规范。这样做既能有效支撑财政电子化管理，也能逐步向总行目标趋近。对于财政部门，作为实施国库集中支付电子化管理的组织者，更要树立“小手术，大作用”的思想，坚持效益最大化原则，对于暂时看不清的问题，尽量不动、少动，保留后续的各种可能性。

3.2 做好基础准备

凡事预则立，不预则废。国库集中支付电子化管理事关财政资金安全，基础准备工作尤为重要。在电子化管理项目实施之初，就要做好相关基础准备工作，根据一些地方的试点经验，主要是从组织管理、制度建设、技术准备几个方面着手。

3.2.1 加强组织管理

国库集中支付电子化管理是一个综合性项目，而且涉及面广，工作头绪多，协调任务重，必须建立强有力的组织管理，以系统工程指导思想统领整项工作。

1. 加强领导，成立工作组

从实践经验来看，任何项目在推进过程中最需要的往往不是资金，而是驱动力，所遇到的困难更多的不是技术问题，而是协调问题。领导的关注程度决定了驱动力的强弱，很多情况下还需要由领导出面协调各种关系，调动相关资源。因此，对于实施电子化管理，首先要做的就是加强领导。第一，做好宣传汇报。多向领导和广大群众宣传、汇报支付电子化管理工作的重要意义，尤其应将加强财政资金安全的核心内容充分体现出来。第二，成立实施工作组。尽量让相关方都参与进来，包括财政厅（局）国库处、支付中心、信息中心，人民银行国库处、科技处，代理银行业务部门、科技部门，财政支付系统改造公司，凭证库实施公司，电子印章服务公司，电子签名服务公司等。第三，确定工作组分工。在工作组内部按照分工设置不同的内部机构，如分为国库部门主要负责的业务需求组、信息部门主要负责的技术实现组，等等。需要强调的是，电子化管理不是单纯的信息化项目，财政国库部门一定要当好项目组织管理者，既要从业务变革“引领者”的角度，也要从“项目经理”的角度看问题、处理问题，落实每一件事情，组织协调好各种关系。

2. 统一思想，制定工作目标

第一，统一思想认识。思想认识包括对工作意义的认识和实现目标的认识，各方必须对这两个问题达成共识才能推动工作向前发展。可以通过加强宣传培训的方法使每一个相关人员都认识到这项工作的重要意义，要知其然还要知其所以然，了解电子化管理是什么、干什么、为什么，真正树立电子化管理的新理念，以此来实现整个工作组的集体认同感。财政部确定实施电子化管理的思路后，组织召开的地区性、跨部门的座谈会达十几次之多，一多半的时间都在讲解对电子化管理的理解和认识，能明显感觉到的是，对电子化理解一致、深入的省准备得比较充分，工作进度也快很多。第二，统一工作目标。目标不确定，或者混淆了不同的目标，必然会导致管理的混乱，大家目标一致，劲儿才会往一处使。总体来看，支付电子化管理的工作目标要建立在各方共赢的基础上，通过这项工作，财政部门能提升资金安全、提高工作效率，人民银行能减少人工操作，代理银行能降低成本，软硬件厂商也能实现自身发展，尽管各方关注的角度可能会略有不同，但都能从中受益，工作目标很容易达成一致。可以说，电子化管理工作已具备了“激励共赢”的条件，关键在实施过程中把“共同目标”制定好、把握好。

3. 统筹规划，建立工作程序

古语云：不谋全局者，不足谋一域。这句话说明了统筹规划的重要性，从全局角度出发，事先做好全盘筹划，才能用最少的时间、人力、物力，获得最佳的效果。统筹规划的关键，在于各个步骤如何安排，哪些步骤能够并列进行，哪些步骤必须区分先后次序。电子化管理作为一个系统工程，需要有明确的规划和合理的工作程序。在制定工作程序时尤其要注意以下几个方面，第一，要先制订方案再动手建设。不能为了赶时间，做什么还没分析清楚，就已经开始动手了，发现做不下去了，又得重新修改，甚至从头再来，反而耽误了时间，造成事倍功半。这也是为什么财政部对各地的实施方案非常重视的原因。当然，“兵马未动，粮草先行”。有些必要的工作确实可以提前做，如软硬件采购，周期长，目标明确，可以先行开始。第二，合理制订工作计划。电子化管理工作千头万绪，要做到忙而不乱，不顾此失彼，必须要制订合理的工作计划。实施电子化管理不可能一蹴而就，要尊重系统工程的客观发展规律，充分考虑各方的实际情况，根据事情的难易程度和相互之间的逻辑关系分成几个阶段完成，每个阶段分别实现什么，要有明确的思路。第三，建立项目管理制度。电子化管理涉及环节多，而且各环节环环相扣，任何一方进度迟缓，都会形成木桶效应，影响整个项目的进度。因此，需要工作组在项目管理上多想办法，对于多方共同参与的工作，联席会议制度和文档管理制度可以作为推动工作的有力抓手。

4. 主动作为，把握工作主动

电子化管理工作需要发挥每个人的主观能动性，只有每位参与者主动地去想，踏实地去干，工作才能够成功。第一，主动学习，不断提高认识。电子化管理是一项全新的工作，涉及信息安全、财政业务等各方面知识和系统工程学、运筹学、逻辑学等多个学科，需要有学习意识，才能深入理解支付电子化的核心内容。很多同志反映，每次参加电子化管理培训会，每次都有新的收获，认识上都有提高。“罗马不是一天建成的”，整个电子化理论体系也是随着认识的不断升华而逐步完善的。第二，主动思考，寻找解决问题的方法。要多动脑、多分析，与当地实际情况相结合，与电子化管理方式相适应，积极探索解决问题的办法。电子化管理本身就是一项创新型工作，只是简单、机械地操作，特别是不思考、不创新，按老的方式去做工作肯定要走弯路。第三，主动作为，勇于承担责任。电子化管理起点高、任务重、学科交叉，是一项非常具有挑战性的工作，需要每一位参与者主动作为、攻艰克难，工作才能顺利推进。

5. 加强协调，处理好几方面关系

实现电子化管理最大的难点在于如何协调好各参与方。协调工作做好了，事情就成功了一大半。电子化管理工作需要统一组织、协调推进。第一，要处理好财政部门和人民银行的关系。财政部门与人民银行各自的管理体制不同，网络规划、系统技术路线等方面也存在差异，双方需要互相

理解，充分沟通，服从大局。第二，注重业务部门与技术部门的配合。电子化管理是业务和技术的高度融合，业务部门与技术部门需要密切配合，主动发挥各自所长，加快实现工作目标。第三，处理好各参与厂商的关系。电子化管理涉及的软、硬件厂商较多，包括安全控件、支付系统、电子签名服务、电子印章服务等，尽管财政部会同人民银行制定了一系列的标准，但也难以保证不发生厂商之间衔接困难问题。财政部门应该坚持公平、公正原则，想办法规范管理，并将他们的积极性调动起来，做到以“理”服人，而不是以“力”服人。

3.2.2 夯实制度基础

安全管理，制度先行。实施电子化管理，最主要的变化是以纸质凭证为基础的信任体系到以电子凭证为基础的信任体系的转变，包括业务审核流程、账务处理方式、凭证管理内容、印鉴管理方式等都会随之变化。所有涉及的变化都需要以制度、协议或文件的方式进行明确，作为实施电子化管理各方的行为准则。主要有以下几个方面的内容。

（1）中央制定统一的管理办法。按照《中华人民共和国电子签名法》的要求，财政部会同人民银行总行正在拟定《国库集中支付业务电子化管理暂行办法》，确认国库集中支付业务中使用电子签名的法律效力，从管理和技术两个方面提出了加强安全控制的具体要求，并对实行电子化管理各方应遵循的原则、管理责任作了规定，指导地方财政部门、人民银行、代理银行和预算单位开展电子化管理工作，为地方实施电子化管理提供制度保障。

（2）地方制定具体的操作办法。地方需结合本地实际制定相关操作办法，细化电子化管理的业务规则和内控机制，作为开展此项工作的基础。具体内容包括确定电子化管理各方职责义务、涉及的业务范围、传输的凭证类型、办理的工作程序，明确电子凭证可以作为支付、清算、记账的依据，确认电子签名、电子印章、电子凭证的管理方式，确定各方对账、差错处理、应急处理等管理要求。

（3）签订相关协议。参与国库集中支付电子化管理的各方两两之间需要签订相关协议，约定双方电子化管理具体工作规范。涉及财政部门与人民银行间、财政部门与代理银行间、代理银行与人民银行间、预算单位和代理银行间共四类协议。协议中应包含的内容有：双方对电子签名、电子印章以及电子凭证法律效力的认可，对落地打印的纸质凭证法律效力的认可，对颁发数字证书CA机构的认可，以及双方的权利和义务等。

（4）制定电子印章管理制度。电子印章是支付电子化管理中应用的新鲜事物，与传统的实物印章相比，可以说既有相同点又有区别。由于在电子化管理中等同实物印章使用，必须要制定严格的电子印章管理制度以保证财政资金安全。总的来说，电子印章管理制度要规定两方面的内容，第一，电子印章等同实物印章管理的方面。包括电子印章具有与实物印章相同的法律效力、应用范围、申请审批程序、保管方式、使用程序、变更和废止程序等。第二，针对电子印章的特点需要专门明确的方面。包括需要明确电子印章公章的存储介质（USB Key还是电子印章服务器），电子印章口令管理，系统的授权流程等，这些都是实物印章管理规定中没有的，需要在电子印章管理制度中进行专门的规定。

（5）制定电子凭证库备份管理办法。实施支付电子化管理后，电子凭证是唯一的法律依据，存储在电子凭证库中，必须要保障电子凭证库的安全和电子凭证不可灭失。需建立电子凭证库备份管理办法，包括电子凭证库的备份方式、备份地点、备份时间、备份人员、备份数据的检查、备份数据的恢复和电子凭证的归档等，备份管理制度主要涉及技术操作层面。

（6）制定电子化管理应急预案。实施支付电子化管理后，业务部门对信息系统的依赖前所未有的提高。为了提高应对突发事件的能力，确保在系统出现故障情况下，财政资金的支付和清算正常运行，必须专门制定支付电子化管理系统故障应急预案。预案中应包含以下几个方面的内容：第一，要明确原有相关业务操作流程及纸质凭证保留现有法律效力和职能，并作为应急处理情况下的备用方案。第二，成立应急预案工作组，工作组要包括涉及财政资金支付和清算的相关方的业务和技术部门。第三，设置应急预案启动程序，包括应急程序如何报告、启动等。第四，区分不同故障类型下业务如何处理。针对网络通讯故障、安全基础设施故障或支付系统故障等，不同的故障应建立相应的紧急业务处理方式。第五，故障恢复后的处理。包括系统故障恢复后，业务数据和电子凭证如何补充完整等。

（7）完善系统运维保障制度。建立健全支付系统、电子凭证库、电子印章等相关系统运维管理制度。随着新安全体系的建立，在依靠先进的信息技术为财政资金安全提供保障的同时，要加强内控管理，建立起一整套运维管理制度来适应新的管理方式。要将防范财政资金安全风险作为制度建设的首要目标，从系统维护管理、人员授权管理等方面入手建立较为完善的制度，形成系统操作预先授权、岗位互相牵制、电子信息及时核对的完整管理体系。

3.2.3 强化技术保障

制度基础控制风险，技术保障关乎成败，技术准备的好坏直接关系到电子化管理的实施效果，比如硬件设备对系统效率产生重大影响，软硬件相互之间的兼容性问题可能对业务正常运行造成根本性的影响等。因此，项目伊始就要重视技术准备工作。

1. 开展信息安全等级保护测评

开展信息安全等级保护测评工作，既是适应支付电子化管理的客观需要，也是落实国家对重要信息系统实施信息安全等级保护制度的具体措施。实施国库集中支付电子化管理，业务部门将完全依赖信息系统，系统上跑的是“真金白银”，最稳妥的做法就是邀请高水平的专业测评机构，对信息系统及相关运行环境做一次彻底的体检，重点发现信息安全管理中的“短板”并采取措施及时补救。系统正式上线运行前在信息安全方面要做到法律合规、安全心中有数。

2. 做好软硬件选型

在遵循“统一标准、合理规划、保护投资、安全高效”的基本原则下，考虑各种因素的优先顺序是安全、性能、成本。安全是首选，要选择符合国家标准且满足支付电子化安全管理需要的产品。性能和成本同样是两个非常重要的指标，性能问题在电子化管理中是比较核心的问题，成本高、配置高的软硬件会对系统性能提升有帮助，但根据边际效用递减原理，随着配置不断提高，对性能的影响会越来越小，要结合本地的情况选择一个性能和成本结合的最佳点。

（1）电子签名服务器。财政部已在全国财政系统建立了 CA 管理体系，且为各地配置了电子签名服务器。按照保护投资的原则，在已有电子签名服务器能满足支付电子化管理需求的情况下，尽量利用已有设备。人民银行和代理银行实施电子化管理，也需要配置电子签名服务器，原则上，符合国家标准且通过国家安全部门认证的产品均可以使用，但不同厂商的电子签名服务器在一些细节上可能会有所不同，造成电子签名服务器之间无法互信互认。因此，不同厂商的电子签名服务器需要经过联调测试确认相互间的兼容性。

（2）电子印章系统。目前国家关于印章服务器没有制定统一标准，为了保证国库集中支付电子化管理工作标准统一、顺利推进，财政部按照国家安全部门认可的控制规范制定了统一的财政电子印章接口标准。地方在购买电子印章系统时，应确认采购的产品符合该标准，再应用实施。

（3）USB Key。目前国内 USB Key 产品性能参差不齐，甚至同一厂商不同批次、不同芯片的 USB Key 的性能都会存在很大差异，部分产品还可能存在安全隐患。在实施支付电子化管理过程中，为避免应用 USB Key 的环节出现安全与效率问题，应注意两点：一是安全方面。地方需请国家专业信息安全检测机构对所选 USB Key 进行全面的安全检测。二是效率方面。地方需请支付电子化实施公司对所选 USB Key 进行性能检测，确保 USB Key 在高频度、大报文应用环境下的效率。从试点情况看，USB Key 往往是效率瓶颈所在，低速 Key 签一次名有的需要 5 秒，高速 Key 可能只需要 0.2 秒，相差几十倍，不要认为几秒钟不起眼，当同时对上千笔凭证进行电子签名时，这个差距就会非常大。

（4）安全审计系统。实施支付电子化管理后，财政资金运行的安全和效率都会大幅提高，但其对信息系统的依赖程度会大幅增强。因此，加强信息系统安全审计工作是必然要求。电子凭证库负责存储电子凭证，国库支付系统负责生成电子凭证，安全审计系统负责对他们的活动进行监督，这就形成了三权分立、互相监督的安全管理体系。安全审计系统通过验证数据的真实完整性，来审计信息系统的安全性和可靠性。安全审计系统可以实现业务信息的日志审计，在不影响业务操作的同时，保障业务系统和数据库的运行安全。安全审计系统实时地监控用户操作行为，对非法操作进行及时预警，并且能够对指令、数据操作进行还原展现，同时也简化了运维管理工作，为事后故障分析和责任界定提供有力证据。

3. **改造业务系统**

业务系统的改造需要遵循财政部和人民银行统一制定的接口报文规范，同时满足电子签名（章）管理的需要。地方支付系统3.0，已由财政部统一组织进行了电子化管理升级改造，使用此系统的地方只需根据业务管理需要做适应性调整。使用其他支付系统的地方，建议在电子化管理实施初期，按照最小化改造目标进行调整，业务系统不要动“大手术”，在关键业务节点与电子凭证库衔接即可。如针对财政直接支付业务，业务系统最简单的可以仅对财政内部最后两个审核岗进行改造，调用电子凭证库进行电子签名（章），可以快速实施业务系统电子化。各地可以根据现有国库集中支付制度改革进度和信息化程度，先易后难，分步实施。

3.3 规划业务调整

国库集中支付电子化管理不仅是技术上的革命，更是一场管理革命，把传统支付管理相对独立的分散控制通过流程再造整合成一个完整的管理链条，会引发财政管理方式、管理手段、管理思路的变革。首先，电子化管理进一步完善了财政资金运行机制，将国库集中收付制度安全、高效、透明的内在特征充分发挥出来；其次，以电子化管理为“支点”，将逐步实现记账依据的变革、财政资金运行监控手段的变革、财政对预算单位服务方式的变革；再次，电子化管理为进一步提升国库集中收付管理水平带来了新的契机。这些目标的实现都有赖于对国库业务进行科学规划，合理调整，既与电子化管理这一新的管理方式相适应，又推动了国库管理制度改革向深度和广度发展。业务调整也因此成为电子化管理实施工作的重头戏，将会带动国库管理迈上新台阶，开启财政电子化新纪元。

3.3.1 打造完整管理链条

实现支付电子化管理，建立“环环相扣、互相牵制、有始有终”的完整管理链条是最核心、最重要的业务调整内容。这一过程并非简单地将电子签名（章）加入原有业务流程中，而是需要按照电子化管理理念对原有业务流程进行优化、重组和整合，达到安全规范、流程精简、衔接顺畅、反馈及时等目标。图3.1是财政直接支付电子化管理以后的流程图，从图中可以看出调整优化业务管理流程的主要思路。

1. 强化支付管理的安全性

保障安全是实现电子化管理的基础，也是首要目标。通过改造业务系统和引入电子凭证库，形成以电子凭证为唯一业务办理依据的完整管理链条，在关键岗位进行电子签名（章），把财政内部审核与代理银行、人民银行审核确认全部关联起来，形成业务管理闭环，从而大幅提高资金的安全性；整合原有的业务审核规则与电子凭证库安全控制规则，所有业务操作改由系统的内控机制进行保证，确保支付业务的合规性、真实性和完整性。

2. 全面提高资金运行效率

提高效率是电子化管理的应有之意，但不是简单的取消纸单，而是建立一整套电子凭证高效审核、实时传输、动态校验机制。一是以电子凭证取代纸质凭证，取消财政、代理银行、人民银行各方电子信息与纸质凭证核对工作；二是以信息传输平台实时收发电子凭证，取消财政、预算单位、代理银行、人民银行相互间跑单；三是按岗位整合原有系统审核及电子签名（章）功能，建议借此机会对业务流程进行重新梳理，进一步精简岗位、简化审核。在试点过程中，有的代理银行未完全转变过来，本来以电子凭证为依据直接办理转账支付就可以了，柜员却将电子凭证打印出来，再按照纸质凭证的方式进行单据扫描、传递、复核，工作量与原来比一点都没少，还影响到资金运行效率。

3. 规范业务办理

规范国库集中收付业务运行，是满足电子凭证安全交互的必要条件。从财政内部管理来看，将纸质凭证转化为电子凭证后，凭证一旦生成就不

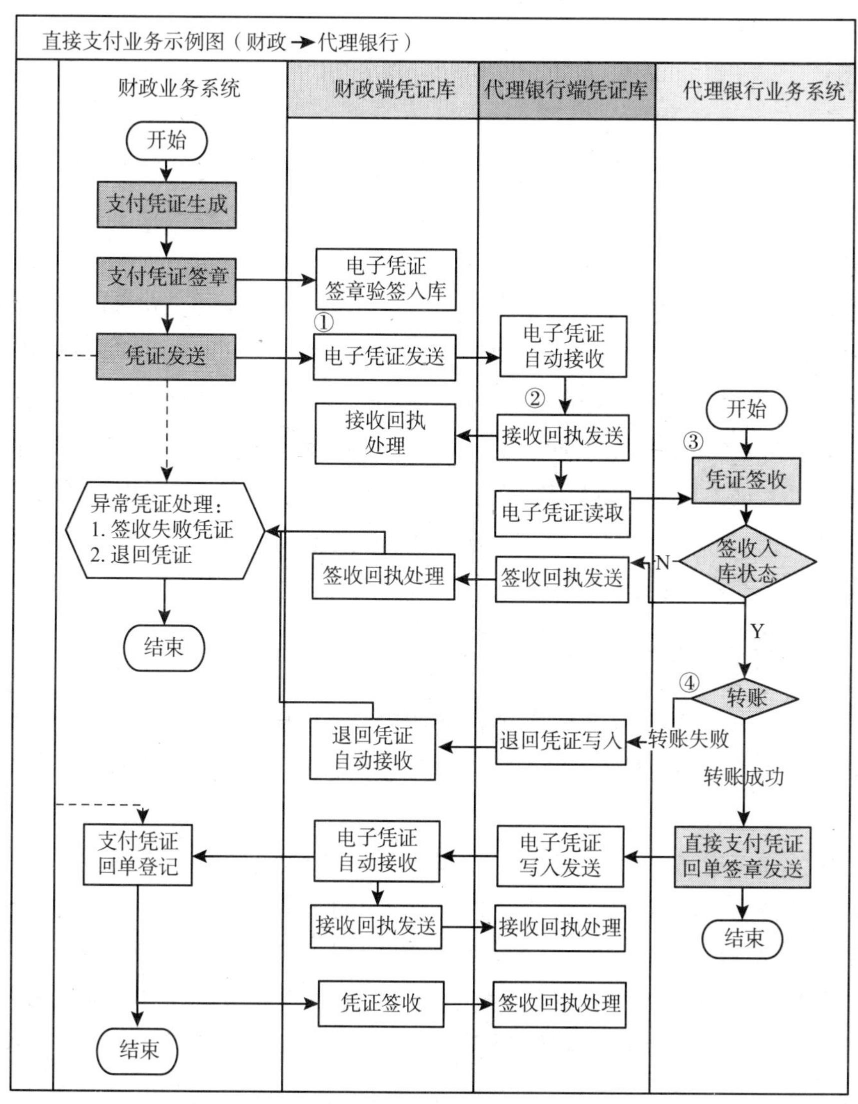

图 3.1　直接支付电子化管理业务流程

能修改，必须原汁原味的在各方之间传递，通过规范记账、调账、对账等业务，实现财政资金的安全高效管理；从代理银行业务管理来看，通过实现代理财政业务系统与其核心系统无缝衔接、电子支付和电子清算的相互配合，做到实时真实反映代理银行的实际支付状态，以避免代理银行“先清算、后支付”、“无凭证、先支付”等不规范操作。

3.3.2 透视电子凭证

这里所说的电子凭证，是指国库集中收付业务电子化管理中使用电子签名（电子印章）制作的，可用来证明业务事项发生、明确经济责任并据以登记账簿的电子文件。电子凭证，在电子化管理业务运行中，主要起到业务办理依据、资金安全保证、信息跟踪确认等重要作用，它有以下几个特征：一是绝对权威。将业务交易指令真实记录下来，而且一旦形成就不能更改，只能原原本本的在发送方和接收方之间相互传递。二是时隐时现。有时在前台表演，有时会退居幕后，甘当无名英雄，一旦有需要时，它就以“证人”的身份出来秉持公道。三是万变不离其宗。它可以有多种表现形式，可以根据需要定制凭证样式，但是电子信息只有一份，承载着所有相关的业务管理要素。

1. 电子凭证的法律效力

对于电子凭证，我们最关心的就是其是否具有法律效力。2005 年 4 月 1 日正式颁布实施的《中华人民共和国电子签名法》规定：“当事人约定使用电子签名、数据电文的文书，不得仅因为其采用电子签名、数据电文的形式而否定其法律效力”，“可靠的电子签名与手写签名或者盖章具有同等的法律效力。”该部法律作为电子化管理的基本法，完全确立了电子签名的法律地位。中国人民银行于 2005 年 10 月颁布了《电子支付指引（第一号)》，其中指出“电子支付指令与纸质支付凭证可以相互转换，两者具有同等效力。”该文件明确赋予电子支付指令以法律效力，促进了以商业银行网上银行、第三方支付平台为代表的电子支付产业的蓬勃发展。从以上分析可以看出，电子形式的电子凭证的法律效力是毋庸置疑的。那对电子凭证落地打印形成的纸质凭证是否具有法律效力呢？对于财政与预算单位、代理银行、人民银行之间，只要出台了相关制度对纸质凭证打印、管理进行规范和约束，也可以赋予相关纸质凭证以法律效力；对于预算单位与供应商之间相关纸质凭证的法律效力问题，由于涉及面广、对象复杂，可以采取两步走的方式：第一步，先期要求代理银行为预算单位提供以银行结算票据等为基础的纸质证明文件；第二步，类似于税务总局提供发票验证网站的做法，建立一整套面向公众和商务活动的电子凭证验证机制。

2. 电子凭证的分类

根据电子凭证的作用和使用对象，主要分为以下几类：

（1）作为本单位收支交易和账务处理依据的电子凭证。如财政部门通过电子凭证库发送直接支付凭证给代理银行进行资金拨付、人民银行通过电子凭证库向财政发送收入日报作为财政收入记账凭证。这些凭证可以通过落地打印替代现有纸质凭证作为记账依据。

（2）并不是本单位需要的凭证，但为提高整体效率，实现最优服务，为第三方提供的电子凭证。如目前代理银行需要为基层预算单位提供纸质额度到账通知书、支付回单等服务，存在不及时、成本高、时常发生单据丢失等问题，实施支付电子化管理后，代理银行可以将相关电子凭证发到财政端电子凭证库，财政端电子凭证库可以替代理银行自动化“转交”和替基层预算单位存储相关凭证。

（3）不作为交易和记账使用，但重要并在一定时期内需要存档的电子文件。如预算单位通过电子凭证库存储政府采购申请书或合同书等。建议在支付电子化管理实施的初期，暂不考虑使用这部分功能。

3. 电子凭证的使用

使用电子凭证与纸质凭证相比，在业务管理方式上，主要有以下变化：一是记账依据发生变化。电子凭证作为唯一的记账依据，它储存的不仅是可视化的“大红章”，还固化了审核流程上的具体审核人、时间等重要信息，集合了防篡改、防抵赖等安全措施。实施国库集中支付电子化管理，要充分发挥电子凭证作为信用凭证的优势，逐步实现从纸质凭证到电子凭证的转变。二是账务调整机制发生变化。由于电子凭证具有不可篡改的特征，账务调整必须通过规范的流程和机制以确保更改的合规性。三是对账的频率和效率发生变化。实施支付电子化管理以后，与人民银行、代理银行及财政内部的对账工作可以由系统实时或定期完成，大大提高了对账的及时性，有问题能够及时发现，有利于保障财政资金安全。四是凭证管理方式的变化。电子化带来新的管理手段，改变和丰富了财政凭证管理形式及内容。电子凭证的明细数据自动形成各种口径的汇总，可以取消汇总单，淡化凭证单据联次、减少内部过程纸质凭证等。

3.3.3 优化管理方式

建立链条式管理和电子凭证实时交互机制，是支付电子化管理带来的最直接，也是最基本的业务变革。电子化管理，其核心和实质是建立一整套新的安全信任体系，必然引发游戏规则的变化，以此作为业务变革的支点，将在资金运行、动态监控、对外服务、电子化采购等更广泛的层面上促进国库管理方式优化，从而推动国库管理制度改革进一步深化。

1. 扩大国库集中支付范围

利用电子化管理安全快捷、不受时间和空间限制的优势，可以进一步拓展国库集中支付范围。对于惠农资金、社保资金等要支付到个人的支出，传统支付模式下难以处理这些小额批量资金支付业务，而采取电子化管理方式，能够以最短的路径、最快的速度实现财政资金直达个人账户；对于县乡国库集中支付制度改革，电子化管理能够有效解决目前制度运行中存在的人手短缺、资金安全基础薄弱、人民银行清算时间限制等问题，有利于促进县乡国库集中支付改革进一步深化。

2. 完善预算执行管理监控机制

实施国库集中支付电子化管理，实现了信息流和资金流的统一，财政部门对每一笔资金的来龙去脉都能一目了然，资金运行情况掌握得更全面、更及时，为全面跟踪财政资金从申请、审核、支付到清算的全过程创造了良好的基础环境，有利于加快建立健全预算执行动态监控运行机制；随着电子化管理的全面推行，国库业务的规范化程度进一步提高，全国财政国库数据标准逐步统一，挖掘利用这些国库海量数据，将为全面真实地反映预算执行情况、提供领导决策支持服务创造有利条件。

3. 丰富对预算单位的服务方式

借助电子凭证库、预算单位自助柜面业务系统等电子化管理核心工具，可以进一步丰富财政国库对预算单位的服务方式。例如，重庆市财政局长期以来遇到的一个瓶颈问题，就是代理银行不能及时将入账通知书反馈预算单位，不仅单据传递周期长，甚至遗失也时有发生，预算单位无法保证记账的及时性和准确性；实施电子化管理后，代理银行将给预算单位提供的入账通知书制作成电子凭证，全部发送至财政端电子凭证库，由财政转发预算单位，解决了预算单位由于不能及时收到纸质凭证影响入账的问题，不知道怎么花钱的问题，受到了预算单位的一致好评。

4. 改进政府采购管理方式

电子化管理理念同样适用于政府采购领域，把国库集中支付电子化管理的实施方法、工具和措施应用于政府采购日常工作中，将有助于大幅提升政府采购管理水平。政府采购申请书、政府采购合同等都可以存储在电子凭证库中，不但使电子凭证在预算单位、财政部门、中介机构、供应商之间进行自动交互，还能够借此实现政府采购活动与资金支付管理的一体化衔接。

电子化管理是一项创新型和开放性的工作，相信随着对电子化管理认识的进一步加深，以及实践经验的日积月累，围绕电子化管理这一新型管理方式，国库管理创新会越来越多，越来越广，国库管理水平必将迈上新台阶。

3.4 统筹系统部署

设计系统部署好比排兵布阵。国库集中支付电子化管理系统部署，涉及财政部门、人民银行、代理银行三方，以及省、市、县三级行政区划，由于各方组织结构不同、系统部署模式不同，情况比较复杂，需要做好统筹规划。

3.4.1 系统部署原则

部署问题不单是个技术问题，不同的部署方式会对业务运行造成影响，比如有些省部署方式是财政与代理银行之间的业务数据通过人民银行TIPS交换，当人民银行的TIPS发生故障时，财政和代理银行也无法交换数据。电子化管理部署的重点是要解决电子凭证库放在哪、网络怎么接的问题。制定系统部署规划时要考虑以下几个原则：

1. 分清情况，集中与分散相结合

总的来说，电子凭证库的部署分为集中式和分散式，集中式部署成本低、部署方便，分散式部署风险低、传输效率高。当然，每种部署方案都有它的劣势，如同排列阵形，兵力分布过于集中，风险大，容易被一网打尽；兵力分布过于分散，管理不便，不利于集中力量。人民银行和代理银行都是垂直管理，更倾向于集中部署的方式，但如果集中程度过高（如全国集中）就会形成高风险、低效率、维护压力也大，财政支出清算指令不同于统计数据，是生产数据，实时性和准确性要求很高，如果出现全国大范围内财政资金无法拨付的情况，会造成很大影响。财政部门是一级政府一级财政的管理体制，更倾向于分散部署的方式，但可能会有部分县技术和资金实力比较弱，没有独立部署和维护的能力，可以采取向上一级集中的方式，如果全省的条件合适的话，也可以采取全省集中的方式，建议电子凭证库的部署方式与支付系统的部署方式保持一致，这样做的好处是管理方便，减小工作复杂度，当然也可以不同，要充分考虑系统负载、维护压力、管理责任等问题。因此，财政部门、人民银行、代理银行各方要结合本地实际情况，因地制宜的选择部署方式。无论哪种部署方式，电子凭证库都是支持的。电子凭证库开发时就充分考虑了各种分散和集中的部署方式，都可以灵活的支持，但过于复杂的部署有可能会影响系统性能和效率。

2. 对等互联，合理划分边界

对等互联简单来说有两个意思，一是照镜子，你有什么，我就有什么，你怎么放，我就怎么放；二是手拉手，两两之间要直接牵手互联，不要通过第三方连接。财政部门、人民银行、商业银行之间，应遵循对等部署的原则，各方都部署相同的阵形，用消息中间件作为先锋，后接电子凭证库，电子凭证库是枢纽，其余各设备都与电子凭证库连接，业务系统是首长，居于后方，可以给电子凭证库下达命令。这种部署方式以各自的消息中间件和电子凭证库为边界，楚河汉界，泾渭分明，责、权、利清晰，便于分清责任，查找问题原因。根据运筹学中的最短路径原理，两两之间直接连接路径最短，这种部署方式也是效率最高的。图 3. 2 是财政、人民银行、代理银行三方系统部署图。

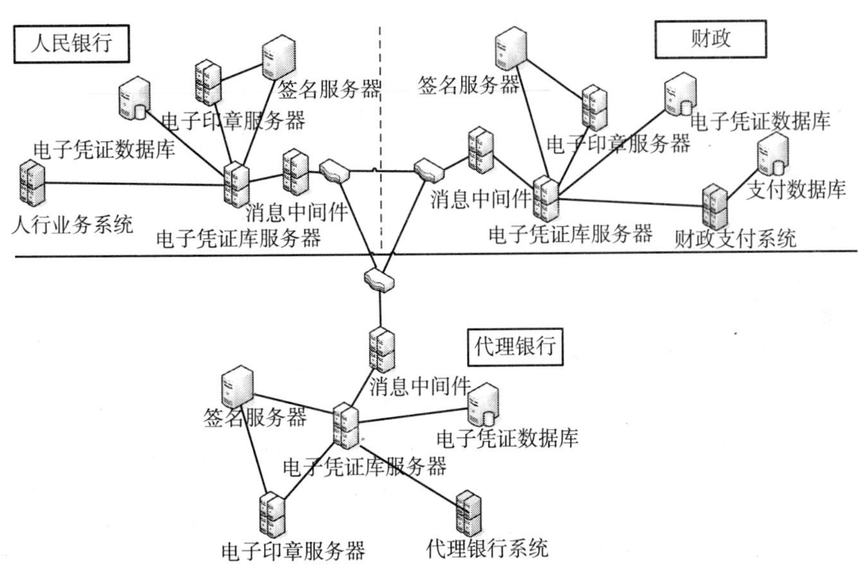

图 3. 2　财政、人民银行、代理银行三方系统部署

3. 统筹规划，兼顾现实和长远

电子凭证库的部署既要考虑横向衔接和纵向衔接的关系，还要综合考虑未来的发展和现实需要。一是目前各地财政国库支付系统部署模式有很多种，有各级分散部署，也有全省或地市集中部署，以及是物理集中还是逻辑集中等很多变化，且各地的业务管理方式也不统一。部署电子凭证库时要从全省的角度出发，与全省支付系统的规划部署相结合，前期就要做好全省的规划。二是人民银行业务系统比较单一，大部分地区都已使用了 TIPS 和 TCBS，少数地区还在使用 TBS，从长远来看，人民银行应是全国统一使用 TIPS 和 TCBS，TBS 作为备用系统。目前 TIPS 正在进行改造，目标是要实现与电子凭证库的直联，暂时可通过人民银行前置系统转换的方式实现电子凭证库和 TIPS 的连接，待 TIPS 改造完成后再与电子凭证库直联。三是代理银行采取了统一开发和分散开发相结合的方式，有些规模小、业务少的银行系统全部由总行统一开发，规模较大、业务较多的银行采取了省级分行开发为主的方式。考虑到全国财政业务的多样性，对代理银行来说，比较稳妥的方式是暂时按照省级分别开发和部署，待以后财政业务逐步统一后，再考虑开发全国统一版本。

3.4.2 具体部署方式

1. 省级部署方式

省级机构之间必须要对等部署，省级财政部门部署一套电子凭证库与财政支付系统衔接；省级人民银行部署一套电子凭证库与人民银行核算系统衔接；代理银行在省分行内部署一套电子凭证库与银行业务系统衔接。各方两两之间进行网络直联，通过电子凭证库交换信息。在实际中可能会遇到的问题是，代理银行与人民银行的衔接问题，与现有代理银行和人民银行间通过 TIPS 交换的方式交织在一起，会比较复杂。上策是按照统一规划，省级代理银行端和省级人民银行端的电子凭证库直接相连，直接交换电子凭证；中策是代理银行端和人民银行端的电子凭证库借用财政网络连接在一起，通过财政网络转发代理银行和人民银行之间的电子凭证；在网络条件都不具备的情况下，代理银行端和人民银行端电子凭证库之间可以通过拷盘方式传送电子凭证。无论采取哪种方式，对于代理银行和人民银行之间原有通过 TIPS 交换普通电子数据的方式是否保留，目前并无硬性要求，可以由当地人民银行和代理银行商定。但是从保障信息流唯一性的角度，最好只保留电子凭证的交换渠道。

2. 地市级部署方式

地市级机构之间的部署方式比较多，主要根据财政支付系统的部署方式确定，如果地市级财政的支付系统是在省级集中部署，地市级财政、人民银行、代理银行可以分别与省级机构相连，使用省级机构的电子凭证库，并通过省级机构之间的网络交换数据，如果省级数据压力较大，可以考虑在省级机构部署多套电子凭证库。地市级财政独立部署支付系统，就需要在地市级财政单独部署一套电子凭证库与财政支付系统衔接，这种情况下，地市财政要直接联通地市人民银行和地市代理银行，地市人行或代理银行都各自仍通过自己的网络与省人行和代理银行省分行联通，不建议地市财政通过省级财政联通到省人行或代理银行省分行，主要考虑到会给省级财政造成较大压力，而且网络链路长，不容易查找问题。原则上地市级人民银行统一使用省级人民银行部署的电子凭证库，如果省级人民银行条件不具备，为了满足实际需要，可以考虑暂时在地市级人民银行单独部署电子凭证库。

3. 区县级部署方式

区县级机构的部署情况相对简单，区县级财政部门不需单独部署，共享使用地市级或省级财政部门电子凭证库即可，特殊情况的区县财政部门也可以单独部署电子凭证库；区县级人民银行无需部署，共享使用省级人民银行电子凭证库即可；商业银行无需部署，共享使用省分行的电子凭证库即可。区县财政未单独部署电子凭证库的情况下，财政部门、人民银行、代理银行之间分别借助地市机构或省级机构之间的网络相连；单独部署凭证库的区县财政，可以直接与区县人民银行和代理银行相连。

各级财政部门与人民银行间的详细部署如图 3.3 所示。

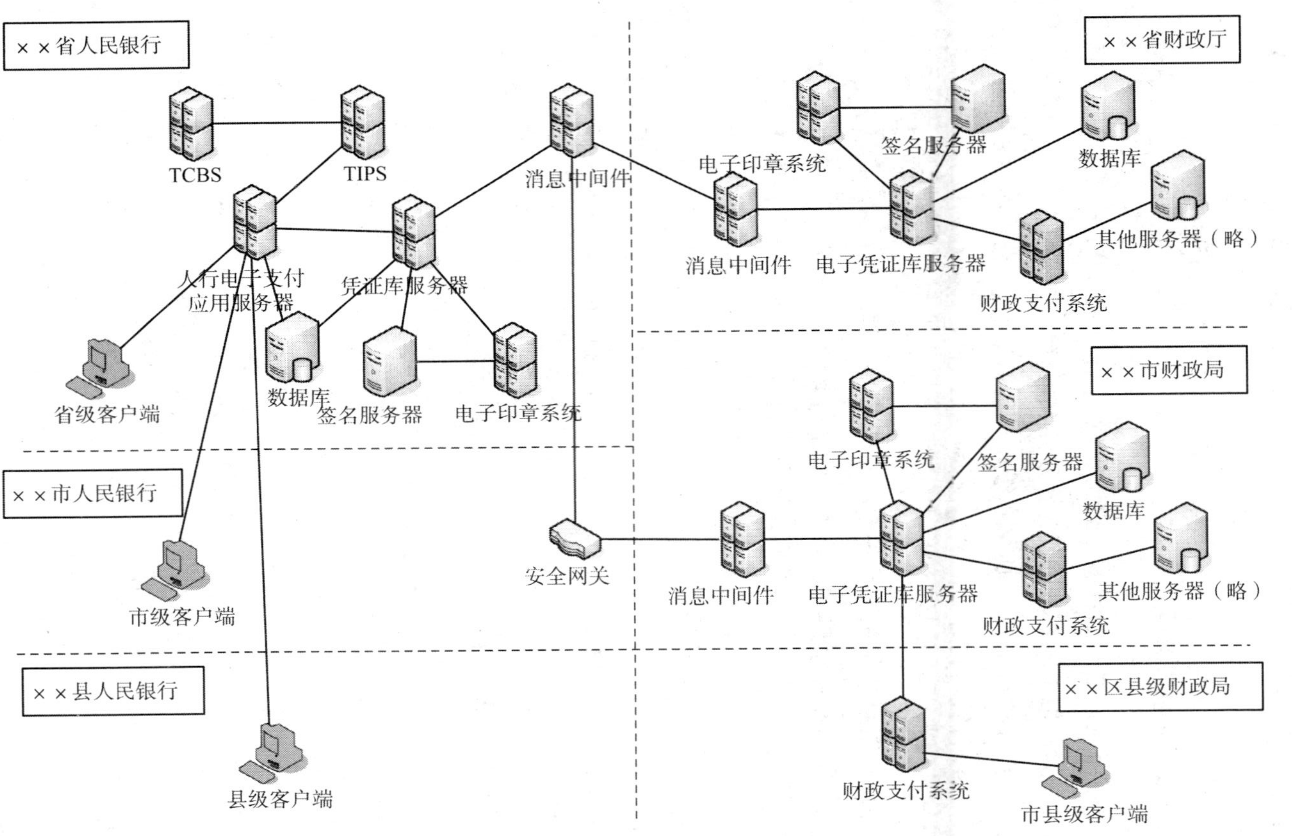

图 3.3 财政与人民银行间详细部署

国库集中支付电子化管理业务问答

国库集中支付电子化管理是一件新事，也是一件大事、难事，河北、重庆在试点过程中，曾遇到组织管理、业务协调、系统建设等各种问题。本章以业务问答的形式，简明扼要地阐述了实施这项工作需要理解到位的一些基本概念和总体思路，并对实施过程中可能会遇到的业务和技术问题进行分项讲解，力图深入浅出，简单易懂、易操作，为实施工作提供有针对性的指导。各地财政部门、人民银行、代理银行相关同志，在开展国库集中支付电子化管理工作过程中，可以把业务问答当成知识库，通读领会，为实施打好基础；也可以遇到问题时当成工具书，查疑解惑，便于快速推进工作。

4.1 基本业务问答

4.1.1 什么是国库集中支付电子化管理?

国库集中支付电子化管理包含两层含义：一是单纯从技术角度和表象

来说，就是实现“无纸化”，它具体是指财政部门、预算单位、人民银行、财政国库业务代理银行，利用信息网络技术，取消纸质凭证和单据流转，依据电子指令办理财政资金支付及清算等业务，实现财政资金安全、高效运行的管理模式。二是从加强财政内部治理的角度来说，就是技术手段的变化，所引致的管理变革。它具体是指在业务处理完全纳入电子化管理（不再借助任何计算机系统外的辅助手段）后，把传统支付管理相对独立的分散控制通过流程再造整合成一个完整的管理链条，从而引发国库管理理念的更新和管理方式的变革，表现在制度创新、流程再造、系统升级等诸多方面。第一次接触这个概念的同志往往对第二层含义理解不深，但这并不影响我们在某些业务环节实现“无纸化”。也就是说，单从技术角度，着重解决目前急迫的安全和效率问题，简单可行，不失为一种应急措施。但是如果想借助此次“电子化”的契机，事半功倍的全面提升国库业务管理水平，就需要深刻理解支付电子化管理的第二层含义。支付电子化管理是对原有财政资金支付管理方式的一次彻底变革，必将引发财政资金支付管理从理念到实践的一系列创新与探索，从而推动国库集中收付改革跃上新的台阶。事实上，即使不刻意为之，它也必将引起一系列的连锁反应，只是可能经历的时间长短不同而已。

4.1.2 为什么要推行国库集中支付电子化管理？

（1）开展国库集中支付电子化管理时机已基本成熟。从制度层面上看，2005 年 4 月 1 日起正式施行的《中华人民共和国电子签名法》确立了电子签名的法律效力和电子支付的合法地位，为国库集中支付电子化管理奠定了法律基础；从技术层面上看，国家信息安全标准体系逐步完善，通过权威部门检测的信息安全产品日趋成熟，地方国库支付系统已比较稳定，财政部门相关网络、身份认证系统建设等条件也已具备，为地方国库支付电子化管理创造了客观环境；从实践层面上看，财政部与人民银行总行、部分省市无纸化管理探索，为国库集中支付电子化管理积累了宝贵经验。我们应抓住有利时机，加快推进国库集中支付电子化管理。

（2）各级财政部门要求转变财政资金支付管理方式的呼声日趋强烈。

“十二五”时期，国库集中支付制度改革进入提档加速的关键时期，但原有的资金运行方式已经无法满足国库管理改革深化的需要，资金安全问题和效率问题往往交织在一起，困扰着我们每一位干部职工。具体表现在：在财政和人民银行、代理银行之间，每日要有专人传递大量的纸质凭证和单据，并需对方工作人员进行纸单和电子数据的重复核对，工作效率低，业务差错率高。更为严重的是，有限的人力实际上已经无法完成海量明细数据人工比对工作，造成规章制度难以落实，安全隐患凸显。基于以上原因，转变财政资金支付管理方式，实现安全可控的电子化管理，成为各级财政国库管理部门的共识。

4.1.3 实施国库集中支付电子化管理具有什么现实意义?

财政国库“十二五”规划提出要“积极推进国库集中支付电子化管理”，这是在新阶段、新形势下，保障财政资金安全，推动国库改革深化的一项基础性、战略性工作，具有十分重要的现实意义：

一是从基础上筑牢财政资金安全防线，有助于加强廉政风险防控建设。单靠纸质凭证衔接各个业务管理环节，在实际执行过程中经常出现制度执行不到位和信息不对称，造成系统内部审核控制与纸质凭证管理相互脱节，未形成完整的管理链条，给违规使用财政资金以可乘之机。实施支付电子化管理，将原来相对独立分散的安全控制扩展为依靠固化的流程、规则及信息安全技术共同构建的立体“防护网”，确保任何人都无法单独完成财政资金支付交易，支付流程中的任何操作都运行在阳光下，靠系统管资金、管账户、管干部，最大限度地杜绝财政资金管理漏洞，防范财政资金安全风险。可以想象，随着支付电子化管理的实施，任何人尤其业务干部基本上没有条件违规拨付资金；即使出现违规情况，信息系统也会及时发现；从而从整体上筑牢财政资金安全防线。

二是从根本上提高财政资金运行效率，有助于提升政府部门行政效能。随着财政国库科学化、规范化管理的不断推进，财政国库部门业务处理量迅速增长，就中央本级而言，每年经国库部门办理的支付业务就多达500多万笔，传统资金支付管理方式下，业务人员需逐岗手工签章、逐笔打印凭证、每日往返取单送单，耗费大量的人力、物力、财力。实施支付电子化管理，取消纸质凭证流转，不再需要专门印制凭证单据，不再需要进行电子信息与纸质单据的人工核对，预算单位工作人员足不出户即可“全天候”进行用款业务办理，将工作人员从大量的体力劳动中解放出来，大大降低了行政运行成本，提高了工作效率和财政资金运行效率，政府部门的行政效能得到大幅提升。

三是从整体上提升国库管理水平，有助于深化国库管理制度改革。推进支付电子化管理，既是财政管理创新的内在要求，也是转变财政管理方式的重要途径。支付电子化管理，取消纸单仅仅是表象，其核心和实质是业务变革，可谓“牵一发而动全身”。比如，国库业务审核方式、账务处理方式、凭证管理方式、印鉴管理方式等都将随之变化，有助于建立起动态校验、电子验章、自动对账、全程跟踪等新型业务管理方式；比如，在工资统发、公务卡还款等批量小额资金支付业务方面，可取消银行过度账户及辅助还款环节，转变为财政或预算单位直接自动化处理；再比如，以解决人民银行清算时间限制为契机，简化县级国库集中支付流程，快速推广和完善县级国库集中支付改革。

4.1.4 实施国库集中支付电子化管理的总体思路是什么?

国库集中支付电子化管理的总体思路，是按照现代国库管理制度的要求，以系统工程思想为指导，以国库集中支付制度为基础，通过建立电子支付安全支撑体系，实现财政资金安全高效运行，提升国库管理水平，进一步促进和深化国库管理制度改革。财政部在推广实施支付电子化管理的过程中坚持“三性”原则：一是服务性。一切工作以服务地方、帮助地方为工作指导，严格区分中央和地方职责边界，共同推进支付电子化管理。具体来说，地方做不了，做不好的，中央统一做。例如，财政部门与人民银行业务互联互通问题，涉及需要全国范围统一遵守的技术标准和业务规范问题。地方能做的，坚决交给地方做。例如，地方支付系统的调整、相关设备的选型、具体实施方案等，这些都完全交给地方自主决定。中央只负责提出建设性思路和建议，促进地方做得更好。二是规范性。支付电子化管理涉及面广，自动化、安全性、协作性要求高，没有规范性的要求，也无法完成这项系统工程。为此，财政部会同人民银行制定了一系列的规范和标准，这其中有必须全国共同遵守执行的，如电子化管理接口报文规范。也有供地方参考执行的，如国库集中支付标准业务流程。三是创新性。实施支付电子化管理本身是一项技术性和业务性很强的工作，这其中有很多创新性思路和措施，有些甚至是全国首创。例如，引入链条式管理的概念；抽象业务模型、分割技术边界建立普适性的电子凭证库；将自助柜面服务无缝纳入财政内部审核流程，使其成为支付审核流程中的第 N +1 岗；其中最重要一点创新是，我们将电子凭证库设计为一个“支点”，依托其推进国库管理和信息化再上一个台阶。

4.1.5　如何理解国库集中支付电子化管理的总体思路？

国库集中支付电子化管理的总体思路，可以从指导思想、目标任务、推进方式和实现途径等方面来理解。

（1）支付电子化管理是一项系统工程，既涉及现行管理制度的调整和突破，又涉及业务与技术的协同和融合，还涉及财政、人民银行、代理银行及预算单位的衔接和互通，其管理理念之新、技术要求之高、协调难度之大都是前所未有的，一定要按照系统工程的指导思想进行统筹规划。这项工作的核心内容是要建立起涵盖管理制度、标准规范、支撑软件及安全设施的“电子支付安全支撑体系”，将现行的支付管理模式与信息安全管理统一起来，协调推进；将管理与技术相互融合，以制度建设指导信息系统建设，以信息化促进管理规范化，双管齐下，相得益彰。需要说明的是，同志们也不要被系统工程之庞大所吓倒，条件不成熟的省市，单单从安全和效率的角度出发，在业务关键环节使用统一推广的“电子凭证安全支撑控件”，整体改造工作量并不大，难度不高，却可以大幅提高国库资金运行效率，并在资金安全上提升一个较大台阶。

（2）支付电子化管理的首要目标是确保安全。资金安全是财政部门的“生命线”，财政资金安全没有保障，一切财政工作都无从谈起。一旦实行电子化管理，每年十几万亿元的财政资金都要运行在系统上，容不得半点闪失。实行支付电子化管理，要将安全放在首位，高标准、高起点来构建立体安全“防护网”。从业务保障来说，要将传统支付模式下各个相对独立的分散控制通过流程再造整合成一个完整的管理链条，从而实现“环环相扣、互相牵制、有始有终”的内控机制，使每一笔业务都运行在“聚光灯”下。从技术保障来说，通过引入电子凭证库，保证未经授权的用户“进不来、看不到、改不了”，经过授权的用户“丢不了、拿不错、赖不掉”。需要说明的是：财政部门的同志要加大对信息安全有关知识的学习，要深刻认识到信息安全问题直接关系到财政资金安全。从事业务管理工作的同志心中更是要有一本“安全账”，不能把所有安全问题一股脑推给搞技术的同志解决。目前，我们正处于加强信息化安全建设的初级阶段。这个阶段有个鲜明的特点，就是我们采取的安全措施也许很简单，也不用付出很大成本，但它所产生的效果却是明显而巨大的。

（3）支付电子化管理的推进方式是统一规划、分步实施。按照“统一规划、统一标准、统一支撑软件”的原则统筹推进，既是考虑到现行人民银行系统、代理银行系统是全国“大集中”的部署模式，也是考虑到财政国库信息化发展的客观要求，有利于财政与银行系统快速对接，有利于上下级财政间的信息协同和共享。具体来说，“统一规划”是指财政部和人民银行在充分调研和征求各省市意见的基础上，结合财政国库业务管理需要，借助国家安全管理职能部门、安全设备提供商、代理银行等专业力量，做一个既符合我们未来发展需要又能衔接各省市现实情况的顶层设计。这个统一规划共历时两年，不断完善而最终成型。它并不是一纸文件，它凝练了很多新的理念，形成了一系列的技术和业务标准。“统一标准”涉及很多方面，专业性非常高。例如，为了在财政、人民银行、代理银行间传递和互认电子凭证信息，制定了电子化管理接口报文规范；为了保护已有投资，使各部门不同支付系统不用大的改造，就能够方便接入电子凭证库，制定了电子凭证库接口标准；为了防止技术垄断，促进公平竞争，让社会上合格的安全设备厂商都能参与，制定了安全设备接口标准。这些标准之于语言，如同普通话，之于网络，如同“TCP/IP”协议，是电子化管理各参与方必须要共同遵守的规则。“统一支撑软件”可以简单地理解为财政部和人民银行给大家统一定制了一个“电子文件柜”，取代现有的铁皮柜。目前，它以软件形式存在，独立运行，并和具体业务管理无关。今后，计划将其做成如同交换机和路由器一样的硬件设备，就像一个“黑匣子”，即插即用。需要说明的是：统一支撑软件将免费提供给支付电子化管理实施各方使用，发挥最基本的安全支撑和信息交互的作用。对此，各省不会有差异性需求，因此各省不宜也没有必要单独开发。

（4）支付电子化管理的重要抓手是“电子凭证库”。“电子凭证库”是“电子支付安全支撑体系”的核心组成部分，集合了全国必须共同遵守的技术标准。它作为电子凭证的“保险柜”和电子支付的“安全阀”，分别部署在财政、人民银行和代理银行端，可以快速实现电子凭证的安全存储和传输，最大限度地降低支付电子化管理成本和实施难度，便于在全国推广。同时，利用“电子凭证库”的第三方独立性的特征，有助于建立“权责清晰、规范有序”的业务协调机制和管理框架，进一步规范和促进国库集中支付管理制度改革。

4.1.6　国库集中支付电子化管理与国库集中支付制度有何关系?

支付电子化管理本质上是一种支付手段，综合来看，它是以财政国库集中支付制度为基础的一种新型资金管理方式，其资金流转、职责分工都遵循国库集中支付制度的基本原则和体系框架，同时又具有传统资金支付管理方式无法比拟的优越性。

一是支付电子化管理进一步提高了国库集中支付制度执行的效率、透明度和规范性，为强化预算执行管理监控、信息分析报告等功能打下更坚实的基础，大幅减轻财政实施资金支付“扁平化管理”过程中，来自部门和基层单位的效率压力。二是支付电子化管理进一步提升财政内部治理水平，对国库集中支付的业务审核方式、凭证管理方式、印鉴管理方式等都起到了规范作用，推进建立起动态校验、电子验章、自动对账、全程跟踪等新型业务管理方式；三是电子支付与电子清算一并开展，扫清了人民银行“清算”时间障碍，能够进一步推动县级财政国库集中支付制度改革，有效解决县级改革运行效率低、人手短缺、资金安全基础薄弱等问题。

4.1.7　国库集中支付电子化管理的安全机理是什么?

支付电子化管理的安全机理是以《中华人民共和国电子签名法》为依据，利用国家认可的电子签名技术，实现国库资金支付管理全流程的实名认证、不可抵赖、不可篡改及数据加密传输。

电子化管理将重要信息统一存储到电子凭证库中，能够实现操作留痕和实时反馈，一旦有异常情况能及时自动提醒或警示，提升电子凭证在存储和传输过程中的安全性。

与传统的大红印章管理模式相比安全性更高。如今，随着技术的发展，大红印章容易复制，伪造成本较低，已无法满足对纸质凭证的权威性和唯一性要求，存在较大的安全隐患。采用电子化管理方式，充分利用业务系统中的岗位分设、多岗相互制约的原则，实现全流程的链条式管理，业务规范性更强，资金管理安全性更高。

4.1.8 什么是电子凭证安全支撑控件?

电子凭证安全支撑控件是以信息安全技术为保障，以电子凭证库为核心，实现对电子凭证的操作、存储、交互和共享的服务中间件。安全控件与业务管理模式无关，与业务系统和其他安全设备相对独立，是实现支付电子化管理的重要载体。

电子凭证安全支撑控件在功能上包括电子凭证库、安全传输平台和电子凭证服务接口三个部分。电子凭证库是安全控件的核心，记录和存储凭证信息，是电子凭证的“保险柜”；安全传输平台实现了财政系统与人民银行系统、代理银行系统之间电子凭证的安全传输和信息共享；电子凭证服务接口提供凭证签章、入库、验章、发送、打印等标准服务，供各类业务系统按需调用。目前，它以软件形式存在，分为三个独立的功能模块。一是核心程序。实现内部安全控制、凭证格式定制、信息路由等功能。二是接口函数库。为外部系统使用凭证库提供标准化调用函数和接口。另外，为配合外部系统客户端操作，还提供独立的调用插件。三是电子凭证存储接口。主要为外挂第三方存储设备提供支持。对其任一功能模块的调整，不影响其他相关系统。将来，为进一步降低推广和实施成本，提高运行效率，计划将其全部功能整合为硬件设备。

为保障支付电子化管理中各参与方信息的安全、高效交互，安全控件要实现统一开发、统一管理和统一部署。

4.1.9 电子凭证安全支撑控件和业务系统的关系是什么？

（1）业务系统与电子凭证安全支撑控件是指挥与被指挥的关系。安全控件是“演员”，业务系统是“导演”。业务系统负责筹划业务总体改造目标，指挥安全控件完成相应操作。依托安全控件，业务系统不需要动“大手术”，在关键业务节点与安全控件衔接即可，按需改造，可简可繁。如针对财政直接支付业务，业务系统最简单的可以仅对财政内部最后两个审核岗进行改造，调用安全控件进行电子签章，可以快速实施业务系统电子化。

（2）业务系统与安全控件既分工明确，又协调统一。业务系统是对所有业务流、资金流进行统筹管理，实现业务审核权限控制、业务管理流程控制等业务管理要求。安全控件是对所有电子凭证进行全生命周期管理，实现电子凭证审核留痕、安全传输等统一的安全管理要求。按照信息安全分权思想，将安全管理从业务系统中相对独立出来，两方互相配合、互相制衡，任何一方都无法独立完成业务处理，提升了系统整体的安全性。同时单独建设安全控件，也有利于集中精力打造“精品工程”，信息安全领域专业性强、技术要求高，中央统一建设，可以充分调动各方面优质资源共同研发，安全控件的安全性、稳定性较有保障，更有利于国库集中支付电子化管理的健康和长远发展。

4.1.10 电子凭证库的主要功能是什么？

电子凭证库可以应用在财政国库集中支付、非税收入收缴、政府采购以及办公自动化等财政管理业务中。由于其具有通用性、灵活性和独立性等特点，可以方便地与财政、人民银行和代理银行相关业务系统进行衔接。

（1）电子凭证库是电子凭证“保险柜”。对业务凭证进行真实记录，可控读取，保证电子凭证的真实性、完整性和保密性，实现电子凭证不可篡改、防抵赖，一旦电子凭证发生非法改变可以立即警示。

（2）电子凭证库是财政与外部进行电子凭证交互与信息共享的“枢

纽”。支持不同业务系统通过标准接口调用实现数据的传输或转发，可以方便的与不同的业务系统进行衔接，并逐步形成各方共同遵守的数据交换规范和标准。需要说明的是，统一的“枢纽”是实施财政业务管理电子化的必然要求。人民银行信息系统全国“大集中”的模式，不可能支持财政采取不同形式和规格的电子凭证库；代理银行考虑成本与效率问题，也同样希望财政使用统一的电子凭证库；对于财政来说，提升信息化建设水平，也要求建设一个高水平、统一标准的凭证库。

(3) 电子凭证库能与多样的安全软硬件产品进行适配，是最小化的“安全网关”，部署简单，对各方业务系统影响小，降低业务系统电子化改造的复杂度和难度。待电子凭证库进一步成熟完善后，将其做成如同交换机和路由器一样的硬件设备，就像一个“黑匣子”，基本上实现即插即用。

(4) 电子凭证库除了应用于国库集中支付电子化管理业务，未来还可用于其他业务的电子化。电子凭证库除了支持业务系统间电子凭证的交互，也可作为财政与外部业务系统之间非电子凭证数据传输的“绿色通道”。如财政与外部系统单纯的指令性交换，可只做信息交换使用，达到网络信息安全通道高效复用的目的。

4.1.11 电子凭证库可以对哪几类凭证进行管理?

为保证电子凭证库的运行效率，过程数据和非重要数据尽量不要用凭证库保存，一般而言，电子凭证库主要用于实现以下几类凭证单据的管理:

(1) 作为本单位收支交易和账务处理（需要盖章）依据的电子凭证。如财政部门通过电子凭证库发送直接支付凭证给代理银行进行资金拨付、人民银行通过电子凭证库向财政发送收入日报作为财政收入记账凭证。这些凭证可以通过落地打印替代现有纸质凭证作为记账依据。

(2) 并不是本单位需要的凭证，但为提高整体效率，实现最优服务，为第三方提供的电子凭证。如目前代理银行需要给基层预算单位提供纸质额度到账通知书、授权支付回单等服务，存在不及时、成本高、时常发生单据丢失等问题，实施支付电子化管理后，财政端部署的电子凭证库可替代理银行自动化“转交”和替基层预算单位存储相关凭证。

（3）不作为交易和记账使用，但重要并在一定时期内需要存档的电子文件，如预算单位通过电子凭证库存储政府采购申请书或合同等，建议在支付电子化管理实施的初期，暂不考虑使用这部分功能。

4.2 业务实施问答

4.2.1 国库集中支付电子化管理应该怎样分步实施？

一直以来，我们都是按照直接支付、授权支付、实拨等业务类型分类来讨论预算执行问题，但运用到支付电子化管理实施中，按业务类型分类容易造成各个环节相互交织，既不利于工程实现，也不容易分析透情况、说清楚问题。需要转变思路，以两两参与方进行分类，抓住关键环节分步实施支付电子化管理。分步实施时可以依据如下原则：

（1）财政部门与人民银行之间，由于业务范围和业务环节比较简单，原则上财政部门与人民银行之间的相关业务一并开展。财政部和人民银行总行已就网络连接、部署方式和接口报文规范初步达成一致意见，地方财政部门与对应的人民银行机构需协商好硬件设备购买（或利旧），协议签订，联调测试，确定上线时间等具体事宜。在具体实施过程中，要注意把握好职责边界，财政和人民银行对等部署电子凭证库，双方凭证库之间的衔接问题，双方共同协商解决；各自凭证库与内部系统衔接问题，各自负责。需说明的是：按照财政部与人民银行总行达成的既定规划，人民银行端凭证库支持 TIPS 系统和 TBS 系统衔接，两者缺一不可。TBS 主要作为备份系统，但它衔接简单，可靠程度高，能保障最基本的电子化需要，在 TIPS 系统暂时不能调通时，可先调通 TBS。从前期试点经验来看，在实施过程中，如遇人民银行内部系统（指 TIPS 和 TBS）部署暂未完成，财政和人民银行双方不需要等待，可利用专门开发的调试软件模拟人民银行内部系统完成调试工作。

（2）财政部门与代理银行之间，以银行为分类口径，选择热情高、条件具备的代理银行优先开展实施。如××银行率先完成系统改造，可以优先开展财政与××银行间财政集中支付业务的支付电子化管理试点工作，原则上该行与财政部门之间的相关业务一并开展。需要说明的是，代理银行分为自助柜面和柜面两类业务。自助柜面业务由代理银行总行开发，全国统一部署；柜面业务由代理银行省分行遵循统一的业务报文规范完成改造工作，允许各地在业务特色上有差别，但省内需统一成一种管理模式，由省级财政部门制定相关系统开发规范。

（3）预算单位与财政部门之间，以一级部门为分类口径，选择内部管理较为规范、人员配备较为充足的部门优先开展实施。需要注意是，一是保证预算单位与财政要有专线连接。二是财政必须建立严格的 USB Key 管理制度和管理团队（或机构）。兼顾考虑管理成本、使用效率、安全需要等方面，不建议制作和使用预算单位电子公章，财政部门可适当调整部分管理制度。

（4）预算单位与代理银行之间，以单位为分类口径，选择内部管理较为规范、人员配备较为充足的预算单位优先开展实施。如可以在 1 个部门中选择多家单位，或者在多个部门中分别选择几家单位进行预算单位自助柜面业务系统试点。需要注意是，一是保证预算单位与财政要有专线连接。二是预算单位和代理银行双方签订自助柜面使用协议，代理银行负责发放、管理自助柜面专用 USB Key。三是财政如能对工资统发、公务卡系统做适当调整，将能最大限度地发挥自助柜面作用。

4.2.2 实施国库集中支付电子化管理应具备哪些条件？

（1）财政部门和代理银行、人民银行之间建立网络连接。

（2）按照国家关于《信息安全等级保护管理办法》的有关要求，开展财政国库支付系统安全测评工作。目的是对本单位信息安全基础环境进行一次梳理，消除漏洞，使其达到相应等级的信息安全管理要求。需要说明的是，安全测评工作也可以在支付电子化管理实施过程中同步推进。

（3）财政部门完成财政业务专网上财政身份认证与授权管理系统（CA 系统）的建设，能够为财政内部工作人员和外部机构颁发身份认证证书。完成签名服务器和印章服务器的选型工作。

4.2.3 实施国库集中支付电子化管理对内控制度建设有何要求？

实施支付电子化管理，要进一步建立和完善内控管理制度，主要包括以下几个方面：

（1）进一步完善业务管理制度。财政部门组织支付电子化管理各参与方签订相关业务办理协议或制定有关管理细则，明确各方责任义务和支付电子化管理的业务范围，建立差错处理机制和业务应急预案；建立电子凭证发送、接收、确认、退回和作废等与支付电子化管理相适应的业务管理流程，确保各方业务协同和电子凭证信息的一致性；规范业务审核控制机制，明确岗位职责，严格业务操作权限审批，如一人一 Key，不允许串用。

（2）建立和完善电子签名和电子印章相关管理制度。指定专人进行电子签名认证证书和电子印章管理；建立严格的申请、审批、制作、变更、废止等管理制度；对存储电子签名认证证书和电子印章的物理介质应视同实物印章保管和使用。

（3）建立健全相关业务处理系统运维管理制度。建立严格的系统授权管理制度，按照三员分立原则，形成操作预先授权、岗位互相牵制的内控管理体系；建立完善的财政国库业务安全审计机制，有效侦测、记录和警示任何针对业务数据的修改；建立完善的业务数据（尤其是电子凭证）备份机制，如建立异地灾备、实时热备等；制订相应的系统应急恢复预案，并定期进行演练，确保应急措施的有效性。

表面上看这些制度建设工作量非常大，实施压力大。但需要说明的是，这些制度通用性较强，试点省市所做的工作，其他省市可以借鉴。另外，并不是所有制度必须同时建立，可以分步制定。

4.2.4 实施国库集中支付电子化管理对凭证单据有何影响？

由于电子凭证包含的信息量、信息细化程度等方面相对于传统纸质凭证有了新的特性，因此实施支付电子化管理后，原有凭证单据的管理方式会有新的变化：

（1）淡化汇总单的概念。原有的凭证单据为了核对方便，往往存在汇总单和明细单，如给代理银行的授权额度通知单。实施支付电子化管理后，没有必要再保留汇总单据。这是因为人与计算机看待事物的方式是不同的，人看问题总是先找概貌，再顺藤摸瓜，往细了看，传统管理方式都是从汇总到明细；而计算机是从明细开始认识事物，最后再自动汇总。如此，可以通过电子凭证的明细数据自动形成各种口径的汇总，汇总单也就没有保留的必要了。

（2）淡化凭证单据联次的概念。原有的纸质凭证单据一般存在多联次，如直接支付凭证，有一联是给付款行作借方凭证的，有一联是给财政作回单的，有一联是给收款人作收账通知的，每一联都需要加盖相应的印章，然后通过人工传递、邮寄等方式给到相关方。实施支付电子化管理后，由于电子凭证的数据存储是同一份，各方可以充分共享此信息，如不同部门需要不同样式的凭证，可以通过业务系统的报表配置功能，读取所需的电子凭证进行展现及按需打印。

（3）减少内部过程纸质凭证。传统模式下，受纸质凭证固有特点的限制，很多相对独立的支付岗位间，会保留不同核算内容的纸质凭证。实施支付电子化管理后，在建立完整管理链条的基础上，有些过程凭证其实没有存在的必要，各地在设计实施方案时，可仔细审视，适当调整内部管理制度。

4.2.5 实施国库集中支付电子化管理对账务处理有何影响?

实施支付电子化管理后，由于电子凭证代替了原来的纸质凭证，对账务处理的流程也带来一些变化，主要体现在以下几个方面：

（1）记账依据发生变化。原来记账依据的是纸质回单，实施支付电子化管理后，电子凭证作为唯一的记账依据，减少了与纸质单据进行核对的工作量。电子凭证可以按需落地打印，如果使用彩色打印机，可完全模拟传统的纸质凭证。需要说明的是，落地打印的纸质凭证，仅仅是为与现有财务制度衔接的过渡措施。真正安全可靠的凭证，永远是储存在凭证库中的电子凭证，因为它储存的不仅是可视化的“大红章”，还固化了审核流程上的具体审核人、时间等重要信息，集合了防篡改、防抵赖等安全措施。

（2）账务调整机制发生变化。由于电子凭证具有不可篡改的特征，保证了账务调整的规范性，避免了人为因素的干扰。如果确需调整账务，需要通过规范的流程和机制以确保更改的合规性。例如，纸质凭证发生错误，可以通过涂改或撤换来修正。电子凭证一旦生成，在任何情况下无法修改，只能通过固化流程重新生成新凭证。

（3）对账的频率和效率发生变化。实施支付电子化管理以后，与人民银行、代理银行及财政内部的对账工作可以由系统实时或定期完成，大大提高了对账的及时性，有问题可以及时发现和解决。

4.2.6　实施国库集中支付电子化管理对业务管理流程有何影响?

实施支付电子化管理，最核心的内容是建立“环环相扣、互相牵制、有始有终”的完整业务管理链条，按此思路需对业务管理流程进行优化、重组和整合。

（1）进一步提高资金支付的效率。由于电子凭证取代纸质凭证，取消了财政、预算单位、银行相互间跑单，进一步提高了支付的效率。

（2）进一步强化支付管理的安全性。通过改造业务系统和引入电子凭证库，固化了对应的操作规则，形成以电子凭证为唯一业务办理依据的完整管理链条，大幅提高了资金的安全性。

（3）进一步规范财政与银行业务的办理。实施支付电子化管理后，通过电子支付和电子清算的相互配合，可以实时掌握银行的实际支付状态，以避免银行“先清算、后支付”、“无凭证、先支付”等不规范操作。

（4）进一步保证支付数据的准确性。实施支付电子化管理后，所有数据的准确性改由系统的安全机制进行保证，可以避免因人工核对所出现的差错率。

4.2.7　财政部门实施国库集中支付电子化管理需要完成哪些工作?

1. 制订支付电子化管理实施方案

实施方案应包括总体实施规划、业务调整思路、系统改造方案、网络衔接、任务分工、时间安排等主要内容。各地要根据财政国库管理制度改革方案等有关规定，遵循国库集中支付电子化管理有关业务规范和技术标准，结合本地实际和特点，兼顾长远目标和现实条件，按照“统筹规划、分步实施”的原则，制订本地区的实施方案。为确保实施的规范性和科学性，实施方案需报财政部确认后方可实施。

2. 准备基础软硬件环境

（1）硬件环境：包括凭证库应用服务器、印章服务器、数据库服务器、签名服务器。需强调的是，签名服务器、印章服务器、USBKey 签名签章的效率需要提前做性能评估。

（2）软件环境：包括应用中间件、消息中间件、数据库软件等。

3. 适当改造支付系统

根据支付电子化管理的需要，对支付系统进行适当改造，以支持支付电子化管理过程中对电子凭证签名、签章及收发等业务处理，完善对账及资金监控管理，充分利用电子化管理方式促进整体管理水平的提升。

4. 部署电子凭证安全支撑控件

电子凭证安全支撑控件是确保安全和规范化的重要载体。要按照对等、安全、高效的原则，建立财政部门、人民银行及国库集中支付代理银行之间两两互联互通的专用通讯网络，并采取切实有效的安全措施部署中央统一开发的电子凭证安全支撑控件。财政部门根据情况灵活选择部署模式，采取省级集中部署模式时，要充分考虑内部业务处理系统负载能力和服务支持能力，并做好相关应急预案。

5. 建立配套管理制度

严格的内控制度是确保财政资金安全的重要保证。财政部门要牵头组织国库集中支付电子化管理各参与方，明确各方责任义务和电子化管理业务范围，签订电子化业务办理协议或制定有关管理细则；建立差错处理机制和业务应急预案；建立和完善电子签名和电子印章相关管理制度；建立健全相关业务处理系统运行维护管理制度。

4.2.8 财政部门为什么要与人民银行、代理银行签订电子化管理业务办理协议?

（1）签订协议的目的是为支付电子化管理的顺利开展提供法律保障，为开展支付电子化管理业务提供操作依据。《电子签名法》是实施支付电子化管理最根本的法律依据，而协议是在操作层面对各参与方责权利的具体约定。

（2）协议中需明确的内容有：相关方的责任义务；电子凭证的认证方式及管理方式；纳入支付电子化管理的业务范围及工作流程；差错处理机制及应急预案；相关的安全保障措施等。

4.2.9 预算单位为什么要与代理银行签订电子化管理业务办理协议?

预算单位和代理银行之间的支付电子化管理主要体现在预算单位自助柜面业务中。预算单位应与自己的零余额账户开户银行签订使用预算单位自助柜面业务系统的协议。该协议可在各银行提供的对公网银协议的基础上，针对预算单位自助柜面业务系统的特点，适当补充协议条款，补充协议文本原则上由省级财政部门统一制定。

需要说明是：财政部门只是提供一个网络链路，代理银行应对预算单位自助柜面业务系统所带来的资金、信息等安全问题负责。

4.2.10 预算单位自助柜面业务和柜面业务的关系是什么?

通俗来讲，柜面业务是传统的商业银行在固定场所、由柜面业务人员在固定的时间段内为用户提供面对面服务的一种金融服务形式；预算单位自助柜面业务是代理银行利用信息科技手段，按照财政部统一要求，通过代理银行与财政部门、预算单位间的专线网络，向广大预算单位提供的一种安全、高效的金融服务，是柜面业务的延伸，二者互为补充。相对柜面业务来说，自助柜面业务的最大优势是方便快捷，能最大限度地延长预算单位财务人员办理支付业务的时间，打破地域限制。

自助柜面业务系统由各代理银行总行统一开发，遵循全国统一的业务接口报文规范和标准业务流程，适用全国范围内预算单位的财政授权支付业务；柜面业务由各代理银行省级分行统一开发，遵循全国统一的业务接口报文规范，适用省域范围内预算单位的财政授权支付业务，各省（自治区、直辖市）相关业务处理流程、业务使用单据等会有地区性差异，但省内统一成一种管理模式，由省级财政部门制定相关系统开发规范。两个系统既有分工，又有联系。自助柜面业务系统主要完成资金转账、退款信息匹配等自助业务；柜面业务系统处理范围要大得多，要完成柜面支付业务、退款确认、清算、回单反馈等国库集中支付业务。两者需在支付确认、额度控制、交易流水等方面建立严格的信息交互和控制协调机制，实现业务的联动及协作。

代理银行提供预算单位自助柜面业务系统的同时，传统柜面业务应继续保留。预算单位办理授权支付时，还可以选择传统方式办理业务，如取现、转账等。

4.2.11 预算单位自助柜面业务的实现模式是什么?

预算单位自助柜面业务系统的原理：由代理银行总行按照财政部制定的全国通用的电子化管理业务规范和技术标准统一定制开发一个自助柜面业务平台，将电子转账支付与财政授权支付内部审核整合在一个业务流程中，形成业务管理闭环。预算单位利用与财政部门已有的专线连接，在财政国库支付系统内提交相关授权支付申请，完成内部审核流程，将符合规定的待支付授权支付电子凭证，通过财政部门与代理银行的专线网络提交至代理银行自助柜面业务系统，然后在代理银行自助柜面业务系统中将财政资金支付出去。

它的特点是：（1）使用财政专网；（2）数字证书由代理银行颁发和管理；（3）实时到账，运行更安全、更高效。

由于通过电子凭证库已将预算单位内部审核流程与自助柜面业务办理环节形成完整管理闭环，预算单位在自助柜面业务系统进行转账支付设置一岗即可满足资金安全管理需要。预算单位也可根据内部财务管理岗位设置情况确定自助柜面业务系统审核岗位。

4.2.12 代理银行与人民银行之间清算业务的实现模式是什么?

实行支付电子化管理后，代理银行与人民银行的资金清算通过电子凭证库来完成。代理银行生成申请划款电子凭证后，通过本端电子凭证库传递至人民银行端电子凭证库，人民银行通过自动化方式或支付电子化管理客户端人工方式提交 TIPS 完成资金的清算，并将清算回单通过电子凭证库反馈给代理银行。

需要说明的是，如果人民银行 TIPS 暂未调整到位，人民银行端只能依靠人工进行数据核对和清算业务的处理，但这不影响电子凭证清算业务流程的完整性，不影响财政与人民银行、代理银行与人民银行之间业务信息交换的自动化。

4.2.13 国库集中支付电子化管理对电子印章管理有何要求?

电子印章，是电子签名的一种可视化表现形式，将电子签名操作转化为与纸质文件盖章操作相同的可视化效果，同时利用电子签名技术保障电子信息的真实性和完整性以及签名人的不可否认性。电子印章分为公章和私章两种类型。

（1）公章的管理模式有两种：一是将电子公章存储到印章服务器，由系统对业务人员 USBKey 授权后才能进行签章操作；二是将公章存储到 USBKey，交由专人保管（等同于实物章的管理）。两种管理模式都可以记录实际签章人对印章的操作。

两种模式的比较：采用第一种模式，电子印章保管方便，不易丢失；印章的业务操作是通过授权来进行控制，对多人需要使用一个公章的情况比较方便，但需要配套做好严格的系统权限控制和授权变动记录。采用第二种模式：电子印章保管在个人手中，容易丢失，丢失后需及时注销并重新制作新的电子印章；管理上类似实物章，责任清晰，支付系统不需要进行复杂的权限设置，但对多人需要使用同一个公章的情况不很方便。

（2）私章存储在USBKey中，个人必须保管好自己的USBKey，不能借与他人使用。如本人由于出差等原因导致临时不能在岗时，可以通过业务系统将操作权限临时授权给其他人，并做好备案登记，被授权人使用自己的私章办理业务，待授权人回到岗位后须及时注销临时授权。

4.2.14 典型的收发电子凭证业务管理流程是什么?

电子凭证的收发是基于传统纸质单据传递的电子化处理。为了保证电子凭证在处理过程中的高效和一致性，系统增加了严格的控制和跟踪校验机制，以直接支付（电子）凭证为例，在交互流程的各环节处理如下页图所示：

从财政发送直接支付凭证开始，系统对电子凭证的交互流程有完整的状态跟踪。

（1）电子凭证发送：发起方将电子凭证通过发起方电子凭证库发送给接收方电子凭证库。财政业务系统通过电子凭证库将电子凭证从财政端发送给代理银行端（发送状态包括未发送和已发送）。

（2）电子凭证接收：接收方电子凭证库接收到电子凭证后反馈状态给发起方。代理银行端凭证库接收到该凭证，自动反馈接收回执给财政，财政端可以及时跟踪凭证到达对方凭证库状态（对方凭证库接收状态包括接收成功和接收失败，如失败需进行相应的技术处理）。

（3）电子凭证签收：接收方业务系统从电子凭证库读取凭证保存到接收方系统数据库。当有新的拨款凭证到达代理银行端凭证库后，代理银行业务系统将电子凭证核实后入库并向财政反馈凭证签收回执。如果财政提交的凭证数据信息项完整，代理银行反馈签收成功；如果有信息项不完整等错误，代理银行反馈签收失败，财政业务系统可以及时获知代理银行端的处理状态和错误原因，并依据错误原因进行单据的作废等处理（对方业务系统签收状态包括签收成功和签收失败，如失败需进行相应的业务处理）。

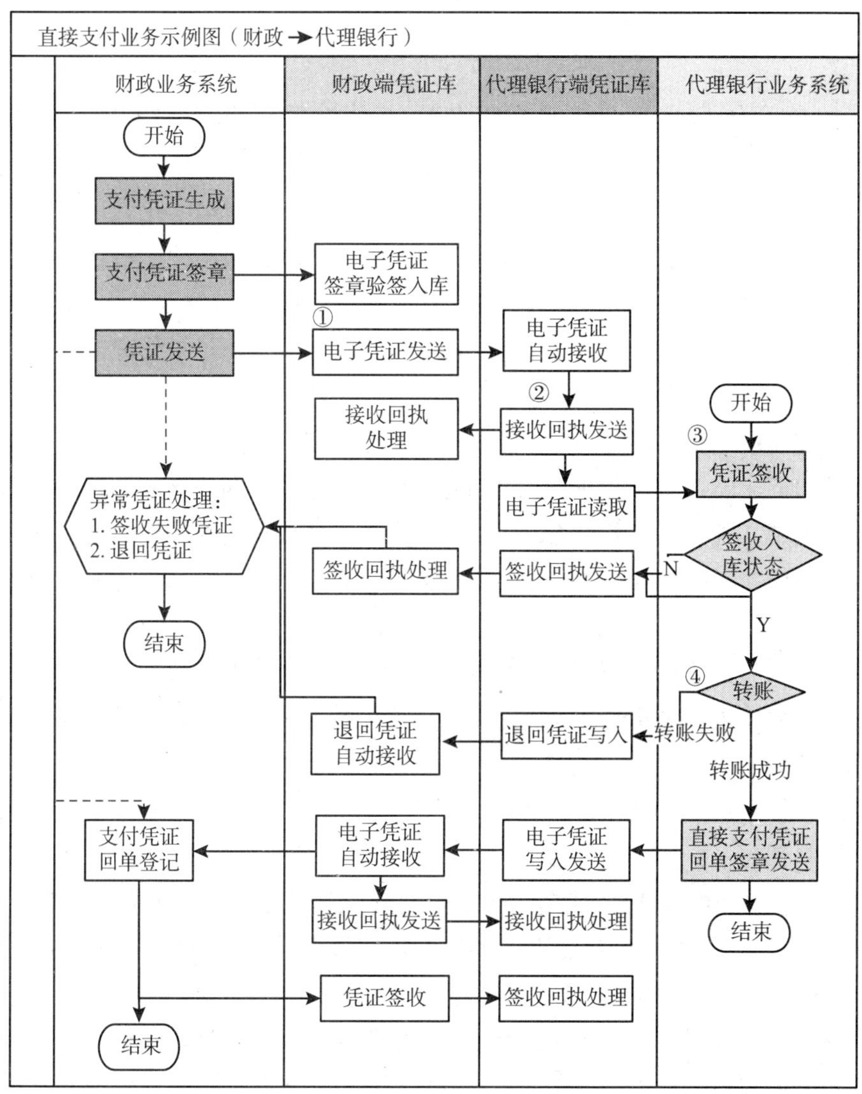

（4）电子凭证退回：接收方在办理业务过程中，如果凭证因信息错误等原因无法正常处理，接收方需要给发起方反馈退回通知。代理银行内部复核并进行转账，如果转账成功，进行回单签章后续处理；如果转账失败，给财政反馈退回通知，财政端业务系统可以及时获取最新的退回状态和退回原因，可以依据错误原因进行单据的作废等处理（电子凭证状态为

凭证被退回)。

4.2.15 如何最简化实现国库集中支付电子化管理业务?

最简化地实现支付电子化管理业务主要是指在支付电子化管理软硬件环境满足的前提下,结合现有业务,对支付系统进行最小化改造以满足支付电子化管理业务要求。从系统改造和业务调整来看,财政与人民银行、财政与代理银行之间实施支付电子化管理相对简单,单位与代理银行、单位与财政间实施支付电子化管理涉及面广,工作量大。

实现最简化支付电子化管理业务,需完成如下三项准备工作:

(1)业务系统授权机制功能改造。在国库集中支付系统内完善必要的授权机制,既要保证电子凭证启用后正常业务授权规范性,例如谁在什么环节可以在哪种电子凭证的哪个位置上盖什么章;又要能够支持灵活的签章操作授权,例如出差时可以将签章的权限授予他人等。

(2)业务报文规范调整。财政与代理银行、财政与清算银行以及代理银行与清算银行之间的电子凭证交互必须按照支付电子化管理业务报文规范进行调整。

(3)业务功能改造。按实拨、直接支付、授权支付、授权额度最简化实现举例如下:

①实拨:财政开具实拨电子凭证,经过两岗签章后,发送给人民银行;人民银行处理完毕后签章反馈回单给财政,财政接收后进行账务处理。

②直接支付:财政开具直接支付电子凭证,经过两岗签章后,发送给代理银行,同时财政将对应的直接支付清算额度电子凭证经过签章后,发送给人民银行;代理银行支付完毕后分别将直接支付回单、入账通知书电子凭证发送给财政和预算单位;每日营业终了,代理银行向人民银行发送直接支付申请划款电子凭证,与人民银行进行清算;人民银行完成清算后签章反馈直接支付划款回单给财政和代理银行。

③授权支付:预算单位开具授权支付电子凭证,经过签名(签章)后,发送给代理银行,代理银行支付完毕后签章反馈回单给预算单位;每日营业终了,代理银行反馈授权支付日报给财政,同时向人民银行发送授权支付申请划款电子凭证,与人民银行进行清算;人民银行完成清算后签

章反馈授权支付划款回单给财政和代理银行。

④授权额度：财政根据批复的授权支付用款计划，生成对应的授权支付额度和授权支付汇总清算额度电子凭证，经过签章后，分别发给代理银行和人民银行，代理银行收到授权支付额度后，生成授权支付额度到账通知书，签章后通过电子凭证库发送给预算单位作为记账依据。

4.2.16 国库集中支付电子化管理出现差错如何处理?

支付电子化管理出现的差错主要包括两个方面：

（1）业务差错：出现业务差错时应查出错误数据，依据谁出错谁处理的原则进行处理，各发起方对自己的数据负责，各方均不允许自行修改数据。实际情况大概包括两种：1）发起方在发送数据以前发现数据错误，发起方应按流程逐步撤销签章凭证，对数据更正后重新签章发送。例如，拨款凭证中科目填写错误，在复核中发现，可以由复核人将签章凭证撤销后，退回录入人员修改凭证后重新签章；2）接收方在收到数据后发现数据错误，需要由接收方将错误凭证退回，发起方接收后将该凭证作废，生成新凭证签章后发送给对方再次处理。例如，财政的拨款凭证收款人账号填写错误，人民银行无法正常完成拨付，人民银行应该将错误凭证退回给财政，财政接收后将凭证作废，重新生成新凭证，签章后发送给人民银行进行资金拨付。

（2）技术差错：主要是由于配置调整不及时、不同步等导致系统出现的数据错误，主要包括：一是人员变更，没有及时维护证书；二是公章变更。例如法人变更过程中，系统中可能保存有两个法人章，但没有及时调整业务系统内签章的设置。对由于技术原因出现的错误数据的处理原则同业务差错处理。

4.2.17 国库集中支付电子化管理遇到异常情况如何进行应急处理?

实施支付电子化管理后，原有相关业务操作流程及纸质凭证保留现有法律效力和职能，并作为应急处理情况下的备用方案。如果遇到系统级的异常可以按照以下方式处理：

（1）财政与人民银行（代理银行）间网络通讯故障。财政将电子凭证导出刻录成光盘，派专人送至人民银行（代理银行），并做好数据文件交接记录，人民银行（代理银行）导入数据后据此按正常业务处理流程办理，办理完毕后将电子凭证回单导出后刻录成光盘，送至财政，导入财政端电子凭证库按照正常流程进行后续操作。

（2）安全基础设施无法正常使用。由财政开具纸质凭证，并加盖实物印章后派专人送至人民银行（代理银行）。人民银行（代理银行）根据纸质凭证办理资金支付、清算等业务，并返回纸质回单，财政据此作相关账务处理。系统恢复正常后，财政将电子信息进行服务器统一签章后，发送至人民银行（代理银行），人民银行（代理银行）进行服务器签章，返回相应的电子凭证回单。签章时需要将此类凭证进行单独分类，登记为“补录签章凭证”，以区分日常业务数据，防止业务重复办理，同时保证电子凭证库的完整性。

各参与方可以参考上述模式，自行制订应急预案。

4.2.18 如何合理使用电子凭证库?

电子凭证库应在实际业务中确需留存电子凭证作为支付或记账法律依据的情况下使用，避免电子凭证库的随意使用，以减少电子凭证库内空间占用，提高正常业务处理效率。应遵循以下使用原则:

（1）签章和签名的法律效率和安全性是一致的，签章是为了适应现有记账要求，可视化的展示印章，效率较低，因此，能用签名的情况尽量不用签章。如对于不用作记账的凭证使用签名方式。

（2）过程性的信息或通过其他方式可以保证其准确性和安全性的信息，尽量减少使用签章入库。如对于在授权支付额度的管理上采取财政集中控制方式的省市，在提供授权支付额度时，可不进行签章处理。

（3）严格设计对批量明细数据的签名机制。如在对大量、多条数据进行数字签名时，既可以针对单条数据逐条签名，也可以打包签名多条数据，此时应在保证业务流程顺畅、信息完整性的前提下，按效率最优化的原则选择打包签名。方式不同，其效率可能相差上千倍。

4.2.19 凭证的电子化管理和纸质管理有什么区别?

凭证的电子化管理和纸质管理是两种完全不同的管理体系，纸质凭证可以存在多联次，且各联次内容可略有不同。电子凭证如果像纸质凭证一样存储多联次相同内容，会带来数据冗余和传输效率等问题，最优的方案是合并纸质凭证各联次的同类项，在一个电子模板里展现全部纸质凭证的内容。如电子化管理期间还需打印固定格式的纸质凭证作为记账依据，对电子凭证格式能满足管理需要的可直接打印；对电子凭证格式与制度要求有差异的，可由国库支付系统从凭证库提取相关数据，按制度要求进行展现和打印，打印的纸质凭证可以追溯到电子凭证库内的电子凭证，以确保法律依据。

如完全按照纸质凭证的固定格式存储电子凭证，会给数据存储空间和系统运行效率带来很大问题，必须转变思路，按照电子化管理思路设计电子凭证格式，同时，在与国库支付系统的配合下满足与原有制度的衔接。

4.2.20 实施国库集中支付电子化管理在设备选型及采购时应注意哪些问题？

地方财政部门在进行硬件设备、系统软件的选型、采购时，应该遵循“统一标准、合理规划、保护投资、安全高效”的基本原则。

一是所需硬件设备、系统软件必须达到财政部建议的有关性能指标。安全基础设施要符合国家信息安全相关规定。对于电子印章服务器，没有统一的国家标准，财政部为了促进电子印章产品公平竞争，组织国内主要电子印章厂商创建了《电子印章接口标准》，这个标准是开放的，任何符合财政标准的电子印章产品经财政部测试通过后，均可用于支付电子化管理。

二是要充分利用现有设备，避免浪费。充分考虑现有业务规模，听取技术部门、实施顾问合理建议，制订最优配置方案，不应过度追求高性能、高配置，以免造成财政资金的浪费。

三是硬件设备、系统软件采购流程要符合采购相关规定，在采购过程中要优先支持国产设备、软件，支持正版。

4.2.21 代理银行电子化管理相关系统建设任务有哪些？

代理银行作为国库集中支付电子化管理的重要参与方，需同步开展相关系统配套建设工作，涉及的系统主要包括省级代理财政业务系统和预算单位自助柜面业务系统。

（1）省级代理财政业务系统：代理银行根据省级财政部门要求开发的用于办理国库集中支付业务的信息系统，主要完成财政直接支付转账支付、财政授权支付零余额账户管理、财政授权支付柜面业务办理、国库集中支付清算、回单反馈等业务管理。代理银行各省级分支机构需按照省级财政部门要求，组织开发适用全省（市、自治区）范围的代理财政业务系统。

（2）预算单位自助柜面业务系统：代理银行为预算单位提供的自助办理财政业务的信息系统，是柜面业务的延伸，主要完成电子转账、退款信息自助匹配、回单查询等业务管理。各代理银行总行统一组织开发适用全国范围的预算单位自助柜面业务系统，并做好该系统与省级代理财政业务系统间信息交互机制的统筹规划，确保信息共享、有机衔接和一体化控制。

在满足上述要求的基础上，各代理银行可结合行内系统建设规划和国库集中支付业务需要，进一步丰富和完善相关系统，为财政和预算单位提供更为安全便捷的电子化服务。

4.2.22 代理银行电子化管理相关系统建设需要注意哪些问题？

代理银行电子化管理相关系统建设要注意的问题包括如下几个方面：

（1）省级代理财政业务系统需要与电子凭证库直接衔接。在实施电子化管理之前，省级代理财政业务系统与财政国库集中支付系统进行衔接，由于不同财政部门的财政国库集中支付系统的厂商不同，导致不同区域的省级代理财政业务系统与财政国库集中支付系统之间的接口规范不尽相同。在实施电子化管理之后，要求在代理银行端部署电子凭证库，电子凭证库提供统一的接口规范，省级代理财政业务系统不要再与财政国库集中支付系统进行衔接，而是与电子凭证库衔接。

（2）省级代理财政业务系统需要与银行核心系统无缝衔接。在实施电子化管理之前，部分省级代理财政业务系统与银行核心系统之间没有进行衔接，代理银行一定程度上存在“先清算、后支付”的问题，导致财政资金不能及时拨付到位，严重影响了财政资金支付的效率，甚至引发财政国库资金安全风险。在实施电子化管理之后，要求省级代理财政业务系统必须与银行核心系统直连，支付指令必须在成功提交银行核心系统完成支付之后，才能通过电子凭证库向财政反馈支付回单，从而确保实现“先支付、后清算”，提高财政资金支付的效率，保障资金安全。

（3）改变划款申请的传输通道。在实施电子化管理之前，部分省级代理财政业务系统产生的划款申请通过银行核心系统提交到代理银行总行，由代理银行总行统一提交到人民银行业务系统。在实施电子化管理后，划款申请应通过省级代理银行端电子凭证库，直接传输到省级人民银行端电子凭证库，然后再提交到人民银行业务系统。

4.2.23　代理银行电子化管理相关系统建设具体有哪些管理要求？

（1）各代理银行总行需按照财政部发布的《预算单位自助柜面业务系统设计规范》中的相关要求，设计预算单位自助柜面业务系统，并将有关设计方案报财政部（国库司）审核确认后方可开发实施。

（2）各代理银行总行完成预算单位自助柜面业务系统开发联调工作后，需向财政部（国库司）提出系统验收申请，经验收合格后方可向预算单位提供自助柜面业务服务。

（3）各代理银行省级分支机构需按照国库集中支付电子化管理需要完成省级代理财政业务系统修改完善工作，经相应财政部门验收合格后方可正式运行。

4.3 技术保障问答

4.3.1　财政部门实施国库集中支付电子化管理为什么要开展信息安全等级保护测评工作？

开展信息安全等级保护测评工作，是适应财政信息化建设新形势的需要。当今信息技术发展迅速，由此带来的信息安全问题也日益突出。财政国库部门承载着财政资金收支、资产及负债管理等管理职能，在当前严峻的信息安全形势下，更要高度重视信息安全问题。随着国库集中支付电子化管理在全国范围内稳步推开，对国库信息安全管理提出了更高的要求。

加强国库信息安全管理，是一个非常专业的领域，应该更多地借助专业技术力量。信息安全等级保护制度，是国家安全主管部门对重要信息系统强制推行的安全保护措施，按照信息系统的重要程度和遭到破坏后的危害程度按等级采取相应强度的安全保护措施。开展信息安全等级保护测评工作，实际上是风险识别过程，不仅能够帮助信息系统运行使用单位发现系统漏洞和存在的隐患，还能全面揭示系统风险并提出整改建议，提升信息系统的综合防御能力。因此，实施等级保护安全测评工作，已成为解决支付电子化管理实施过程中所出现的信息安全问题的重要手段，各地应积极加以利用，通过引进安全专业机构切实提高财政信息安全管理水平。

4.3.2 财政部门如何开展信息安全等级保护测评工作?

信息安全等级保护采取“谁拥有谁负责、谁运行谁负责”、“自主定级、自主保护、监督指导”的建设原则。等级保护的建设遵循定级备案、建设整改、等级测评和定期监督检查的流程，其中，定级是等级保护的首要环节，分等级保护是等级保护的核心；备案是等级保护的必备条件；建设整改是等级保护工作落实的关键；等级测评是评价安全保护状况的方法，按照国家关于信息安全等级保护有关要求，由实施部门提出申请，再协调安全主管部门和信息技术部门，开展信息系统安全测评；监督检查是保护能力不断提高的保障。

在实施国库支付电子化管理前，财政部门需根据国家信息安全等级保护制度的有关要求，对有关信息系统开展信息系统等级保护测评工作。一是对国库支付系统等进行定级备案。按照国家关于信息安全等级保护有关要求，省级国库管理信息系统至少应达到三级防护能力，地市级系统至少应达到二级防护能力。二是对国库支付系统等进行等级测评。等级保护测评工作将帮助财政提升信息系统整个运行环境的安全性。有些地方之前做过等级保护测评，这次实施国库集中支付电子化管理，信息系统和网络部署都有所变化，而且这次是要跑“真金白银”，要动真格的，最稳妥的做法是邀请高水平的专业测评机构再做一次彻底的体检。最好在电子化功能上线前完成等级保护测评，也可以边实施边测评。可以由信息中心具体组织等级保护测评工作，国库业务部门要根据业务需要提出相应需求。三是根据测评结果进行建设整改。要根据测评结果认真进行整改，切实提高国库信息安全管理的科学化、专业化水平。

4.3.3 财政国库集中支付系统电子化管理升级改造应注意哪些问题?

(1) 财政国库集中支付系统须根据财政部统一制定的电子凭证库接口规范，进行支付系统电子化管理开发改造，实现与电子凭证库有机衔接。

(2) 财政国库集中支付系统进行签名（章)、验签名（章）等改造可以通过调用电子凭证库接口服务实现，也可以直接调用安全基础设施。

(3) 建议签名（章）后形成的电子凭证存储在电子凭证库中，电子凭证库专门进行了存储优化和查询优化，可以保证电子凭证的运行效率，且按照电子凭证需要长期保存的特性进行设计，满足可识别等特殊需求；如果将电子凭证存储在财政国库集中支付系统中，很难满足上述效率、存储、识别等管理要求。

(4) 电子凭证库存储的是电子凭证数据，通过三方对等部署的电子凭证库进行传输，其数据不是生产系统的业务数据，不需要通过原有的业务数据交换平台进行存储和传输。

(5) 电子凭证库提供绿色通道功能，财政国库集中支付系统与外部业务系统之间进行非电子凭证数据传输时也可复用此通道，简化业务系统的数据交互。

(6) 财政国库集中支付系统电子化管理升级改造后必须符合国家信息安全等级保护相关要求。

4.3.4 财政部门实施国库集中支付电子化管理为什么要加强权限管理?

实施国库集中支付电子化管理后，对业务系统权限管理的要求提升到一个新的高度。当前财政国库支付业务主要是根据岗位职责设立权限，在具体执行中存在一定的随意性，如业务办理权限和审核权限授予同一人。为保障资金安全，这些不规范的做法必须彻底纠正。

国库集中支付电子化管理相关业务处理系统应具备完善的权限管理功能，要建立“三员分立”的管理机制，也就是业务操作员、系统安全管理员和系统管理员等不相容岗位应由不同人员担任，各岗位人员需经合理授权和确认。系统管理员不能进行业务操作和安全审计，安全管理员不能进行业务操作和系统配置，业务操作人员不能进行系统管理和审计。

实行支付电子化管理后，要严格执行系统权限管理制度，杜绝使用超级用户办理业务、随意将用户名及密码告知他人、共用一个用户等情况。要通过业务功能解决授权相关问题，例如，遇相关人员出差时，为保证业务能够及时办理，可使用授权给他人的方式进行处理，严禁将出差人员的USB Key拿来任意使用，这样可以确保用户身份的真实性、访问权限的有效性以及信息的机密性、完整性和不可抵赖性。

除了加强信息系统分权管理机制，做到电子签名证书制作与系统管理等不兼容岗位严格分权管理，还要做到技术人员与业务人员的分权管理。例如，为防止技术人员串谋进行违规操作，必须保留系统外的审批流程，如预留纸质印鉴等。

4.3.5 财政部门实施国库集中支付电子化管理为什么要建立安全审计机制?

实施支付电子化管理后，财政资金运行的安全和效率都会大幅提高，其对信息系统的依赖程度也会大幅增强。因此，加强信息系统安全审计工作是必然要求。安全审计是为了消除目前存在的安全隐患，充分利用信息技术并结合制度、结合业务、结合软硬件环境，建立的一套安全、可信、高效的监督审计机制。

通过安全审计，可以提高财政业务支付系统审计效率和审计质量，对审计证据的提取及审计结果的认定都起到了积极有效的作用。安全审计可以实现业务信息的日志审计，在不影响业务的同时，保障了业务系统和数据库的运维安全。系统实时地监控用户操作行为，实现行为的操作集中审计，并且提供了细粒度审计，对指令、数据操作进行还原展现，同时也简化了运维管理工作，为事后故障分析和责任界定提供了有力证据。

4.3.6 财政部门实施国库集中支付电子化管理为什么要加强数据备份管理?

财政部门实施支付电子化管理后，财政业务数据完全以电子数据为准，以后可能不会再产生纸质单据。所以应建立业务数据备份机制，同时制订相应的数据应急恢复预案，并定期进行测试，确保应急措施的有效性。

数据备份具体体现在以下几点:

(1) 日常数据备份。在本地建立数据备份与恢复功能，至少每天备份一次数据。如果出现因病毒、黑客攻击、人为误操作等原因造成的数据丢失，可以通过本地备份数据恢复进行还原。

(2) 灾备。由于物理环境的破坏可能造成数据丢失等严重的后果，可以通过对等部署在人民银行、代理银行的电子凭证库进行数据恢复；同时，也可以建立财政部门的容灾备份基础设施，及时有效地备份重要数据，确保重要数据的可靠保存和随时取用，使信息系统在发生灾难时能迅速恢复运行。

4.3.7 财政部门如何为国库集中支付电子化管理各业务方颁发电子签名认证证书?

在支付电子化管理实施过程中，财政部门负责给参与各方颁发电子签名认证证书，电子签名认证证书是各部门及人员或设备在电子管理业务中的唯一身份标识，每个用户或设备只能申请使用一个证书，用户证书的存储介质是 USB Key 或专门的证书存储设备。

财政部门在给人民银行和各级预算单位颁发证书时采取同级对等发放的原则，包括机构证书和有关人员的个人证书，即省级财政部门负责给同级人民银行和预算单位发放证书，地市级财政部门负责给对口的同级人民银行和预算单位发放证书。对于代理银行，财政部门只针对同级主办行颁发机构证书；对于同一个代理银行代理多个和多级财政部门业务的情况，证书的颁发采取就先和就高两种原则。

(1) 就先原则是指代理银行已经获得财政部门颁发的相应机构证书，因业务扩展或变化需代理其他财政部门的相关业务时，代理银行可以继续使用原有的机构证书，无需再次申请证书。

（2）就高原则是指代理银行同时代理上下级财政业务时，代理银行应申请使用较高一级财政部门所颁发的机构证书，而不用再向下级财政部门申请颁发机构证书。所需说明的是，代理银行在涉及证书变更时也应采用就高原则。

（3）在就先和就高原则存在交叉时，以就先原则为优先考虑。

证书管理内容包括证书的申请、审核、发放、变更（延期、更新、补办、冻结、解冻、注销）及使用等管理。支付电子化管理参与各方需设立一名信息员，负责本单位证书用户信息和授权信息的收集、整理、审核及 USB Key 发放等与证书管理相关的各项工作。各单位在办理本单位用户证书申请、变更等业务时，应按照统一电子表格收集、整理用户信息，经审核确认，将盖章后的纸质文件连同电子表格交所对应的财政部门。

各单位办理个人用户证书申请、变更等业务时，应填报《外部单位个人证书申请及变更表》；批量办理用户证书申请时，可填报《外部单位批量证书申请表》；办理机构证书和服务器证书申请、变更时，应填报《外部单位机构证书和服务器证书申请及变更表》。

各单位用户办理证书变更时，应提前 10 个工作日提出申请并办理相关手续，并由各单位信息员及时通知变更所涉及的相关各方，在系统进行配置变更。

4.3.8　国库集中支付电子化管理各业务方如何制作和管理电子印章？

电子印章是电子签名的一种可视化表现形式，它采用电子签名技术，通过将印章持有人的电子签名认证证书与其管理的实物印章图像进行有效绑定，能够按国家安全部门认可的控制规范传输、校验、显示、打印电子数据。电子印章技术通过直观、可视化的印章显示代替晦涩、不可见的电子签名，给予用户直观操作感觉，并满足业务管理过程中的对业务操作的不可抵赖、不可篡改及业务单据的完整性、保密性等目的，是一种安全可靠的信息技术。

（1）电子印章的制作。电子印章的制作实行“谁使用谁负责”的原则，即财政部门、人民银行和代理银行的电子印章分别由各方自行制作。

业务实施各方对存储电子印章的物理介质应视同实物印章保管和使用。

（2）电子印章的管理。电子印章的管理实行“谁使用谁管理”的原则，业务实施各方需指定专人进行电子印章的管理，并实行严格的申请、审批、制作、发放、变更、挂失和更换登记制度。

（3）电子印章的交叉备案。电子印章的备案实行互为备案制，即业务实施各方需要分别将各自电子印章信息导入相关方系统中进行备案。人民银行的电子印章如果需要在代理银行端、财政端进行校验，则需要代理银行、财政部门对人民银行电子印章做备案管理，供验章时校验使用。代理银行和财政部门的备案同人民银行。当任何一方的电子印章发生挂失或更换时，需及时通知相关方，重新进行备案。

4.3.9 各级财政部门、人民银行及代理银行如何部署安全控件？

安全控件的部署首先遵循高效、安全、可靠的原则，财政部门的安全控件应部署在财政业务专网上，财政部门与人民银行、代理银行进行系统连接时，应遵循对等互联的原则。具体部署方式如下：

（1）省级财政部门、代理银行和人民银行部署方式。省级财政部门部署一套安全控件与其业务系统衔接；省级人民银行部署一套安全控件与人民银行业务系统衔接；代理银行在省分行内部署一套安全控件与本代理银行业务系统衔接。各方通过安全控件实现互联互通，进行信息交换。

（2）地市级财政部门、代理银行和人民银行部署方式。地市级财政部门根据财政支付系统的部署方式确定共享使用省级安全控件或在地市级单独部署一套安全控件；原则上地市级人民银行统一使用省级人民银行部署的电子凭证库，如果省级人民银行条件不具备，为了满足实际需要，可以考虑暂时在地市级人民银行单独部署电子凭证库；代理银行无需部署，共享使用省分行内部署的安全控件。各方通过安全控件实现互联互通，进行信息交换。

（3）区县级财政部门、代理银行和人民银行部署方式。区县级财政部门无需部署，共享使用省级或地市级财政部门安全控件即可；区县级人民银行无需部署，共享使用省级人民银行安全控件即可；代理银行无需部署，共享使用省分行内部署的安全控件。各方通过地市级单位的安全控件实现互联互通，进行信息交换。

图 1 ~ 图 3 是财政部门、人民银行及代理银行间连接示意图。

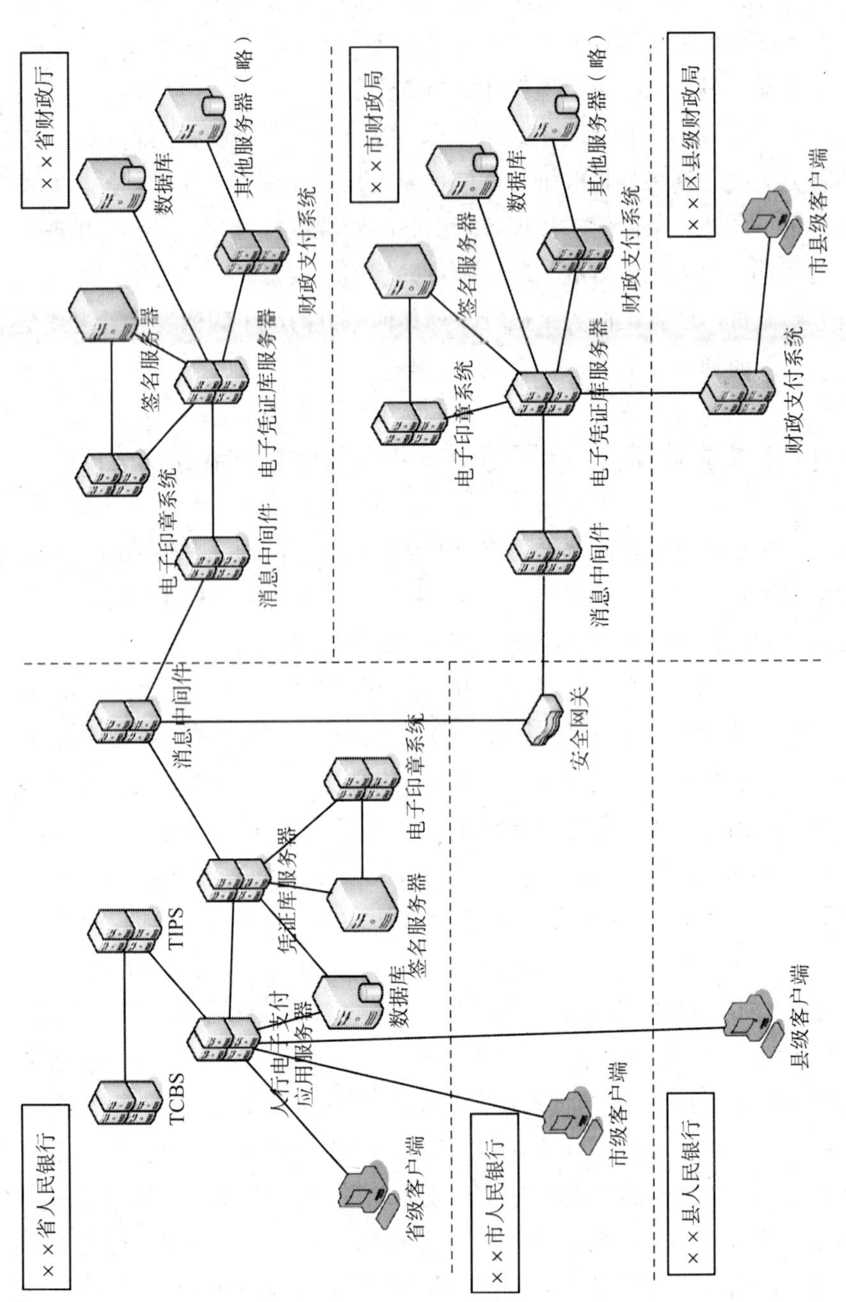

图 1　财政与人民银行

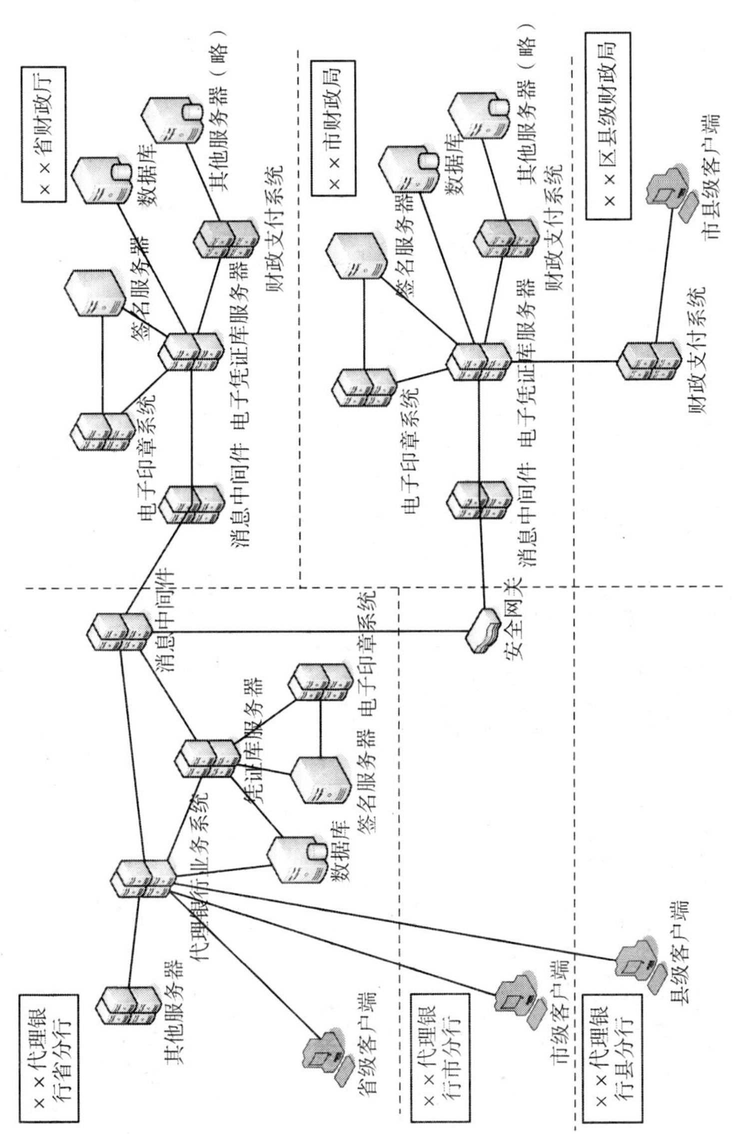
××省财政厅
数据库
其他服务器（略）
签名服务器
财政支付系统
电子凭证库服务器
电子印章系统
消息中间件
××市财政局
签名服务器
数据库
其他服务器（略）
财政支付系统
电子凭证库服务器
电子印章系统
消息中间件
××区县级财政局
市县级客户端
财政支付系统
安全网关
消息中间件
电子印章系统
凭证库服务器
签名服务器
数据库
代理银行业务系统
其他服务器
省级客户端
市级客户端
县级客户端
××代理银行省分行
××代理银行市分行
××代理银行县分行

图2 财政与代理银行

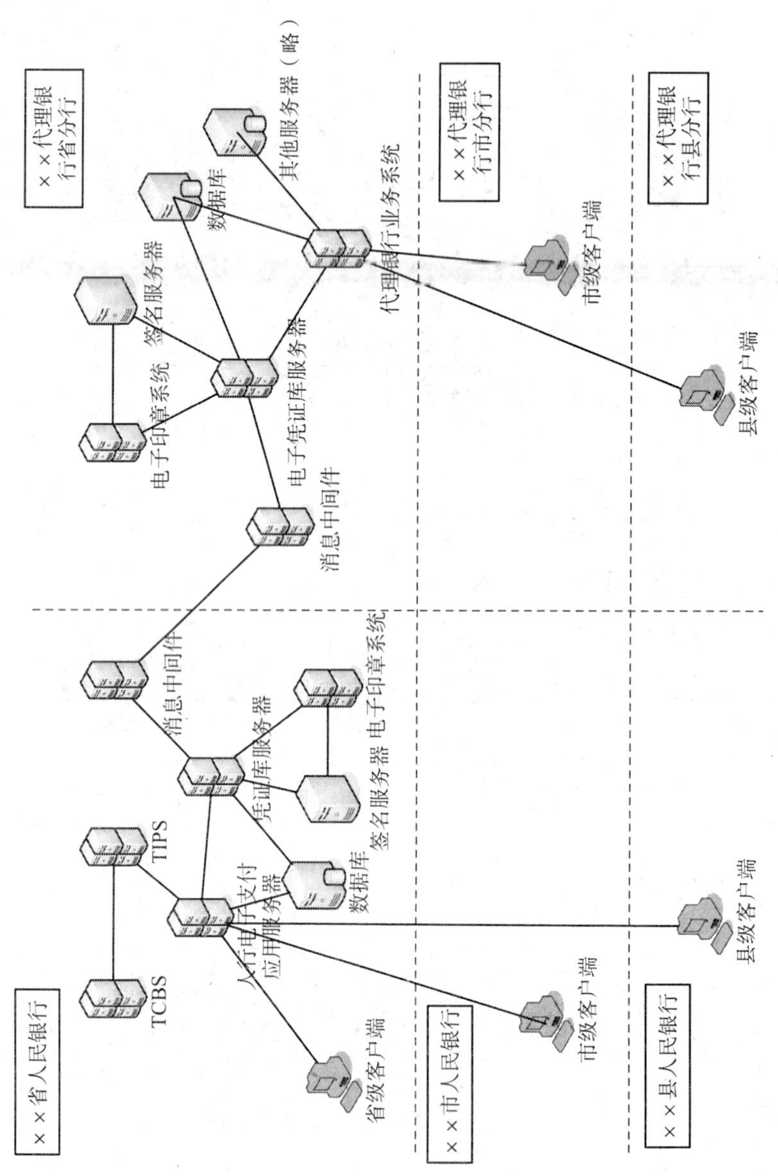

图 3　人民银行与代理银行

国库集中支付电子化管理相关制度参考

实施国库集中支付电子化管理，必然要求建立与电子化管理相适应的管理模式和制度体系。电子化管理制度体系，包括财政与人民银行、代理银行以及预算单位与代理银行间签订的协议，还包括电子印章、电子凭证库、电子化管理应急预案等财政内部管理制度，涉及面广、专业化强。要制定这些制度并非易事，要花费大量精力，且耗时较长，需要在工作中逐步完善。为方便各地在电子化管理工作中，准确把握这一制度体系的要点，按照建立新型安全信任体系的要求，结合前期参与试点省市的经验，我们研究起草了相关制度范本。各地可以作为参考，以此为基点结合业务管理实际，做进一步修改完善后，用于指导和规范国库集中支付电子化管理日常工作。

5.1 财政与人民银行电子化管理业务办理协议

××省（市）财政厅（局）中国人民银行××分行（营业管理部、中心支行）关于国库资金收付电子化管理业务办理协议

为规范国库资金收付业务电子化管理，保障财政资金安全，提高业务办理效率，根据《中华人民共和国电子签名法》、《××省（市）级单位财政国库管理制度改革试点资金支付管理办法》、《××省（市）级单位财政国库管理制度改革试点资金银行支付清算管理办法》等法律法规和规章制度的有关规定，经××省（市）财政厅（局）（以下简称财政）、中国人民银行××分行（营业管理部、中心支行）（以下简称人行）协商，达成本协议。

第一章　内容及原则

第一条　为进一步提高财政资金运行效率，保障财政资金安全，双方商定，在遵循安全、规范、便捷、高效的原则基础上，通过电子凭证安全支撑控件，直接向对方发出经电子签名（签章）的电子凭证，接收方可据此作为财政资金支付与相关会计处理的依据。除特殊情况外，双方原则上不再交换纸质单据。

第二条　本协议适用于双方间采用电子方式办理各项财政资金收付业务的管理。

业务范围包括但不限于：财政预算拨款业务、财政国库集中支付清算业务、收入记账等。双方可根据业务需要适时调整业务范围。

第三条 电子支付信息的传输实行全过程加密及电子签名确认，保证信息的安全性、真实性和完整性。

第四条 按照管理要求进行电子签名（签章）的电子凭证，在确认后与纸质凭证具有相同的法律效力，签署协议的任何一方不得仅因为其为电子信息拒绝办理相关业务。

第五条 双方要建立合作协调机制，共同研究制定有关制度办法和操作规程，及时解决工作中出现的问题，保证财政国库资金电子化管理业务的正常运行。

第二章 电子签名、电子印章及电子凭证

第一节 电子签名

第六条 本协议所称电子签名，是指利用国家认可的电子认证服务机构签发的电子签名认证证书制作的用于标识签名人身份并表明签名人认可其中内容的电子数据。

第七条 双方使用的电子签名认证证书必须由双方认可的电子认证服务机构签发，且认证证书的内容应符合《电子签名法》及相关制度规定。

第八条 电子签名人应妥善保管电子签名相关数据。电子签名人知悉其制作的电子数据已经失密或者可能已经失密时，需及时告知有关各方，并在系统中终止使用该电子签名，如有必要，需废止使用该电子签名制作的有关电子数据。

第二节 电子印章

第九条 本协议所称电子印章，是电子签名的一种表现形式，将电子签名操作转化为与纸质文件盖章操作相同的可视化效果，同时利用电子签名技术保障电子信息的真实性和完整性以及签名人的不可否认性。

第十条 双方要指定专人进行电子印章管理，实行严格的发放审批、更换登记制度。

第十一条 双方要分别部署电子印章服务器，完成对各自电子印章的制作、发放、挂失和更换等管理。

第十二条 双方要分别将有效的电子印章在对方的电子印章服务器中

进行备案。当任何一方的印章挂失、更换时，需及时通知对方，重新进行备案。备案时须提供相关纸质印鉴及批件等资料。

第三节 电子凭证

第十三条 本协议所称电子凭证，是国库集中收付业务电子化管理中使用电子签名（电子印章）制作的，可用来证明业务事项发生、明确经济责任并据以登记账簿、具有法律效力的电子文件。

第十四条 电子凭证在发送至接收方后，接收方按双方约定的控制规范及凭证格式审核校验无误后打印的纸质凭证，可作为原始记账凭证。

第十五条 双方要严格按会计档案有关管理要求，定期对电子凭证进行备份和存档。相关电子凭证的存档期限等同纸质会计凭证的存档期限。

第三章 业务调整约定

第一节 业务流程

第十六条 财政根据有关国库管理制度和办法，在国库有关信息系统中生成财政直接支付汇总清算额度、授权支付汇总清算额度、预算拨款等电子凭证，电子凭证一般于16：30前发送至人行电子凭证库。若遇紧急拨款，财政可以通过电话等方式与人行沟通协商具体时间要求。

第十七条 人行对收到的电子凭证校验审核无误后，据此办理国库集中支付资金清算、预算拨款等业务，一般应于当日日终前、最迟于次日上午办理完毕，紧急拨款办理时间以财政要求为准。同时将校验审核无误的电子凭证打印生成纸质凭证，作为原始会计凭证。人行处理财政集中支付资金清算、预算拨款等业务成功后及时通过电子凭证库向财政发送回执和回单。对收到的电子凭证有疑问或发现错误的，遵照第三节差错处理有关规定执行。

第二节 数据核对及对账

第十八条 双方在业务办理前，需对电子凭证进行严格的审核校验，并按日对电子凭证进行自动对账，确保业务办理的准确性和安全性。如发现异常，则不予受理，并及时与对方沟通解决。

第十九条　人行于每月月末后一个工作日内，向财政发送《财政直接支付月对账单》、《财政授权支付月对账单》、《预算拨款月对账单》等电子对账信息，并通过电子凭证库发送至财政，财政于一个工作日内向人行反馈对账结果。如核对不一致，则相关业务人员应及时沟通，查明原因。

第三节　差错处理

第二十条　电子凭证的差错处理应遵循据实、准确和及时的原则。

第二十一条　接收方对收到的电子凭证的任何要素均无权修改，有疑问或发现错误时，需先与发起方相关经办人员进行沟通，查明情况后，如确认需退回或撤销的，由接收方向原电子凭证发起方发送“退回”电子通知。原电子凭证即为无效凭证。

第二十二条　发起方在电子凭证已发送至接收方后，如发现错误或其他原因需要退回的，需先与接收方相关经办人员进行沟通。如接收方未进行实际支付或相关账务处理，则通知接收方向原电子凭证发起方发送“退回”电子通知，原电子凭证即为无效凭证；如接收方已进行实际支付或相关账务处理，则发起方按照双方约定的电子文件格式向接收方发送更正电子凭证。

第二十三条　双方在电子信息核对或对账过程中，如发现数据不一致等问题，要及时进行沟通，查找原因，核实情况，有差错的一方需及时进行更正。

第四节　应急处理

第二十四条　财政、人行遇系统故障、网络通讯故障导致国库收付业务电子化管理运行中断时，应立即向另一方通报有关情况，启动应急处理程序。

第二十五条　实施国库收付业务电子化管理后，原有相关业务操作流程及纸质凭证保留现有法律效力和职能，并作为应急处理情况下的备用方案。遇新增业务，双方来不及约定电子凭证时，也暂时按纸质凭证业务处理程序办理。

第二十六条　遇一方或双方业务系统故障，国库资金支付业务按原有程序办理，即由财政开具纸质凭证，并加盖实物印章后派专人送至人行；

人行按纸质凭证有关处理程序办理，并返回纸质回单，财政据此作相关账务处理。

第四章 义务与责任

第二十七条 双方应当各司其职，各负其责，加强沟通，密切配合，严格按本协议的各项约定开展国库收付业务电子化管理。

第二十八条 双方应当采取有效措施，加强内控制度建设，强化内控管理，防范资金风险。

第二十九条 财政对发出的预算拨款、集中支付清算额度等电子信息的真实性、完整性、准确性、有效性负责；人行负责对收到的电子凭证的合规性进行校验审核，因校验审核不严格造成财政资金损失的由人行负责。

第三十条 财政不及时发送电子凭证，造成财政资金清算或支付延误的，责任由财政负责；已收到电子凭证，未能按时清算或支付财政资金的，责任由人行负责。

第三十一条 由于电子签名（电子印章）管理不严格、业务操作不规范等原因，造成财政资金损失的，由所在单位对负有直接责任的主管人员和其他直接责任人依据《电子签名法》等法律法规进行处理。

第三十二条 财政和人行分别各自负责本单位使用的电子凭证库、业务系统、电子签名服务器、电子印章服务器等软硬件设施的日常运行维护。

第五章 协议签署及生效

第三十三条 本协议自双方法定代表人或授权代表人签字并加盖公章之日起生效。

第三十四条 协议履行期间，如遇新增业务或业务调整，双方在相互协商后，可增加电子凭证或对协议附件中已列电子凭证的格式等进行修改。

第三十五条 协议履行期间，如遇纠纷，双方应本着相互信任的原则，共同协商解决。

第三十六条　本协议一式两份，双方各执一份，具有同等法律效力。

××省（市）财政厅（局）

（公章）

领导签字：

签订日期：

中国人民银行××分行

（营业管理部、中心支行）

（公章）

领导签字：

签订日期：

5.2 财政与代理银行直接支付电子化管理业务办理协议

××省（市）财政直接支付电子化管理业务办理协议

甲方：××省（市）财政厅（局）国库处（科）

乙方：××银行________

为规范财政直接支付电子化管理，保障财政资金安全，提高业务办理效率，根据《中华人民共和国电子签名法》、《××省（市）级单位财政国库管理制度改革试点资金支付管理办法》等法律法规和规章制度的有关规定，××省（市）财政厅（局）国库处（科）（以下简称甲方）和××银行________（以下简称乙方）就××省（市）财政直接支付电子化管理业务达成本协议。

第一条　适用范围

本协议为甲、乙双方签订的《委托代理协议（财政直接支付）》的补充协议，适用于以电子化管理方式办理的省（市）级财政直接支付业务。

电子化管理是指通过电子凭证安全支撑控件，直接向对方发出经电子签名（签章）的电子凭证，接收方据此作为财政资金支付与相关会计处理依据的管理方式。实行电子化管理的电子凭证主要包括财政直接支付凭证、直接支付回单、直接支付入账通知书、直接支付申请划款（退款）凭证等。

第二条 财政直接支付电子化管理业务准备

（一）甲乙双方均需部署统一的电子凭证安全支撑控件，通过电子凭证安全支撑控件收发的电子凭证与纸质凭证具有同等法律效力。双方原则上不再交换纸质凭证。

（二）甲乙双方交互的电子凭证所使用的数字证书由甲方负责制作和发放，双方应妥善保管存储数字证书的物理介质，发生遗失、被盗、失密等情况时，应及时通知对方。

（三）乙方应按照甲方要求，开发或改造代理财政业务系统，与电子凭证安全支撑控件、银行核心业务系统有机衔接，实现电子化业务流程和管理功能，确保资金支付的安全性和实时性。

第三条 财政直接支付电子化管理业务办理

（一）甲方向乙方发出“财政直接支付凭证”电子凭证，乙方收到后自动反馈接收回执。

（二）乙方收到“财政直接支付凭证”电子凭证，经核对无误后，应据此及时、准确地将资金支付至收款人。

（三）乙方根据当日实际已支付的财政直接支付电子凭证，分一级预算单位，按功能分类科目汇总，开具直接支付申请划款电子凭证，提交中国人民银行××国库处，与国库单一账户清算。

（四）因收款账户要素有误等原因发生资金退回财政零余额账户，乙方应在当日（超过清算时间在次营业日），向中国人民银行××国库处办理申请退划资金手续。

第四条 回单反馈、查询与对账、差错处理、应急处理

（一）乙方须在完成直接支付电子凭证资金支付后，实时向财政反馈支付回单电子凭证；同时根据需要，生成预算单位直接支付入账通知书电子凭证，并通过财政转发至预算单位。

（二）乙方须按甲方要求，每日（每月）约定时间向甲方、预算单位及人民银行提供直接支付资金支付情况对账单。

（三）乙方对收到的电子凭证的任何要素均无权修改，有疑问或发现错误时，需先与甲方相关经办人员进行沟通，查明情况后，如确认需退回或撤销的，由乙方退回甲方，原电子凭证即为无效凭证。

（四）甲方在电子凭证已发送至乙方后，如发现错误或其他原因需要退回的，需先与乙方相关经办人员进行沟通。乙方在未进行实际支付或相关账务处理的状态下，应将电子凭证退回甲方，原电子凭证即为无效凭证。

（五）遇系统故障、网络通讯故障等导致财政授权支付电子化管理流程运行中断时，应立即向另一方通报有关情况，启动应急处理程序。原有相关业务操作流程及纸质凭证保留现有法律效力和职能，并作为应急处理情况下的备用方案。

第五条　甲方的权利和义务

（一）对乙方代理的财政直接支付电子化管理业务进行监督、检查，可以根据业务需要，对乙方提出调整业务范围等合理要求。

（二）对乙方开发的代理财政业务系统进行验收，可以根据业务需要，对乙方提出升级完善相关系统的要求。

第六条　乙方的权利和义务

（一）根据甲方的要求，做好相关信息系统开发改造工作，并保证业务系统准确、及时、安全地办理财政直接支付业务。

（二）妥善保管甲方在乙方系统保存的所有账户信息、交易信息等，对上述信息严格保密，国家法律法规另有规定的除外。

第七条　业务代理手续费

注：主要说明电子化管理业务代理手续费计费标准及变化情况

第八条　该协议为甲、乙双方签订的《委托代理协议（财政直接支付）》的补充协议，原协议中关于财政零余额账户的开立、资金支付、资金垫付、资金清算等业务要求基本保持不变，但业务流程按照本协议约定实行电子化管理。

第九条　协议履行期间，如遇与协议生效后颁布的有关法律、法规、政策规定不符的情况，甲乙双方应按新的法律、法规、政策规定执行。甲乙双方如遇纠纷，应本着互相信任与合作的原则，共同协商解决。

第十条　本协议一式两份，甲、乙双方各执一份，具有同等法律效力，本协议经甲、乙双方法定代表人或授权代表人签字并加盖公章后生效。

甲方：×××省（市）财政厅（局）国库处（支付局）（科）（公章）　　乙方：×××银行（公章）

法定或授权代表人签字：　　　　　　　法定或授权代表人签字：

年　月　日　　　　　　　　　　　　　年　月　日

5.3 财政与代理银行授权支付电子化管理业务办理协议

××省（市）财政授权支付电子化管理业务办理协议

甲方：××省（市）财政厅（局）国库处（科）

乙方：××银行________

为规范财政授权支付电子化管理，保障财政资金安全，提高业务办理效率，根据《中华人民共和国电子签名法》、《××省（市）级单位财政国库管理制度改革试点资金支付管理办法》等法律法规和规章制度的有关规定，××省（市）财政厅（局）国库处（科）（以下简称甲方）和××银行________（以下简称乙方）就××省（市）财政授权支付电子化管理业务达成本协议。

第一条　适用范围

本协议为甲、乙双方签订的《委托代理协议（财政授权支付）》的补充协议，适用于以电子化管理方式办理的省（市）级财政授权支付业务。电子化管理是指通过电子凭证安全支撑控件，直接向对方发出经电子签名（签章）的电子凭证，接收方据此作为财政资金支付与相关会计处理依据的管理方式。实行电子化管理的电子凭证主要包括财政授权支付额度、授权支付额度到账通知书、授权支付申请、授权支付回单、授权支付日报、授权支付申请划款（退款）凭证等。

第二条　财政授权支付电子化管理业务准备

（一）甲乙双方均需部署统一的电子凭证安全支撑控件，通过电子凭证安全支撑控件收发的电子凭证与纸质凭证具有同等法律效力。双方原则上不再交换纸质凭证。

（二）甲乙双方交互的电子凭证所使用的数字证书由甲方负责制作和发放，双方应妥善保管存储数字证书的物理介质，发生遗失、被盗、失密等情况时，应及时通知对方。

（三）乙方应按照甲方要求，开发或改造代理财政业务系统，与电子凭证安全支撑控件、银行核心业务系统有机衔接，实现电子化业务流程和管理功能，确保资金支付的安全性和实时性。

（四）乙方应按照《预算单位自助柜面业务系统设计规范》（财办库［2013］86号）有关要求，设计开发自助柜面业务系统，经财政部验收合格后方可向××省（市）预算单位提供自助柜面服务。

第三条　财政授权支付电子化管理业务办理

（一）甲方向乙方发出“财政授权支付额度通知单”电子凭证，乙方收到后自动反馈接收回执。乙方据此登记预算单位授权支付额度，并生成预算单位“财政授权支付额度到账通知书”电子凭证，发送至甲方转发预算单位。

（二）甲方向乙方发出经审核确认的“财政授权支付申请”电子凭证，乙方收到后自动反馈回执。如为柜面业务，则乙方凭据“财政授权支付申请”电子凭证，在财政授权支付额度内受理预算单位授权支付业务，并严格按照《现金管理暂行条例》等有关规定控制预算单位提取现金；如为自助柜面业务，乙方需保证预算单位通过其提供的自助柜面业务系统发出的支付指令与财政签发的“财政授权支付申请”电子凭证相一致，并以电子方式受理预算单位授权支付业务。

（三）乙方根据当日实际已支付的财政授权支付电子凭证，分一级预算单位，按功能分类科目汇总，开具授权支付申请划款电子凭证，提交中国人民银行××国库处，与国库单一账户清算。

（四）乙方按照有关规定办理财政授权支付预算科目更正和资金退回

业务，为预算单位调整财政授权支付额度，开具授权支付申请划款（退款）电子凭证，提交中国人民银行××国库处办理资金清算手续。

第四条 回单反馈、查询与对账、差错处理、应急处理

（一）乙方须在完成授权支付电子凭证资金支付后，实时向财政反馈支付回单电子凭证；如为自助柜面业务，除向财政反馈回单外，还需向预算单位实时反馈支付回单电子凭证。

（二）乙方须按甲方要求，每日（每月）约定时间向甲方、预算单位及人民银行提供授权支付额度及资金支付情况对账单。

（三）乙方须按甲方要求，通过自助柜面业务系统向预算单位提供实时查询功能，可实时查询财政授权支付额度到账、资金支付和累计剩余额度等信息。

（四）乙方对收到的电子凭证的任何要素均无权修改，有疑问或发现错误时，需先与甲方相关经办人员进行沟通，查明情况后，如确认需退回或撤销的，由乙方退回甲方，原电子凭证即为无效凭证。

（五）甲方在电子凭证已发送至乙方后，如发现错误或其他原因需要退回的，需先与乙方相关经办人员进行沟通。乙方在未进行实际支付或相关账务处理的状态下，应将电子凭证退回甲方，原电子凭证即为无效凭证。

（六）遇系统故障、网络通讯故障等导致财政授权支付电子化管理流程运行中断时，应立即向另一方通报有关情况，启动应急处理程序。原有相关业务操作流程及纸质凭证保留现有法律效力和职能，并作为应急处理情况下的备用方案。

第五条 甲方的权利和义务

（一）对乙方代理的财政授权支付电子化管理业务进行监督、检查，可以根据业务需要，对乙方提出调整业务范围等合理要求。

（二）对乙方开发的代理财政业务系统进行验收，可以根据业务需要，对乙方提出升级完善相关系统的要求。

（三）对乙方开办预算单位自助柜面业务资格进行审查，审查通过后方可为财政预算单位开通自助柜面业务服务。

（四）财政预算单位可以持乙方规定的自助柜面业务签约资料自行到有签约职能的乙方账户开户行办理账户签约事宜。

第六条　乙方的权利和义务

（一）根据甲方的要求，做好相关信息系统开发改造工作，并保证业务系统准确、及时、安全地办理财政授权支付业务。

（二）妥善保管甲方在乙方系统保存的所有账户信息、交易信息等，对上述信息严格保密，国家法律法规另有规定的除外。

（三）预算单位可以通过自助柜面业务系统进行财政授权支付业务范围内的电子支付业务。经财政授权通过自助柜面业务系统进行资金支付时，预算单位应采用乙方认可的数字签名交易方式，并以数字证书方式产生的数字签名为转账业务的有效合法印鉴。数字证书是乙方确认预算单位在使用经财政授权的自助柜面业务系统时身份的唯一有效依据，甲乙双方均认可采取数字证书方式的合法性和有效性。

（四）负责为预算单位发放登录自助柜面业务系统所需使用的USB Key，并对预算单位自助柜面业务系统的安全性负责。

第七条　业务代理手续费

注：主要说明电子化管理业务代理手续费计费标准及变化情况

第八条　该协议为甲、乙双方签订的《委托代理协议（财政授权支付）》的补充协议，原协议中关于预算单位零余额账户的开立、资金支付、资金垫付、资金清算等业务要求基本保持不变，乙方应继续按照原协议约定为预算单位提供柜面办理财政授权业务服务。

第九条　协议履行期间，如遇与协议生效后颁布的有关法律、法规、政策规定不符的情况，甲乙双方应按新的法律、法规、政策规定执行。甲乙双方如遇纠纷，应本着互相信任与合作的原则，共同协商解决。

第十条　本协议一式两份，甲、乙双方各执一份，具有同等法律效力，本协议经甲、乙双方法定代表人或授权代表人签字并加盖公章后生效。

甲方：×××省（市）财政厅（局）国库处（支付局）（科）（公章）

乙方：×××银行（公章）

法定或授权代表人签字：

年　月　日

法定或授权代表人签字：

年　月　日

5.4 预算单位与代理银行自助柜面服务协议

××省（市）预算单位自助柜面业务服务协议

甲方：________（预算单位）

乙方：________（银行）

为保障财政资金安全，提高业务办理效率，方便预算单位用款，同时规范双方业务行为，甲、乙双方本着平等互利的原则，就________银行预算单位自助柜面业务服务相关事宜达成如下协议。

第一条 自助柜面业务有关术语定义

自助柜面业务系统：乙方按照《预算单位自助柜面业务系统设计规范》（财办库［2013］86号）有关要求，设计开发的为预算单位提供自助金融服务的业务系统。

客户证书：由代理银行认证中心或代理银行委托的第三方认证中心颁发的登录自助柜面业务系统所需使用的数字认证证书，证书储存USB Key介质中。

签约账户：省（市）级财政预算单位可以与乙方，即代理财政授权支付业务并提供自助柜面业务服务的代理银行签约，通过乙方的签约认证后预算单位零余额账户才能成为自助柜面业务可交易账户。

第二条 甲乙双方认可自助柜面业务系统通过客户证书、交易密码产生的交易行为的有效性、合法性、安全性。甲方申请开通自助柜面业务服务后，相关签约账户在乙方分支机构营业柜台办理的原有各项业务的手续不变。

第三条 甲方的权利和义务

（一）甲方应按照乙方规定的自助柜面业务开通程序正确填写相关申

请表，并提供有关资料；甲方应保证所填写的申请表和所提供的资料真实、准确、完整；在开通自助柜面业务后，甲方申请服务中有关资料如有变更，应及时向乙方提供书面修改申请。

（二）甲方使用自助柜面业务服务过程中，必须按照有关规范办理签约账户的查询、转账、账户授权等业务。

（三）乙方发放的证书和甲方设定密码是甲方进入乙方自助柜面业务系统办理交易时确认甲方身份的唯一有效凭证，甲方需妥善保管其证书和进入自助柜面业务系统的密码，因证书失控和密码泄露造成的损失，责任由甲方承担。甲方应按照有关规范设置操作人员岗位和权限，妥善保管证书及密码，对于客户证书和密码的遗失、被盗情况，甲方须立即办理挂失手续并向乙方提出证书注销或恢复申请。

（四）甲方根据乙方自助柜面业务系统提供的交易功能自主实现对签约账户的授权操作。

（五）甲方不得在乙方自助柜面业务系统内发送与财政授权支付业务无关或具有破坏性的信息，否则由此造成的风险、损失及法律责任由甲方承担。

第四条　乙方的权利和义务

（一）乙方保证所提供的服务的安全性，对由于自身系统问题造成的甲方的直接损失承担责任。

（二）乙方负责向甲方提供自助柜面业务系统的培训和咨询，并在乙方服务网站刊登有关内容；对于系统功能变更或优化，乙方以告示的方式告知甲方，可不逐一通知甲方。

（三）乙方对甲方提供的申请资料和资金交易信息等应严格保密，但国家法律法规另有规定的除外。

（四）乙方须按照同级财政部门有关要求，为甲方提供查询、对账及回单反馈等服务。

第五条　其他

（一）如甲方发现乙方执行其电子支付指令确有错误，应在发现后3个工作日内以书面形式通知乙方，乙方应于接到甲方通知后3个工作日内给予答复，经查实确系乙方错误，对由此引起的甲方资金结算延误和损失，由乙方按人民银行《支付结算办法》的有关规定予以赔偿。

（二）甲方如需终止使用乙方自助柜面业务服务，应提前5个工作日以书面形式通知乙方，然后持原有签约材料、单位证明到乙方办理注销手续。

第六条 协议履行期间，如遇与协议生效后颁布的有关法律、法规、政策规定不符的情况，甲乙双方应按新的法律、法规、政策规定执行。甲乙双方如遇纠纷，应本着互相信任与合作的原则，共同协商解决。

第七条 本协议一式两份，甲、乙双方各执一份，本协议经甲、乙双方法定代表人或授权代表人签字并加盖公章后生效。

甲方：×××（预算单位）	乙方：×××（银行）
法定或授权代表人签字：	法定或授权代表人签字：
年　月　日	年　月　日

5.5 电子印章管理办法

××省（市）财政厅（局）电子印章管理办法

为规范电子印章的管理和使用，明确相关人员工作职责，确保财政资金安全，保障支付电子化管理业务顺利运行，特制定××省（市）财政厅（局）电子印章内部管理规定。

一、电子印章的定义。电子印章是电子签名的一种可视化表现形式，将电子签名操作转化为与纸质文件盖章操作相同的可视化效果，同时利用电子签名技术保障电子信息的真实性和完整性以及签名人的不可否认性。具有与实物印章同等的法律效力。

二、电子印章的配备。总预算会计专用章、支付会计专用章、专户会计专用章、资金审核专用章、财政厅（局）法人章等印章为公章，国库处负责人章和业务人员人名章为私章。根据工作需要和具体业务环节，国库处（支付中心）确定不同岗位相关印章使用权限。国库处（支付中心）指派专人按照规定程序将实物印章图像扫描进信息系统，信息中心指派专人按照规定程序办理电子印章制作、发放、变更及授权管理。公章由信息中心存入相应电子印章服务器中并负责日常管理，私章由信息中心以 USB Key 的形式发放给个人保管。

三、电子印章的使用权限。国库支付业务原则上分三岗审核，并按岗位分设业务权限，具体可划分为经办人员制单权限、审核人员审核权限和复核人员复核权限。就国库处内部而言，按支付业务权限划分职责，具体分为审核人员（经办人）审核权限和复核人员（处长）复核权限。

四、电子印章的业务操作流程。审核人员将财政直接支付和财政授权支付业务审核完毕后加盖本人电子印章，复核人员完成复核后加盖本人及相关电子印章。

五、电子印章的权限授予。电子印章的权限授予分为初审权限授予和复核权限授予。一般情况下，初审权限的授予仅限于经办人因故无法加盖电子印章但资金支付又确实需要使用电子印章的情况，在授予时需办理经办人电子印章登记，设置相应电子印章审核权限。复核权限的授予是指特殊情况下，经领导同意，系统管理员可在系统中临时授予某经办审核岗位人员复核权限，该人员可在授权期限内履行复核权限，但不得同时履行该项业务其他职责，即不得同时充当该项业务经办和复核人。

六、电子印章的使用要求。办理国库集中支付电子化管理相关业务，需按规定程序在电子凭证上加盖电子印章；电子印章必须在业务专用电脑上使用，严禁在业务专用电脑以外的电脑上使用；加盖电子印章，应插入个人 USB Key、输入密码经 CA 身份认证后登录相关信息系统，使用完毕及时退出；电子印章持有人应妥善管理本人的个人密码，不得向他人泄露密码，并按照要求定期修改密码；电子印章属于高密级业务工具，应视同实物印章进行管理，不得转借他人使用，不得擅自携带出单位；信息中心负责相关电子印章服务器运行维护工作，并定期向国库处（支付中心）通报有关服务器运行情况。

七、电子印章遗失或其他异常处理。存储电子印章的 USB Key 或其他载体，一旦遗失应及时报告，并按照要求采取相应处理措施；若人员离岗或较长时间不在岗应及时上交个人保管的电子印章；若使用电子印章时发现异常，应及时通知相关工作人员，并暂停使用。

八、电子印章的领用和变更登记。按财政国库资金管理有关规定，应设立《电子印章管理登记本》，使用电子印章的有关人员都需要进行初始登记。若因岗位调整，电子印章管理和使用人员发生变更时，除按规定程序进行系统变更以外，相关人员还应在《电子印章管理登记本》签字确认，履行电子印章交接手续，确保电子印章完整移交。

九、电子印章的注销。因管理需要，相关实物印章不再使用时，须及时办理注销手续。对应的电子印章应与实物印章同时注销，按照规定程序由信息中心从系统注销。

十、本办法经领导批准之日起执行。

5.6 电子凭证库管理办法

××省（市）财政厅（局）电子凭证库管理办法

电子凭证库是国库电子凭证安全支撑控件的核心，负责记录和存储电子凭证信息，是电子凭证的“保险柜”，并提供凭证签章、入库、验章、发送、打印等标准服务，供各类业务系统按需调用，也是联系各方业务系统的桥梁和纽带。

电子凭证库是确保电子凭证的真实性、完整性和保密性的关键载体和重要支撑。为加强电子凭证库的管理和维护，保障财政资金安全，特制定本办法。

一、日常管理

（1）电子凭证库服务器由专人负责运行维护管理，其服务器、数据库的用户名和密码需指定专门的系统管理员保管，并按要求签订相关保密协议，做好保密工作。

（2）电子凭证库服务器由专人负责日常审计和监控，发现异常需及时预警，通知相关负责人及业务人员暂停有关业务处理。

二、数据备份

（1）电子凭证库应按日、月、季度定期备份，年底由档案管理员进行归档整理；其每日备份可以做成自动任务计划，第二天上班后检查是否备份成功。

（2）在条件容许的情况下，对电子凭证库做好异地容灾备份，以确保电子凭证库的安全。

（3）要采取有效措施，确保电子凭证库出现故障时，电子凭证库备份数据可作为有效数据恢复使用。

三、故障处理

电子凭证库故障根据产生原因主要分为软硬件故障和网络故障。要依据不同的故障原因、现象，采取相应的措施。

1. 软硬件故障

（1）故障现象。

电子凭证库服务、电子印章系统服务、MQ 服务、数据库服务或者部署系统服务的硬件服务器发生故障，停止运行，短时间内不能修复，业务系统不能签章和发送电子凭证。

（2）应对策略。

检查系统故障，业务办理切换到原有纸质业务办理模式。

应用服务修复后，系统正常运行。已经发生并完成交易的业务单据补录到电子凭证库。

（3）预防措施。

应用服务、数据库服务采用双机热备方式，如果停止运行，自动切到正常运行的系统上；

启用系统备份服务器，在备份服务器上实现备份部署生产环境的系统服务和配置，生产环境发生故障，手工启动备份系统服务。

2. 网络故障

（1）故障现象。

财政、人民银行、代理银行相互之间的网络出现问题，MQ 服务不能把数据发送到对方，业务不能正常进行。

（2）应对方法。

从发送方电子凭证库导出需发送的电子凭证，送到对方机构后，导入电子凭证库中，继续办理业务。网络修复后，业务过程不需要做改动。

（3）预防措施。

建立备用网络线路，出现网络不通的情况时启用备用线路。

5.7 电子化管理应急预案

××省（市）财政厅（局）国库资金支付电子化管理应急预案

为切实做好财政国库资金支付电子化管理过程中出现的网络异常、应用系统故障等突发事件的防范和应急处理工作，最大限度地减轻突发事件带来的危害和影响，确保财政国库集中支付电子化管理业务正常开展，根据《财政部机关重大突发事件应急预案》（财办发［2005］99号）、《财政部计算机网络及信息系统突发事件应急处理预案》（金财办［2006］7号）等有关规定，制定本方案。

一、工作目标及基本原则

（一）工作目标

应急方案要保证我省（市）财政厅（局）财政国库资金支付电子化管理业务正常运行，确保在遇到网络异常、应用系统故障等突发事件时能快速启动应急方案，采取应急措施，保障国库支付业务得以继续开展，最大限度地降低系统故障带来的影响。

（二）基本原则

财政国库支付电子化管理系统应急处理工作应以确保系统网络安全和财政核心业务稳定安全运行为目的，坚持统一领导，协同配合；分工负责、分头管理；明确职责、监控预警；事前防范、妥善处理的原则，快速、稳妥的处理网络或应用系统的突发事故。

（三）适用范围

本方案所称突发事件是指财政国库支付电子化管理相关信息系统，由于人为或不可抗力等原因导致的，影响财政国库支付电子化业务正常开展的，并造成或可能造成重大损失的事件。包括系统硬件故障、软件损毁、数据丢失、信息失窃等情况。

本方案主要针对本省（市）财政厅（局）财政国库支付电子化业务对突发事件的应急处理及事后恢复。

二、组织措施

（1）成立应急小组。成立由省（市）财政厅（局）、省（市）人民银行和各代理银行分行组成的财政国库支付电子化管理系统应急小组，承担国库资金支付业务突发事件应急处理的领导、协调和执行工作，研究制定应急处理方案，做好应急处理、运行监控及事后恢复工作，对出现的异常情况及现象及时分析报告。

（2）小组成员构成。国库支付业务预防与应急领导小组，组长由各省（市）财政厅（局）长、各省（市）人民银行分行行长担任，副组长由财政厅（局）国库处、支付局（支付中心）、信息中心和省人民银行分行国库处、信息中心的负责人担任，事务联络人员由各相关处室的具体经办同志组成。

（3）应急小组职责。应急小组职责主要包括：①全面掌握及监督财政国库支付电子化管理业务系统运行情况，负责对系统的预警工作，迅速了解、掌握系统突发事件及其进展情况，针对突发事件及时提出全盘解决方案。②负责与相关部门的突发事件应急处置协调工作，组织、协调系统突发事件的应急处置和防范控制工作。③组织现场应急工作小组和技术专家组进行现场处置，控制事件的进一步发展。④一旦发生突发事故，应迅速启动应急措施，尽最大努力减少损失，尽最快速度恢复网络系统的安全运行。

三、突发故障的事前预防工作

建立健全预防与预警机制是最大限度地降低突发事件发生概率及减轻影响的有效措施。要做好事前预防工作，尽可能地减少突发故障的发生，做到防患于未然。

（一）预警制度的建立

重点加强信息安全基础设施建设，建立起预防、控制、纠错、修正的全过程安全保障机制，并根据新情况、新要求，对安全管理制度、防护措施等进行调整完善。建立信息安全定期检查制度，并根据业务需要对重要信息系统适度增加检查的深度和频度，保证安全管理工作的有效性。与相关协作部门建立预警通报制度，发生故障后及时通知相关部门、代理银行、人民银行等业务相关部门做好准备。

（二）预防的必要措施

1. 加强数据备份管理

（1）日常数据备份。在本地建立数据备份与恢复功能，至少每天备份一次数据。如果出现因病毒、黑客攻击、人为误操作等原因造成的数据丢失，可以通过本地备份数据恢复进行还原。

（2）灾备。为防止物理环境破坏可能造成的数据丢失等严重后果，建立财政部门的容灾备份基础设施，及时有效地备份重要数据，确保重要数据的可靠保存和随时取用，使信息系统在发生灾难时能迅速恢复运行。

2. 建立应用系统的备份系统

传统的应用系统运行模式继续保留，作为备份系统保证可用，并能够与支付电子化管理模式随时切换，包括现有纸质单据打印功能、与各代理银行接口的功能以及与人民银行导出文件的方式等。

3. 定期进行应急演练

定期进行国库支付电子化管理应急演练，检查应急方案的有效性，确保应急备份系统的可用性。同时根据每次应急演练的效果进行总结和整改，对应急方案不断完善。演练主要内容包括方案预警、方案启动、应急处理、演练总结等，演练根据当前实际情况采取合理的演练方式，应注意保存演练相应记录档案，主要包括演练计划、过程记录和效果评估等重要内容。

（三）预警协作部门的通报与协调

财政部门与核心服务器、交换、程控、存储等系统的维护公司以及支付系统、电子凭证库系统等主要应用服务厂商保持信息畅通通道，保证随时的技术服务与指导，以提前做好各种应急准备。

四、应急方案的启动与实施

应急方案的启动前提是财政国库支付系统、电子凭证库等突发故障，导致系统瘫痪，财政资金无法正常支付或清算，且现场日常维护人员无法快速解决的突发事件。原有相关业务操作流程及纸质凭证保留现有法律效力和职能，并作为应急处理情况下的备用方案。

（一）突发故障的报告

发现财政国库支付电子化管理系统在财政、代理银行、人民银行任一方突发故障后，及时报告财政国库支付电子化管理应急小组，根据具体的故障情况，申请启动相应的应急方案。

（二）应急方案的启动

应急小组根据系统故障的具体情况，批准启动相应的应急预案。

1. 信息基础设施发生故障

财政内的信息基础设施发生故障，如网络线路中断、硬件设备发生故障、外部电源中断等情况，立即通知信息中心相关部门进行故障原因排查，并及时予以恢复。短时间内无法修复的，立即启用备份线路、备份设备、备用电源等。若无备用设施，一时又无法修复的，应在技术人员判断故障节点，查明故障原因后，尽快研究恢复措施，并向应急小组领导汇报。同时将相关原因告知使用部门，暂缓业务数据处理工作。

2. 数据库系统发生故障

数据库系统应按双机热备设置，要准备两个以上的数据库备份，并且分别备份在中心机房和其他安全的建筑物内。一旦数据库崩溃，应立即启动备用系统，同时由信息中心组织人员对系统进行修复。如果系统崩溃又无备份系统可用，信息中心应立即向软硬件提供商请求支援，并通知使用部门暂缓处理业务；同时及时向应急小组领导报告。

3. 支付系统本身发生故障

支付系统本身发生故障，如应用服务无法启动、频繁宕机等，应立即切换到支付系统备用服务，同时与软件厂商联系尽快排查和解决问题。如果支付系统备用服务不能解决问题，要求软件厂商尽快提供解决方案；若问题解决时间超过2小时应及时向应急小组领导报告，并通知使用部门暂缓办理支付业务。如遇紧急拨款按照“特事特办、急事急办”原则，实行手工拨款程序，在支付系统恢复后补充相应的电子数据。

4. 电子凭证库无法正常使用

财政端电子凭证库发生故障，短时间内无法修复，导致国库支付系统无法进行电子签名、电子签章时，应立即启动应急预案并通知代理银行和人民银行，启用传统业务模式进行国库支付业务办理。

（1）财政内部处理：关停支付电子化管理业务模式生效条件，启动传统业务模式工作流程的生效条件。对于尚未进行电子签名、电子签章的业务将会自动切换到传统业务模式工作流程；对于已经完成部分电子签名、电子签章的业务进行作废处理，重新报送审批，并按传统业务模式工作流程办理。由财政通过支付系统开具纸质凭证，并加盖实物印章后派专人送至人民银行或代理银行。

（2）代理银行的处理：代理银行接到启用应急方案通知后，立即启用传统业务模式，即通过代理银行接口系统与财政支付系统进行衔接，依据财政开具的纸质凭证以及代理银行接口系统提供的电子数据进行支付业务办理。

（3）人民银行的处理：人民银行接到启用应急方案通知后，立即启用传统业务模式，即开放原有的导盘模式，人民银行依据财政开具的纸质凭证以及财政导入的电子数据进行资金支付及清算业务办理。

电子凭证库恢复正常后，财政将故障期间发生的业务电子信息进行电子凭证库服务器统一签章后，发送至人民银行和代理银行，人民银行和代理银行对这些业务单据进行电子凭证库服务器签章，并返回相应的电子凭证回单。电子凭证库在签章时需要将此类凭证进行单独分类，登记为“补录凭证”，以区分日常业务数据，防止业务重复办理，同时保证电子凭证库的完整性。数据完全恢复后，须检验各方电子凭证数据的完整性、有效性与一致性。

5. 财政与人民银行（代理银行）之间网络通信发生故障

财政与人民银行（代理银行）之间网络通信发生故障，短时间内无法修复，导致财政与人民银行（代理银行）之间无法进行电子凭证的传输与交换时，立即启动应急方案并通知代理银行和人民银行，保证国库支付业务的顺利开展。

财政将电子凭证从财政端电子凭证库导出刻录成光盘，派专人送至人民银行（代理银行），并做好数据文件交接记录；人民银行（代理银行）将数据导入人民银行（代理银行）端电子凭证库后，按正常业务处理流程办理相关业务；人民银行（代理银行）业务办理完毕后将电子凭证回单从人民银行（代理银行）端电子凭证库导出刻录成光盘，送至财政；财政将数据导入财政端电子凭证库后按照正常流程进行后续操作。网络故障排除后，必须检验各方电子凭证数据的完整性、有效性与一致性。

五、突发故障的事后总结

在突发故障得到有效控制与解决，财政国库支付电子化管理系统恢复正常运转后，国库部门要协调信息中心组织有关专家对故障原因进行认真分析，并向应急小组提出总结报告，以吸取教训，堵塞漏洞，完善工作。对人为造成故障的责任人，由应急小组提出意见按程序报有关部门处理。同时，协调信息中心研究落实有关系统安全防范措施，协助人民银行、代理银行完善相关系统应急处理预案。

六、附则

本应急方案依据有关法律规章要求和应急工作实际需要，对相关内容进行动态管理，不断充实、完善和提高。每一次重大突发事件发生后或者每 1 年，由财政组织一次内部评审，补充、修订和调整相关内容，在征求相关部门意见后实行。

代理银行、人民银行可根据本应急方案并结合银行内部实际情况，制定相应的财政支付电子化业务应急保障方案或实施细则，并报省（市）财政厅（局）备案。

附录1

领导讲话节选

1. 财政部王保安副部长讲话节选

加快建设功能完善的现代国库管理制度

——在全国财政国库工作会议上的讲话（节选）

（2013年4月22日）

财政国库管理制度改革是我国继分税制改革之后财政管理制度的根本性变革，构建了财政资金运行管理的全新机制和统一框架。回顾10多年的改革历程，尤其是近些年的工作，主要有三个显著特点。一是改革有重要突破。国库集中收付制度改革经过多年的不懈努力，不断完善、形成体系，并于2012年年底基本实现全覆盖，成为财政资金运行管理的基本制度。政府采购管理机制和政策功能日益完善。国债市场化改革不断深化，国债管理机制日趋成熟，并成功发行地方政府债券。政府会计改革取得重要进展，有23个省份开始试编权责发生制政府综合财务报告。二是管理有显著成效。切实强化预算执行管理，夯实总预算会计基础，财政资金运行的安全性和规范性进一步提高。稳步实施中央国库现金管理，累计获得净收益约360亿元。清理整顿地方财政专户效果明显，累计撤并财政专户6.9万个，撤户率达30%。大力推进部门决算公开，2012年有98个中央部门公开了部门决算和“三公经费”预决算。三是基础有可靠保障。注重加强制度建设和信息化建设，切实巩固改革所建立的财政国库运行基础。国库集中收付制度改革和国债余额管理改革的成果，已在《预算法修正案（草案）》二审稿中充分体现。《政府采购法实施条例》制定工作进展顺利，政府采购法与招投标法的衔接问题得到较好解决。国库信息化建设进展迅速，中央和地方财政基本建立了覆盖财政资金收缴和支付的信息系统，一部分地方开始启动国库集中支付电子化管理试点。

当前，全面建设小康社会已进入决定性阶段，新一轮财税体制改革蓄势待发。财政国库工作的改革发展进程，直接关系到财税体制改革的基础保障是否牢固；关系到全面建设小康社会条件下，我国财政管理水平在国际上的先进程度。过去10多年改革实践证明，我国现代国库管理制度的设计理念和基本框架都符合国际发展趋势，处于国际领先水平，也得到世界银行、国际货币基金组织等国际组织的高度赞誉，下一步关键是能否向更高层次推进。按照党的十八大提出的“构建系统完备、科学规范、运行有效的制度体系，使各方面制度更加成熟更加定型”的要求，我们要着力建设完善具有“四项功能”、“五大体系”的现代国库管理制度，即按照强化监控功能、理财功能、反映功能和政策实施功能的要求，建设完善预算执行管理监控体系、政府财政财务信息分析报告体系、政府采购管理体系、国债管理体系和国库现金管理体系。实现这个目标，主基调和重头戏仍然是深化和完善改革，推进制度机制的规范化、科学化、信息化。为此，还有大量艰苦细致的工作要做，还有许多难关要攻。我们必须抓住未来几年的关键机遇，以更加完善的顶层设计，更加积极的创新精神，更加扎实的工作作风，去努力实现。当前和今后一个时期，要着重抓好以下几方面工作。

一、继续推进国库集中收付制度改革

国库集中收付制度是现代国库管理制度的核心内容，是国库管理的基本生产系统，也是公共财政管理制度的重要基石。在同志们的努力下，2012 年我们圆满完成了国务院确定的改革目标任务，这是一项了不起的成就，具有里程碑的意义。习总书记指出，改革只有进行时，没有完成时。我们这项改革也是如此。我们要清醒地看到，无论改革的广度还是深度都有待进一步拓展。广度主要是扩大资金覆盖面，深度主要是完善运行机制。今后几年，要把下面几件事做到位。

（一）扩大民生资金国库集中支付范围

新一届政府将民生问题提升到新的高度，“中国梦”最核心的内容就是“民生梦”。在党中央、国务院的高度重视下，各级财政惠农资金和社保支出逐年增加，比例逐步扩大。惠农资金的受众面在农村，乡级政府直接承担着各项惠农资金发放的责任。因此，要大力推进乡级国库集中支付制度改革，把资金直接打到农民“一卡通”、“一折通”上，绝不能让惠农政策在资金支付环节出现问题。同时，对于社保资金等直接支付到居民的资金也要抓紧研究实施国库集中支付，用最短的路径、最快的速度把资金支付到位。

（二）扩大专项转移支付资金国库集中支付范围

专项转移支付资金是挤占挪用问题的“多发区”，如何建立科学规范的机制加强管理，是长期困扰我们的难题。在总结前一阶段部分专项转移支付资金国库集中支付经验基础上，我们进一步完善了制度设计，起草了新的办法，征求了地方的意见，计划今年找几个地区试点，运行成熟后再向全国推广。中央和地方财政部门要紧密配合，通力合作，探索出一条既能够规范中央专项资金管理，又不影响专项资金使用效率的新模式。这项制度成熟后，要将具备条件的专项转移支付资金全部纳入国库集中支付范围，打造中央到地方的纵向支付新链条。

（三）加快建立预算执行动态监控机制

李克强总理在国务院第一次廉政工作会议上强调，“用制度管钱”、“真正形成不能贪、不敢贪”的反腐机制。我们建立的预算执行动态监控机制，就是能够发挥反腐作用的一项有效措施。通过对预算执行全过程的实时监控和预警，大大强化了财政资金运行的事前和事中监督，从源头上防止违规使用财政资金问题的发生。目前，预算执行动态监控机制在中央和地方省市两级已全面推开，对资金违规行为的威慑力不断加大。但大部分县级地区进展迟缓，监控机制还没有真正建立起来。要采取有效措施，加快县级动态监控机制建设，尽快建立覆盖各级财政的一体化动态监控体系。另外，还要强调的是，近期各级财政部门要密切结合形势，重点监控违反中央厉行节约、反对浪费规定的违规支出，一经发现，要严肃处理，充分发挥动态监控系统的威慑作用。

二、稳步实施国库现金管理

国库现金管理是现代国库管理制度的重要内容，是实行国库集中收付制度的组成内容和必然要求。实施国库现金管理，在保证财政资金正常支付的同时，可以提高国库资金的使用效益，冲抵国债发行成本。受一些方面因素影响，目前的工作进展与目标要求还存在一定差距，对现代国库管理制度建设步伐造成不利影响。下一步，我们要抓住国库现金流量预测和库底目标余额制度建设两项工作重点，突破制约现金管理的体制难点，尽快把这项工作向前推进。

（一）提高国库现金流量预测的准确性

国库现金流量预测是国库现金管理的基础性工作。发达市场经济国家都很重视这项工作，比如美国财政部已实现对联邦政府未来 9 个月内每天的收入和支出进行预测和更新。美国联邦政府国库现金余额之所以能够长期稳定在一定数额之间，并实施有效的国库现金管理，最主要的是他们能够及时准确地预测国库现金流量。目前我国中央财政现金流量预测已经可以按日预测，但现金流量预测体系还不完善，在国库现金管理中的重要性尚未发挥。而地方的现金流量预测则刚刚起步。无论中央还是地方，都要建立健全国库现金流量预测体系，不断提高国库现金流量预测的准确性。

（二）尽快建立库底目标余额制度

建立库底目标余额制度是发达市场经济国家的通行做法。实践中，最优的库底现金余额并不能用一个简单的数学方法来确定，而是取决于对未来现金流预测的准确性、紧急融资能力和可动用的其他现金储备等因素。考虑到我国现阶段相关条件尚未完全具备，库底目标余额可以定的高一些，除满足日常支付，还要应对突发事件。以后随着现金流量预测精度的提高，再逐步压降库底目标余额。

（三）建立有效的沟通和协调机制

我国国库现金管理主要涉及财政与央行两个部门。一方面，国库现金管理是财政部门流动资产管理的重要内容。另一方面，国库现金管理流入流出国库会影响到市场流动性和央行货币政策的实施。国际货币基金组织的一份报告指出，财政国库部门开展国库现金管理是经合组织（OECD）国家的最佳实践。但是，目前由于我们与央行的协调机制还没有理顺，中央财政国库现金管理规模较少，地方财政国库现金管理正在试点，没有全面推开。未来要加大与央行的协调力度，完善中央国库现金管理运作机制，尽快全面启动地方国库现金管理。中央财政还要加大短期国债发行规模，探索发行国库短期融资券，深入研究短期国债发行规模与货币政策的协调问题。

三、不断创新国债和地方政府债券管理制度

由国债政策、发行兑付管理、市场建设等方面构成的国债管理体系，是现代国库管理制度财政筹资理财功能以及宏观经济调控功能的重要体现。近些年，随着国债余额管理的实行和国债市场化改革的不断推进，国债科学理财水平显著提高，在金融市场中作用日益彰显，成为实施财政政策的重要工具和调控债券市场的重要手段。但我们也要看到，随着国债筹资规模不断增大，国债筹资适应财政经济政策发展的能力有待进一步提升；国债管理市场化深度不够，国债收益率曲线对债券市场和经济周期的反映和调控能力不足。2012 年，李克强同志曾批示：“财政部对国债市场可做深入研究，并注意借鉴和分析国际经验与做法，提出相应政策建议”。下一步要按照总理批示精神，完善国债管理，深化国债市场化改革，努力发挥国债管理的筹资和金融市场基础性作用。

（一）进一步提高国债筹资理财能力

自2006年实施国债余额管理以来，到2012年共发行国债约8.9万亿元，国债余额2012年底已达7.7万亿元，圆满完成筹资任务，有效应对世界金融危机考验，起到积极的逆周期调控作用。面对世界经济持续低迷，国内经济下行压力较大的新形势，保持经济合理增长、坚持稳中求进是经济和财政工作的总基调。这就要求继续发挥国债管理的宏观调控职能，适当增加国债规模，确保积极财政政策有效实施。今年财政赤字安排1.2万亿元，发债筹资的压力进一步增大，要采取有效措施确保顺利完成政府债券发行任务。一方面，要统筹好政府债券发行策略的稳定性和灵活性，科学安排政府债券品种、期限结构、发行节奏，实现国债长期以合理成本筹资，为财政运行提供低成本、高效率、可持续的筹资渠道。另一方面，要提高国债管理的科学性和前瞻性，建立健全风险防控体系，继续密切关注主权债务危机发展动向，深入研究财政发债空间问题，促进政府债务长期可持续发展。

（二）加强地方政府债券管理

2009年我国首次发行地方政府债券，4年来地方共发债8500亿元。通过创新政府债务管理模式，有效缓解了地方资金压力，对于应对国际金融危机、扩大内需、保持我国经济平稳较快发展发挥了积极作用。目前，地方债发行主要有中央代理发行和地方自主发行两种模式。中央代发模式虽有助于提升债券信誉，降低融资成本，促进地方债顺利发行，但不利于强化地方政府偿债责任，不符合权责一致原则。而中央控制规模前提下的地方自主发行模式，有利于强化地方政府信用意识，提升债务管理水平。未来要积极稳妥推进地方政府自行发债试点，逐步建立地方政府自行发债制度。

（三）深化国债市场化改革

国债利率是金融市场上其他金融工具定价的基础，并直接体现为国债收益率曲线。由于国债管理市场化不够，一、二级市场衔接不紧，加之国内的利率市场化尚未完成，国债收益率曲线还不能准确反映市场真实利率，难以起到金融产品定价的基准作用。因此，要继续深化国债市场化改革，健全国债一级市场价格发现机制，实行国债预发行制度，促进国债一、二级市场价格的衔接；完善国债市场报价做市制度，促进做市商更好地进行国债买卖双边报价，增强国债收益率曲线的真实性和可靠性；改进记账式国债发行机制，在完善现有招标方式基础上，研究运用国际上其他常用发行方式；根据利率市场化进程，逐步提高储蓄国债利率定价的灵活性。

四、加快建立政府财务报告制度

政府财务报告可以全面反映政府的资产和负债状况，对于防范财政风险，分析财政中长期可持续性，提高政府财政管理水平等具有不可替代的作用。从国际上看，美国、英国、法国、澳大利亚、日本等一批发达国家已编制政府综合财务报告多年；一些发展中国家也建立了政府财务报告制度；而我国的政府财务报告制度建设甚至落后于许多发展中国家，这与我国目前经济总量第二的国际地位严重不相称。从国内看，地方政府债务问题大家都很关注，甚至有人说会引发中国版的次贷危机。之所以引起这么大的担忧，一个很重要的原因在于地方政府债务不透明、资产说不清，一些地方政府自己恐怕都不知道家底。建立政府财务报告制度的主要目的之一，就是要摸清楚地方政府的财务状况。不仅包括当期的收入和支出等流量数据，还包括历史资产和负债等存量数据，在此基础上编制政府资产负债表，分析披露过去和当前行为对未来的影响，科学合理评估地方政府债务风险，并建立地方政府债券评级制度。可以说，我们的政府财务报告制度面临着国际国内双重压力，尤其是地方政府债务问题，已经是刻不容缓。今年 2 月，李克强总理在财政部上报的《关于 23 个地区试编 2011 年度权责发生制政府综合财务报告情况的报告》上批示：“这项工作对于有效防范财政风险，提高公共财政管理水平具有积极作用。请财政部在总结试点经验基础上，继续探索完善相关制度建设。”我们一定要落实总理指示，化压力为动力，加快推动政府会计改革，赶超国际先进水平，建立世界一流的政府财务报告制度。

（一）全面推进政府综合财务报告试编工作

前两年，一些地方通过试编权责发生制政府综合财务报告，初步摸清政府资产和负债情况。地方反应积极，工作有力，效果明显。今年我们要乘势而为，将试编权责发生制政府综合财务报告扩大到所有省份，并启动中央本级政府综合财务报告试编工作。试编工作的意义不仅要体现在编制的结果中，拿出一个高质量的资产负债表；更为重要的是体现在编制过程中，也就是要把数据的来龙去脉搞清楚，把资产和负债管理面临的问题搞清楚，把下一步工作的主攻方向搞清楚。

（二）适时制定出台建立政府财务报告制度的总体方案，发布统一的政府财务报告编制办法

建立政府财务报告制度是一项政策性、专业性和操作性均很强的工作，涉及各级政府及其部门的财务管理，还涉及政府会计核算制度的改革，是一项真正的系统工程，有必要按照统一的方案推进。近年来，国库司对建立政府财务报告制度涉及的理论问题、技术操作问题组织国内外专家进行研究，完成了60多个专项课题，对大多数问题已经形成了比较可行的结论。为此，我们将正式发布政府财务报告编制办法和操作指南，全面实施政府财务报告制度。

（三）修订完善预算会计制度

预算会计制度是政府财务报告制度的核算基础，决定了政府财务报告数据的质量。现行预算会计制度已经运行了16年，虽然在一定时期内发挥了重要作用，但是随着改革的不断深化，已无法适应当前预算单位会计核算和政府会计改革的需要。因此，要按照兼顾现实性和前瞻性的原则，重点对总预算会计、行政单位会计等预算会计制度进行重新修订，补充资产负债项目、完善收入支出的确认方法，全面、准确核算政府资产负债信息和收入支出信息，满足编制政府财务报告的需要。

五、着力推进国库信息化建设

信息化是当今社会发展的重要驱动力，在各个领域改变着世界面貌。

党的十八大明确把“信息化水平大幅提升”纳入“全面建设小康社会的目标之一”。现代国库管理是科学机制与信息技术的有机融合。过去几年，国库信息化工作取得了显著进展，起到了为国库改革保驾护航的重要作用，但也存在一些问题。比如，国库系统信息化水平较低，还没有形成全流程电子化管理，国库各系统之间还缺乏有效衔接等。

（一）抓紧推进国库集中支付电子化管理

国库集中支付电子化管理利用现代信息网络技术，不仅实现财政资金收缴和支付业务完全“无纸化”运行，而且把传统相对独立的分散管理整合成一个完善的管理链条，有利于提高财政资金运行效率和安全管理水平。各地要做好充分的思想准备、组织准备和技术准备。

（二）推进国库集中收付、政府采购、国债管理和国库现金管理等信息系统的一体化建设

“独木不成林，单弦不成音”。现有的国库各项业务和功能，都有与之配套的信息系统，并且经过多年的运行、调试、升级，相对已比较稳定。但随着国库改革的深化，各项业务呈现一体化趋势，国库集中收付、政府采购、国债管理以及国库现金管理等各项管理工作之间的衔接、配合要求也越来越紧密，现行以各自独立业务管理目标确定信息系统建设需求的模式已不能适应改革的需要。下一步应在金财工程建设的统一规划下，建设并完善国库现金管理、国债管理和采购管理系统，并与国库收付管理系统衔接，形成完整统一的财政国库管理一体化信息系统。

（三）全面提升国库管理信息系统安全性

系统安全是国库信息化的首要目标。随着国库管理信息化推进，大部分业务操作都在系统中进行，数据生成和存储也由系统自动处理。由此可能产生两个我们容易忽视的重要问题，一个是安全风险过度集中。一旦系统出现故障或损坏，整个生产线将瘫痪，业务无法处理，海量历史数据也可能丢失，造成的后果将不堪设想。第二个是安全风险转移。业务处理在电子系统中进行，将使资金运行流程隐性化，审核环节自动化，内控要点将由传统的业务人员转移到了外部黑客和内部技术人员。对于这些问题，我们还缺少防范意识，没有应对经验，需要早做准备，未雨绸缪。各地要抓紧研究建设国库信息系统的灾备系统，“不能把鸡蛋都放在一个篮子里”。还要加强系统安全测评工作，强化国库管理信息系统安全配套措施建设。

六、切实抓好预算执行基础管理工作

万丈高楼平地起。扎扎实实做好总预算会计、预算执行分析、决算、银行账户管理等基础工作，才能确保财政国库制度改革顺利推进。下一步要重点抓好以下几项基础性工作：

（一）进一步抓好预算执行分析报告制度

做好预算执行分析是财政国库部门的重要本职工作。当前，宏观经济形势错综复杂，不确定性因素很多，今年一季度，全国公共财政收入仅增长6.9%，比去年同期回落7.8个百分点。财政经济形势越是复杂多变，加强预算执行分析就越为重要。各级财政国库部门要在保证财政收支数据上报准确性和及时性的同时，不断健全完善预算执行分析报告制度，着重把握国民经济运行、宏观调控、财税政策调整等因素，深入剖析财政收支增减变动的深层次原因；针对经济运行和预算执行中值得关注的新情况、新问题，积极开展专题调研，例如，部分行业营业税改征增值税今年8月1日将全面试点，我们要密切跟踪有关情况，分析其对财政收入增长的影响，更好地服务领导决策。

（二）进一步严格规范总预算会计核算管理

财政国库管理很大程度上是做总预算会计管理工作。预算执行的数据基础来自总预算会计，财政决算实际就是总预算会计年终报表。要切实落实总预算会计核算各项规范，充实岗位人员，完善内部控制，不折不扣地保证财政总预算会计管理的规范性、账务的真实性。要进一步完善总预算会计核算范围，将各级政府财政直接持有的权益纳入核算范围。

（三）进一步抓好决算管理

决算是预算执行的结果，建立健全预、决算相互反映和相互促进的机制是我们的一项重要职责。党的十八大提出“人大要加强对政府全口径预算决算的审查和监督”，对决算工作提出了新的要求。我们要把这项工作往更高的层次上推，不仅要有决算编制制度，更要有决算分析制度。决算数据是我们手中掌握的一个“数据宝藏”，如何挖掘、如何筛选、如何加工，形成什么样的产品，取决于我们对这项工作的认识程度、重视程度和研究程度。加强对决算数据的分析利用，可以及时发现和揭示预算编制与执行中存在的问题，形成“预算编制－决算反映－预算规范”的预算管理链，有效发挥决算对预算的反映和促进作用。

（四）进一步抓好银行账户管理

银行账户是资金的载体，事关预算执行管理与成效。我们不仅要管住预算单位开设的账户，更要管住自己开设的财政专户。近两年财政专户清理整顿工作取得明显成效，但留存的专项支出财政专户数量仍然较大。本应国库集中支付的专项资金通过财政专户转拨，会形成一个个“信息孤岛”，损害国库集中支付制度运行的基础。清理整顿财政专户决不能搞一阵风、抓一下了事，要有一种习总书记所说的抓铁留痕、常抓不懈精神。今年下半年财政部将继续组织开展检查，希望引起各地的高度重视。国库集中支付制度改革后，预算单位开设零余额账户用于资金支付，原银行账户应逐步撤销。但受预算管理体制等各方面因素制约，目前中央和地方各级预算单位仍保留有相当数量的银行账户，沉淀着大量资金，为一些不规范的资金支付行为提供了“藏身之地”。各地要进一步清理整顿预算单位银行账户，凡不符合规定应当撤销的，坚决予以撤销；短时间内无法撤销的，要将其纳入国库单一账户体系，严格审批管理。

（五）进一步加强财政资金安全管理

财政资金安全是预算执行管理最重要的前提，是财政工作的生命线。长期以来，中央和地方建立了一系列有关加强资金安全的制度，但在一些地方，制度只是挂在墙上，锁在柜里，落实不到位，带来严重的国家资金安全问题。我们一定要建立健全财政资金安全管理的内控机制，规范资金收付业务流程，合理设置岗位，强化岗位分工与职责规定，严格按照岗位需要配备充足人员，建立岗位责任追究机制。对账是有效防范资金出现安全问题的重要手段，要建立健全多层次对账制度，强化财政部门与预算部门、人民银行国库、开户银行之间，财政部门内部各业务部门之间，上下级财政之间的定期对账制度，探索建立与开户行上级银行核对余额账的两级对账制度。同时，大家还要高度重视库款出借问题。库款是财政收支进度不匹配形成的间歇性资金，都有预算安排，迟早要花出去。近年来，财政部门出借国库库款在一些地方不同程度存在，其中一些不规范的出借行为已被审计署查出，引起国务院的高度重视。今年下半年财政部将组织对地方财政部门出借库款情况进行重点检查，各地要提前做好自查自纠工作，千万不能把库款出借演变成一种新的财政周转金。

同志们，今后一段时期财政改革与发展的任务将十分繁重。我们要认真贯彻落实党的十八大精神，以制度创新为主题，以深化改革为主线，奋发努力，开拓进取，勤勉工作，构建基础牢固、功能健全、体系完备、技术先进的现代国库管理制度。为全面加强财政管理、提高财政政策与财政运行效率，推动财政改革发展做出新的贡献！

2. 财政部国库司翟钢司长讲话节选

加强信息安全管理　为国库改革提供支撑

——在部分省市财政国库信息安全管理工作座谈会上的讲话（节选）

（2011 年 8 月 24 日）

在今年 4 月份召开的全国财政国库管理制度改革座谈会上，部领导重点强调了财政资金安全管理工作。加强信息安全管理则是在新时期、新形势下，保障财政资金安全，推动国库改革深化的一项基础性、战略性工作。

一、充分认识加强财政国库信息安全管理的重要性和紧迫性

国库改革从一开始就与信息化密不可分，可以说，没有信息化，国库改革就无从谈起。十年来，按照建立现代国库管理制度的改革要求，各级财政国库部门大力推进国库信息化建设，国库管理信息系统对国库改革的支撑和促进作用不断增强，为完善现代财政国库管理体系提供了坚实基础。然而，迅猛发展的信息技术在服务国库改革的同时，也带来了信息安全风险，像一把"双刃剑"立在我们面前。如果国库信息安全问题处理不好，将很可能诱发财政资金运行风险，还可能威胁到国家的核心利益。加强国库信息安全管理，既是确保国库管理制度改革各项政策目标有效落实的重要保障，也是提高财政国库科学化、精细化管理的有力抓手，应当从战略的高度来理解和认识这项工作。

（一）加强信息安全管理是应对当前信息安全形势的需要

进入新世纪以来，信息技术发展迅速，国民经济和社会信息化不断深化，信息安全面临新的挑战。网络空间中的渗透与反渗透、控制与反控

制、窃密与反窃密斗争日趋激烈。近年来，境内外各种敌对势力想尽一切办法，利用信息安全漏洞窃取我国经济、社会各领域的重要情报，其手段之新、技术之高可能是我们无法想象的。我们要高度重视经济和社会信息化发展的这些新情况、新形势，尤其要将其与财政国库工作结合起来。财政收支数据，直接反映我国的政策导向、经济态势和财政运行情况，成为境内外各种敌对势力觊觎的热点对象。财政收支数据中，包含大量关系国计民生的敏感信息，如果被不法分子利用，不仅会造成经济损失，还有可能威胁社会稳定。而这些数据大都集中于国库部门管理的系统中，我们责任重大，绝不能掉以轻心。加强信息安全管理，已到了刻不容缓的地步，广大国库干部一定要认清形势，增强忧患意识，积极行动起来，全面推进这项工作。

（二）加强信息安全管理是保障财政资金安全的需要

财政资金安全管理是财政国库部门的一条重要生命线，近年来，各级财政国库部门一直高度重视，狠抓落实，通过强化管理基础、创新制度机制，不断提高财政资金安全管理工作水平。今年 7 月，国库司组织 12 个工作组，分赴全国 36 个省（自治区、直辖市、计划单列市）对地方清理整顿财政专户情况进行了重点抽查，工作力度之大在近几年是比较罕见的，足见我们对财政资金安全管理工作的重视程度。在检查中，我们看到，一些地方财政国库部门正在通过信息化手段，建立“全资金覆盖、全流程控制、全账户监管”的管理框架，即将所有性质的财政资金以及资金管理的各个环节全部纳入信息系统中，将国库管理制度的各项规范性要求固化在系统的控制规则里。可以肯定，信息化应用水平的提高是对财政资金安全管理的一大进步。但是，所有资金安全问题也因此集中在信息系统上。在这种情况下，加强信息安全管理，保证信息的“真实性、可靠性、完整性”，已经成为保障财政资金安全的关键所在。

（三）加强信息安全管理是深化财政国库改革的需要

经过反复研究论证和广泛征求意见，“十二五”时期，财政国库改革与发展的基本思路和主要措施已基本确定，要强化和健全现代国库管理制度“四项功能”、建设和完善现代国库管理制度“五大体系”，对国库信息化建设也提出了更高的要求。“十二五”时期，要建设并完善财政现金管理、债务管理和政府采购管理系统，并与国库收付管理系统衔接，形成完整统一的财政国库管理一体化信息系统。与此同时，还要逐步建立预算执行数据中心，实现从生产系统中动态提取数据，并在此基础上同步开展国库信息资源开发、利用、共享工作。可以展望，以上工作目标的实现，必将使财政国库改革上升到一个崭新的高度。但我们必须清醒地认识到，国库改革越是深化，国库系统运行的环境越是开放、复杂，数据越是精细、庞大，信息安全管理的基础性保障作用越是明显。俗话说，“基础不牢，地动山摇”，因此，要确保财政国库改革目标顺利实现，加快建立完善的现代国库管理制度体系，就必须切实加强国库信息安全管理这项基础性工作。

国库改革前期，我也曾参与其中，那时，我就非常关注安全问题。国库部门通过信息系统每天要支付成千上万笔财政资金，与金融等行业相比，国库数据更综合、更全面，如果国库管理信息系统藏有“后门”，后果将不堪设想。而纵观我们的信息安全管理现状，既缺乏科学合理的制度约束，也缺乏权威专业的技术指导，很不乐观。我们现在正处于“安全”与“不安全”的边缘，大家一定要重视起来，切实加强国库信息安全管理，不断提高信息安全保障水平。

二、转变传统观念，深入理解财政国库信息安全管理有关问题

提到信息安全管理，可能大家的第一反应认为这是个技术问题，是技术部门的事。事实上，在众多威胁信息安全的因素中，管理缺失占了相当大的比重。近年来财政部门发生的多起重大信息安全事件，究其原因，主要是由于我们的干部安全意识淡薄、安全知识缺乏、未认真执行有关管理制度造成的。但总体来说，信息安全管理是一个比较专业的领域，需要向专业机构和相关专家学习。这也是我们为什么要请安全专家授课的主要原因。下面，我先结合我们的实际情况讲几点看法：

（一）正确认识管理与技术在安全管理中的关系

国库管理工作对信息系统和网络的依赖程度不断加深，系统与业务紧

密结合、相互影响、相互促进。安全问题主要表现在两个方面：一是业务管理中人为因素造成的管理风险，如关键业务岗位没有落实“不兼容岗位分设”和“岗位牵制”等内控原则，或是没有严格执行有关管理规定，最近国库资金管理中暴露出的一些问题基本上都是这个因素造成的；二是由于网络安全设施不健全，计算机软、硬件产品本身技术漏洞造成的安全问题。因此，我们研究财政资金安全管理问题，要从管理和技术两个层面入手，而且还要把管理问题放在首位。安全专家经常讲“三分技术、七分管理”，如果管理措施不到位，技术手段再强、再严密也发挥不出实际作用。

（二）合理把握信息安全管理有关原则

信息安全管理，涉及技术手段、管理方法、业务要求、资源制约等诸多因素，只有正确处理好各种要素的关系，才能形成合力，具体说来，有以下几个原则要遵守：一是要遵循系统性原则，信息安全管理是一个庞大的系统工程，任何环节上的管理缺失都会对整个系统构成威胁，要综合考虑安全管理中各个层面、各个环节、各种手段的协调统一，避免出现受短板制约的“木桶效应”；二是要遵循动态性原则，“黑客”手段和防护技术总是在此消彼长中交替发展。因此，安全管理制度和安全防护措施不是一劳永逸的，要随着业务环境和技术条件的变化而不断进行调整；三是要遵循现实性原则，大家要清醒的认识到，没有绝对的安全，甚至有时“安全”和“效率”是一对矛盾主体。但也不能因噎废食，关键要在综合评估现实的安全防御需要和风险承受能力的基础上，采取有效措施确保核心机密不外泄、数据丢失可恢复、异常操作可追踪等安全管理目标，实现“效率”和“安全”双保障、双促进。

（三）正确认识电子化管理与安全的关系

近年来，各地财政部门对电子化管理的呼声很高，有些省市已在积极探索。在实施支付电子化管理的过程中，应该认识到电子化管理不是简单的技术变革，更是管理上的革命。传统管理方式下，资金支付要经过填单、初审、复核、盖章等环节，依靠各岗位间“接力棒”式的简单传递，没有从头到尾真正无缝关联起来，一旦某个环节存在控制不严、监管不力等问题，很容易被不法分子利用，从而威胁到财政资金安全。电子化管理，把原来这种相对独立的分散控制通过流程再造整合成一个完整的管理链条，从而实现了所有支付环节的关联和交叉验证，可以说，相比传统管理方式更安全、更便捷。但这里说的“更安全”是有前提的。要真正实现安全的电子化管理，首先要从重构业务管理流程入手，建立与支付电子化管理相适应的管理模式和制度体系，其次要采取一系列技术防范措施，管理与技术“两手抓，两手都要硬”，才能真正使支付安全管理再上一个台阶。我们在实施支付电子化管理的问题上，一定要认识到位、准备到位，谋定而后动。

三、采取有效措施，全面加强财政国库信息安全管理

加强财政国库信息安全管理，涉及法律制度、管理规范、技术标准等诸多方面，问题复杂、任务艰巨。根据中央的国库改革实践，结合我们掌握的各地信息化建设情况，初步确定了此项工作的基本思路：坚持积极防御、趋利避害的方针，按照管理与技术并重、安全与效率统一、近期与长期兼顾的原则，不断完善制度标准，逐步夯实管理基础，着力健全长效机制，进一步提高财政国库信息安全管理水平。根据上述思路，要重点抓好以下几个方面的工作：

（一）研究制定财政国库信息安全管理规范

制定财政国库信息安全管理规范的目的，是要将国家有关安全标准与国库管理实践紧密结合，为平稳推行各项国库管理制度改革提供安全保障。可以说，这是一项制度创新，将国库管理制度体系从政策层面延伸到操作层面。信息安全管理规范是一系列制度的集合，包括业务审核管理、人员授权管理、系统运行维护管理、财政与相关部门的数据接口规范等非常广泛的内容，应当分阶段、分步骤、分重点，逐步建立起一套较为完整的制度体系。各级财政国库部门要积极探索，群策群力，配合我们共同把这项工作做好。财政部做了一些前期研究工作，参照人民银行发布的《电子支付指引》和有关国家标准，我们草拟了《财政国库业务电子化管理暂行办法》，明确了国库集中支付电子化管理业务应遵循的原则、业务准备

及办理程序，并从管理和技术两个方面提出了加强安全控制的具体要求。希望大家多提宝贵意见，便于我们进一步修改完善。

（二）加快建设电子化管理安全支撑体系

为支持地方财政实行支付电子化管理，提高国库支付系统运行的安全性和稳定性，我们想尝试建设电子化管理安全支撑体系，即利用成熟安全技术和产品，组成基本的安全支撑控件，以解决电子印章、安全传输、信息留痕等一系列问题。同时，争取不与特定的支付系统和管理模式绑定，提高其通用性，满足不同单位需要，适应不同信息系统。应该说，安全支撑控件不同于以往建设和推广的软件系统，建设思路有创新、有突破，需要重点关注其可操作性。希望大家深入讨论，重点研究统一的安全性要求与各地业务管理的个性化特点如何协调，系统的通用性和有效性如何平衡等问题。做好这项工作的关键是要央地共建，地方财政国库部门要深度参与。近期，我们拟抽调部分地方财政国库部门同志组成业务需求研究小组，广泛征求地方同志意见，共同推进此项工作。

（三）尽快开展信息系统安全测评工作

按照国家关于信息安全等级保护的有关要求，开展信息系统安全测评工作，将有助于我们进一步提升信息安全管理的专业化、科学化水平。各级财政国库部门要积极推动这项工作任务。一是思想上要高度重视。各地很多已经建成的国库管理信息系统，在开发设计时并未充分考虑到相关安全管理措施配套实施问题，在长期运行使用过程中也未定期进行安全检测，“运行十年，从未体检”的现象比较普遍，其中的安全隐患不容小觑。信息安全无小事，各级财政国库部门要建立信息安全“一把手”负责制，将系统安全测评与加强内控管理、完善制度体系紧密结合起来，精心组织，认真落实。二是行动上要迅速有力。这项工作非常急迫，安全问题一天不解决，我们很多工作都无从开展，各地要迅速行动起来，与技术部门主动配合，争取早日完成对重要信息系统的安全测评和安全加固工作。三是落实上要细致周到。国库管理信息系统子系统众多，要从各个子系统的重要程度、关联关系、网络部署等各方面综合考虑，精心设计测评方案，一个系统一个系统的分析，一个节点一个节点的检测。对发现的安全问题，要及时整改；对提出的改进建议，要认真吸纳。

（四）建立健全信息安全管理长效机制

安全问题有很多，对地方各级财政国库部门来说，最为严峻的就是制度缺失问题，要赶快填补“空白”，尽快建立起覆盖采购、收支、账务等各个管理环节，贯穿信息系统开发、运行、维护等整个生命周期的长效机制，为加强管理提供重要基础和有力保障。地方各级财政国库部门要注重从以下几个方面开展工作：一是要注重动态性，强化定期安全检查。信息安全管理不是一成不变的，要根据新情况、新要求，对安全管理制度、防护措施等不断进行调整完善。要建立信息安全定期检查制度，并根据业务需要对重要信息系统适度增加检查的深度和频度，保证安全管理工作的有效性。二是要注重实时性，严格系统运行监控。信息安全威胁无处不在，而且一般情况下“看不见，摸不着”，我们一定要时刻绷紧安全这根弦，建立信息系统运行情况实时监控机制，发现异常情况，及时响应处理。三是要注重系统性，实施全程安全管理。信息安全管理的系统性，要求我们一个薄弱环节也不能放过，要引入专业安全顾问从信息系统产品选型、设计开发、测试评估和运行维护等方方面面进行安全方案设计和安全管理指导，建立起预防、控制、纠错、修正的闭环式管理链条。

财政工作千头万绪，但无论何时，我们都要高度重视安全问题，充分认识加强财政国库信息安全管理工作的长期性、艰巨性和复杂性，抓住“十二五”的重要机遇，以“咬定青山不放松”的精神，创新管理手段，完善管理制度，狠抓管理效果，全面提升财政国库信息安全管理水平。

扩大支付电子化试点　推动国库改革迈上新台阶

——在国库集中支付电子化管理第二批试点启动会上的讲话（节选）

（翟钢　　2013 年 2 月 22 日）

国库集中支付电子化管理试点工作取得了重要进展，这一新型财政资金管理方式已在河北、重庆两地成功运行，新机制使国库集中支付制度应有的优势得以充分发挥，给国库管理制度改革注入了新的动力和活力。这项工作引起部领导的高度关注，王保安副部长专门批示："国库支付电子化创新有回报，试点效果好。当下要抓紧总结经验，完善技术手段，确保万无一失。目标顺序是：资金安全、效率提升、成本降低"。下一步要在河北、重庆两地试点的基础上，继续扩大试点范围，全面总结经验，深入挖掘亮点，完善方案手段，为在全国范围内推广打下坚实的基础。

一、开拓创新，推动财政国库信息化迈入新阶段

国库集中支付电子化管理，是先进信息技术与现代管理理念相融合的产物，其基本原理就是废弃铁皮文件柜，使用"电子凭证库"。"电子凭证库"身量虽小，作用巨大，不但能解决安全和效率问题，还能够以此为支点带动国库内控制度完善和服务质量的提升。从试点情况看，我们的设想和做法基本达到了预期效果。

（一）构筑安全体系，提升财政资金安全管理水平

传统资金支付管理方式下，我们主要依靠"大红印章"来保障纸质凭证的真实性和权威性，然而随着技术的发展，"萝卜章"仿真水平越来越高、复制成本越来越低，几乎可以以假乱真。我们财政部门现在虽然引入了信息系统的自动控制和交叉稽核机制，但以纸质凭证为主、以电子信息为辅的做法，实际执行过程中，往往由于业务量大、操作繁琐等原因，造成系统内部审核控制与纸质凭证管理相互脱节，这就给违规使用财政资金

以可乘之机。正是看到了这些安全隐患，我们下决心利用先进的管理理念和信息技术，从基础上提升国库资金安全管理水平。首先，从管理上，提出链条式管理理念，即利用电子化手段将传统模式下各个相对分散的审核控制整合成一个完整的管理链条，比如，河北省直接支付从预算单位到财政共有8岗审核，其全部操作痕迹“隐藏”在电子凭证中，系统自动逐环节进行校验，从而实现“环环相扣、互相牵制、有始有终”的安全控制目标。其次，在技术实现上，我们组织开发了“电子凭证库”，并借助信息安全专家，共同建设通用性强、稳定性高的安全支撑控件，保证未经授权的用户“进不来、看不到、改不了”，经过授权的用户“丢不了、拿不错、赖不掉”，靠“雁过留声”保障财政资金安全。通过以上措施，确保支付流程中的任何操作都运行在阳光下，真正实现让电子支付比传统支付方式更安全、更放心。

（二）打造信息高速路，大幅提高财政国库运行效能

随着国库集中支付制度改革横向到边、纵向到底深入开展，特别是财政国库科学化、精细化管理的不断推进，财政、预算单位、人民银行、代理银行工作量成倍增长，效率问题日益突出。对财政国库部门自身而言，业务人员需逐岗手工签章、逐笔打印凭证、每日往返取单送单，耗费大量人力、物力，效率低、差错多，对于预算单位、人民银行、代理银行也同样存在类似的问题。要解决上述问题，取消纸质凭证是关键，我们通过将“电子凭证库”分别部署到财政、人民银行、代理银行端，实现各方记账凭证和支付指令的“无纸化”管理。这一看似微不足道的变化，却是资金支付运行方式的大转变，带来支付效率的全面提升。实施支付电子化管理以后，不再需要专门印制凭证单据，不再需要进行电子信息与纸质单据的人工核对，工作人员足不出户即可“全天候”办理资金支付业务。重庆在试点时，还将代理银行给预算单位提供的支付回单，整合到财政局电子凭证库中，预算单位可以及时落地打印、及时入账。重庆的做法，既提升了对预算单位的服务质量，又降低了商业银行的代理成本。我相信即将试点的省市也会创造出提升服务质量和效率的“聪明”做法。

（三）创新管理理念，促进国库集中支付制度改革深化

正如“蒸汽机”推动人类社会从农业文明跨入工业文明，支付电子化管理是对原有财政资金支付管理方式的一次彻底变革，必将引发财政资金支付管理从理念到实践的一系列创新与探索，从而推动国库集中收付改革跃上新的台阶。在不改变国库集中收付制度框架的前提下，我们将“电子凭证库”作为“支点”，依托它逐步实现记账凭证依据的变革、财政资金运行监控手段的变革、财政对预算单位服务方式的变革，等等。河北、重庆两地实行支付电子化管理后，已在抓紧调整内部管理制度，丰富和完善对预算单位的服务方式和内容，加大县级集中支付改革的力度和深度，初步体现了支付电子化对深化国库改革的促进作用。

二、把握重点，确保国库集中支付电子化管理不走偏

实施国库集中支付电子化管理是一项系统工程，既涉及业务与技术的协同和融合，还涉及财政、人民银行、代理银行及预算单位的衔接和互通，其管理理念之新、技术要求之高、协调难度之大都是前所未有的，试点省市在具体执行过程中需要重点把握以下几个方面：

（一）支付电子化管理的基本原则是坚持国库集中支付制度框架不变

如今，国库集中支付制度改革已走过10余载春秋，这项改革取得了重大历史性成就，成为我国预算管理的基本制度，在有效落实国家宏观经济政策、健全公共财政管理体系、完善惩防体系建设等方面发挥了重要的基础性作用。实践表明，2000年改革之初确定的改革框架和路线图，既站得高、望得远，又行得通、落得实，国际社会对此也表示高度关注和给予高度评价，认为中国独立进行的国库改革设计具有“后发优势”，达到国际先进水平。我们要不折不扣、坚定不移地按照国务院既定方针把这项改革贯彻好、落实好。支付电子化，既不是从零起步，也不是另起炉灶，而是与国库集中支付制度是一脉相承的，其资金流转、职责分工、体系框架都是一致的。各地在试点探索过程中，要做到不改变现行制度框架、不改变支付体系、不改变代理银行服务职能。同时，要以支付电子化管理为契机，进一步规范国库集中支付制度。为此，我们草拟了电子化管理相关标准业务流程，供大家参考。当然，我们鼓励大家在内控管理上、在操作上求新求变，充分发挥电子化的优势和效能。另外，需要说明的是，国库支

付系统同样不需要动“大手术”，各地要从实际出发，充分利用现有资源，没有必要因为实施电子化而重建支付系统，仅需做好支付系统与“电子凭证库”的衔接即可。

（二）支付电子化管理的重要抓手是统一部署“电子凭证库”

“电子凭证库”是我们在构建安全支撑体系过程中，通过对电子化业务的反复梳理和抽象，提出的创新概念和实现载体。通俗地讲，“电子凭证库”首先是电子凭证的“保险柜”，为电子凭证的安全存储和传输保驾护航；同时也是衔接财政、人民银行、代理银行等参与方的“枢纽”，将不同的财政业务系统与大集中的银行业务系统有机衔接起来。可以看出，“电子凭证库”具有高度专业化和标准化的特征，不像电视机这种普通的日用品，准入门槛低，谁都能生产，而是需要权威机构认证和专业部门定制。各地在业务管理方式上可以有一定的差异和独自的特点，但对于安全管理不应有差异化需求，只能是都向高标准、高质量看齐。基于此，“电子凭证库”由财政部会同人民银行总行组织开发，并免费提供给地方使用。目前，“电子凭证库”以软件形式存在。将来，我们计划将其做成如同交换机和路由器一样的硬件设备，就像一个“黑匣子”，实现即插即用，降低业务系统电子化改造的复杂度和实施成本。请试点省市特别注意，“电子凭证库”不是一般意义上的软件产品，它集合了安全和标准化两种属性，而且关联的环节多。每次发版前，我们都会组织专家进行严格地测评。试点过程中，就发生过未按规定升级“电子凭证库”而造成签章失效，无法支付的情况。因此，出于安全和规范化等方面的考虑，请各省市特别注意，不要向研发公司索要该产品，而是统一向财政部或人民银行申领经过认证的产品。

（三）支付电子化管理的实现基础是共同遵守相关的标准和规范

支付电子化，需要将原来分散在财政、预算单位、银行的信息流无缝关联起来。如同一艘邮轮在做环球旅行，邮轮要想畅通无阻，就要遵守既定航线，使用标准旗语，收发通用电码。支付电子化要想顺利实现，同样要建立包括管理办法、业务规范及技术规范等在内的标准化体系。我们重点研究解决了在信息安全产业和财政国库业务两个领域的电子支付标准化问题，标准对于规范国库业务、实现互联互通、避免商业垄断等具有重要意义，是支付电子化的基础性工作。大家必须共同遵守。当然，对于有些规范，我们也给各地的个性化需求预留了空间，大家可以在自己的“自留地”里因地制宜、有选择地使用。

三、齐心协力，又快又好推动国库集中支付电子化管理试点工作

经过财政部门与人民银行的共同努力，河北、重庆电子化管理试点取得了显著成效，各项制度准备、技术准备工作基本到位，可以说，推广实施的条件已经比较成熟。考虑到这项工作系统性强、涉及面广、配套措施多，在具体实施应该注意以下几点：

（一）团结合作、加强领导

党的“十八大”报告中共有19处表述提及信息、信息化等“信息”关键词，充分反映了党中央对信息化的高度重视和认识的进一步深化。这既为国库信息化发展创造了新机遇，也对国库信息化事业提出了新要求。国库集中支付电子化管理，是现代国库管理信息化发展的高级阶段。财政部门要将这项工作当成是贯彻落实“十八大”精神的重要举措，当成一件大事、要事来抓，财政厅（局）主要领导要主动抓、亲自抓。财政国库部门作为这项工作的枢纽和统领，要切实发挥主导作用，牵头组织、主动协调。财政内部要协调一致、密切配合。国库局（处）要扎实做好整体规划、完善内控制度、调整记账凭证等基础性工作。请信息中心的同志充分发挥技术优势，在安全基础环境建设、设备选型等方面把好关，在系统建设方面做好支撑。同时，国库局（处）要主动做好与人民银行、代理银行和预算单位的协调工作。

（二）统筹规划、分步实施

支付电子化管理是一种新的管理理念，涉及思想的转变、管理手段的更新、习惯的改变等诸多方面，完全实现支付电子化必然需要一个长期的过程。所以，必须要坚持统筹规划、分步实施的原则。各地在研究制定具体实施方案时，要在财政部和人民银行的统一规划下，放眼长远、统筹兼

顾，确保方案的前瞻性和先进性。需要强调的是，为保障地方实施方案的规范性和科学性，请各试点省将总体方案报财政部和人民银行总行确认后再实施。这次试点仅限于省本级，市县的试点工作，我们将根据情况另行布置。在实施过程中，试点省市要从最基本的业务入手，抓重点环节，抓主要矛盾，先易后难、积极稳妥地推进试点工作。比如，财政部门与人民银行之间的业务范围和业务环节比较简单，可首先实现；再比如，在确定预算单位试点范围时，可选择内部管理较为规范、人员配备较为充足的部门优先开展。第二批参与试点的省市，重点不再是验证总体思路的可行性，而是丰富电子化内容、完善配套制度体系。试点省市要以创新的胆识和智慧，不断完善内控制度，形成一系列制度规范和操作办法，为全国推广实施提供参考和依据。

（三）上下联动、共同推进

支付电子化管理涉及横向和纵向的协调联动，建立良好的沟通协调机制是试点成功的制度保障。列入第二批试点的省市，在试点实施过程中要多出主意，多想办法，遇到问题要及时反映，有了好的点子要及时沟通。为此，我们搭建了一个网络论坛，财政、人民银行、商业银行的同志都可以参与，大家可以把实施过程中的问题和经验都放到网上共享或寻求帮助。

做好国库集中支付电子化管理工作

——在全国财政国库工作会议上的总结讲话（节选）

（翟钢　　2013 年 4 月 22 日）

随着国库集中支付改革范围的不断扩大，国库集中支付业务量快速增长，对资金支付效率和安全性的要求越来越高。从 2010 年起，财政部会同人民银行开始积极探索国库集中支付电子化管理新模式。2012 年，河北和重庆精心准备，先行先试，迈出了支付电子化管理的重要一步。从两地试点情况看，基本达到了预期效果。第二批新增十个试点省市的各项工作正在有条不紊进行，7 月 1 日系统将正式上线运行。我们力争年底前所有省级财政部门全部推行国库集中支付电子化管理，并向有条件的市、县延伸。

一是高度重视国库集中支付电子化管理工作。国库集中支付电子化管理是一件新事，也是一件大事、难事，既涉及到国库集中支付业务与信息技术的融合和协调，又涉及到财政、人民银行、代理银行和预算单位信息系统的升级和互通。技术要求高、协调难度大。河北、重庆试点成功，主要原因之一就是领导高度重视，主要厅领导亲自担任领导小组组长，分管厅领导亲自抓这项工作，组织力量进行集中攻关。其他地区也要借鉴这种做法，加强组织领导，成立专门领导小组，主要厅领导和分管厅领导都要亲自过问，切实把这项工作作为当前深化国库集中支付制度改革、完善国库集中支付运行机制的头等大事来抓。

二是做好国库集中支付电子化管理的技术准备。实施国库集中支付电子化管理，需要对现有支付系统进行技术改造和升级，技术准备十分关键。技术准备不充分，这项工作就很难顺利开展。电子签名、电子印章、电子审计建设这些事情不提前做好，签名、盖章等都不能在系统上安全操作，支付全流程的电子化也就无从谈起。信息系统不进行全面的安全测评和升级改造，集中支付电子化管理就会存在安全隐患。在实施准备阶段，部署电子支付安全支撑控件是核心和关键。安全支撑控件可以简单理解为给大家统一定制了一个“电子文件柜”，取代现有的“铁皮柜”，所有的电子凭证都会存储在这里，在部署安装时一定要注意安全保密。这个控件由财政部和人民银行统一组织开发，免费提供给各地使用。大家还要注意做好新旧业务衔接和过渡工作，不能因为实施电子化管理而影响到资金的正常支付。

三是坚持国库集中支付制度基本框架。国库集中支付制度是国库集中支付电子化管理的制度基础，电子化管理对国库集中支付制度起到的是一种保障作用，二者关系不能颠倒。推进国库集中支付电子化管理要严格执行国务院确定的、被实践证明运行有效的国库集中支付制度基本框架。这是一道制度红线，不允许突破。各地在推进国库集中支付电子化管理时要做到三个不改变：不改变“先支付后清算”的基本原则，按照规范的业务流程开展资金支付业务；不改变代理银行的定位，充分发挥代理银行在国库集中支付业务中的重要作用；不改变预算单位的预算执行主体地位，合理划分财政部门与预算单位在电子化管理方面的职责关系。

3. 财政部国库司赵永旺副司长讲话节选

加强信息系统安全建设　做好国库支付电子化管理

——在地方国库支付电子化管理业务需求研讨会上的讲话（节选）

（2011 年 3 月 23 日）

一、国库支付电子化管理的有关问题

据我们了解，一些地方财政部门已经推进了国库支付电子化管理，主要是财库业务的电子化。很多地方则对这个新生事物很感兴趣，或向我们询问情况，或提出工作建议，希望能从中央层面在全国推进此事。根据财政部与人民银行国库业务电子化管理的经验，和我们了解的地方情况看，这项工作比较复杂、难度也比较大，其中要重点把握好以下几个问题：

（一）正确认识管理与技术在安全问题中的关系

国库管理工作对信息系统和网络的依赖程度不断加深，系统与业务紧密结合、相互影响、相互促进，安全问题主要表现在“两个两方面”。首先，信息安全有两方面含义：一是保密问题，涉及国家安全，是“高压线”，坚决不能碰；二是数据篡改、流失问题造成的业务影响，对国库来说“信息就是钱”，也要高度重视。这两方面问题都很重要，解决起来也有两方面工作：一是业务管理中人为因素造成的管理风险，如关键业务岗位没有落实“不兼容岗位分设”和“岗位牵制”等内控原则，最近国库资金管理中暴露出的一些问题基本上都是这个因素造成的；二是由于计算机软、硬件产品本身技术漏洞造成的安全问题。因此，我们研究财政资金

安全管理问题，要从管理和技术两个层面入手。安全专家经常讲“三分技术、七分管理”，如果管理措施不到位，技术手段再强、再严密也发挥不出实际作用，也会存在漏洞。

（二）正确认识电子化管理与安全的关系

财政部从2009年开始进行国库支付业务电子化管理试点，目前已经实现了与人民银行的完全无纸化和与代理银行的部分无纸化（主要是授权支付额度）。在此过程中，我们最关心的就是安全问题。经过深入论证后，我们认为，在传统管理方式下，资金安全的控制集中反映在纸质拨款单及印鉴管理上，实际上是一种单环节的管理。电子化管理，把原来这种单个环节的管理扩展为依靠流程设置、规则校验及相关电子安全产品共同作用的立体“防护网”，是一项非常复杂的系统工程，不能简单地理解为取消纸单，就是提高效率。电子化管理首先要考虑的就是建立安全支撑体系。实事求是地讲，一些地方在这方面做得还不是很到位。

（三）推进电子化管理要坚持的几条原则

电子化管理是国库业务观念更新、管理进步、技术提升的重要标志，涉及法律、管理与技术多方面的问题，具体工作中要注意坚持以下几条原则：一是法律能允许。要以《电子签名法》为依据，和相关部门签订工作协议，规定双方的职责义务、业务范围、安全机制等，做到有法可依，有据可查。部里实施财库电子化试点工作，首先就是与人民银行签订相关协议，目前执行效果还不错。二是安全有保证。要加强内部制度建设，特别是要建立并完善电子支付指令发送、确认、差错处理和应急处理等新的电子支付管理流程。要充分利用先进信息技术，从技术上保证“进不来、拿不走、看不到、改不了、赖不掉”。目前，我们还不敢说完全做到了，但在向这个目标努力。三是推进分步骤。要结合改革进度和信息化程度，大致按照先人民银行、后代理银行、最后部门和预算单位的顺序，在不断总结经验的基础上，逐步开展有关工作。除了这三条原则，还要特别注意严格遵循国库集中支付制度的基本框架，确保电子化管理不走偏。

二、推进有关工作的初步思路

国库电子化管理工作非常复杂，有很多难题需要解决：首先，这对我们国库系统的同志来说，是一项全新的课题。我们以往建设和应用的系统大都是流程性、生产型的系统。对于支付电子化管理这种安全性要求非常高、与信息技术结合非常紧密的系统建设，我们经验不足。其次，没有哪两个省的业务管理模式是完全一致的，市县一级也都存在这个问题。但是，各个地方的安全性要求或安全标准应有一个统一要求。分头搞，不但会造成重复建设，还不能及时共享先进经验。实际上，低水平的重复，恐怕很难搞出好东西。根据这些情况，我们对推进地方支付电子化管理，初步提出一个工作思路，供大家参考：

一是充分学习成熟经验。“他山之石，可以攻玉”。我们自己经验不足，但可以向专业机构和相关专家学习。所以这次会议，除了进行内部讨论和交流，还特别邀请了专家对信息安全和电子支付有关问题进行专题介绍。为大家介绍信息安全形势和政策的毕马宁主任，他所在单位——公安部信息安全等级保护评估中心，也就是公安部第三研究所，是我国最权威的三个信息系统安全评估机构之一。他将为大家介绍当前信息安全总体形势并解读有关政策。稍后为大家介绍电子支付有关情况的，是来自工商银行总行的曾凯同志。工商银行在网上银行、电子支付等方面具有相当的业务积累和专业经验，我们去考察学习后感到，工商银行在系统安全建设方面很有成效。通过讲授，同志们要开拓视野、提高认识，争取做到系统建设起点高、方向明、措施实。

二是央地共建。推进地方电子化管理，最终要落实在地方财政部门。但地方情况差别大，一些具体业务情况中央并不全面掌握。因此，我们考虑，推进这项工作，应该由中央和地方共同合作。从以前财政部推进地方部门预算和地方支付管理系统建设的经验看，地方同志充分且深度地参与其中，是工作取得成功的重要因素之一，应继续发扬传统和优势。回去后，同志们要及时向领导汇报，全力配合好我们的工作，这样最后做出来的东西，才能好用、管用。两位专家也要继续对我们进行支持和指导。

三是安全管理系统和管理规范相结合。这项工作是一次探索，每个省的情况都不一样，但又不可能搞成一个省一个模式。因此，在支付电子化管理工作具体推进上，我们想尝试建设一套基本的安全支撑控件，利用成熟安全技术和产品，解决电子印章、安全传输、信息留痕等一系列问题，争取不与特定的支付系统和管理模式绑定，提高其通用性，满足不同单位需要，适应不同系统。在此基础上，根据各地管理实际，制定出一套基本的安全管理规范，统一安全管理要求和业务操作。应该说，这套系统不同于以往建设和推广的软件系统，想法比较新颖，工作思路有突破，难度自然比较大。希望大家认真学习，结合要求积极讨论，重点研究我们的思路是否可行，首先解决有和无的问题，再研究系统通用性和有效性的平衡问题，以及具体实现步骤，为今后的工作奠定坚实基础。

夯实信息安全基础　推进国库集中支付电子化管理

——在全国财政国库信息安全管理培训班上的讲话（节选）

（赵永旺　2012 年 6 月 12 日）

国库信息安全管理培训班主要目的是为了进一步提高财政国库干部信息安全意识，积极稳妥推进国库集中支付电子化管理工作。培训的内容主要是国库集中支付电子化管理的最新研究成果，这其中有不少创新之处：在工作思路方面，明确提出了构建“财政国库电子支付安全支撑体系”的理念，将电子化管理与信息安全管理统一起来，与业务革新结合起来，协调推进。在软件设计方面，从业务管理中抽象出与业务管理模式无关的“电子凭证库”，实现完整的“链条式”管理，又不受各省具体业务影响，达到通用性、稳定性与灵活性兼顾的目标。在标准规范建设上，尝试组织电子印章行业主要厂商共同研究，创立相关行业标准，以实现不同厂商电子印章的互信互认，为国库集中支付电子化管理创造良好的基础环境。

一、提高认识，深刻领会加强财政国库信息安全管理的重要性和紧迫性

国库集中收付制度改革已进入“提档加速”的关键时期，要实现“横向到边”、“纵向到底”，全面推进县乡改革。加强信息安全管理则是在新阶段、新形势下，保障财政资金安全，推动国库改革深化的一项基础性、战略性工作。

（一）信息安全管理是应对复杂多变信息化环境的“防火墙”

进入新世纪以来，信息技术发展迅速，国民经济和社会信息化不断深化，信息安全面临新的挑战，信息安全也被赋予了更丰富的内涵。一般而言，信息安全分为两个层次，一是信息内容本身的安全，不仅局限

于传统的信息保密，还要保证信息完整性和可用性；二是信息运行环境的安全，包括访问控制、网络服务、不间断运行等，今年春运期间铁路订票系统瘫痪就属于这类问题。国库改革十年来，国库信息化建设工作稳步推进，对国库改革的支撑和促进作用不断增强。然而，迅猛发展的信息技术在服务国库改革的同时，也带来了信息安全风险，如今重大网络安全事件时有发生，信息安全保障已上升到国家战略层面来应对。而反观我们的信息安全管理现状，总体上既缺乏科学合理的制度约束，也缺乏权威专业的技术指导，形势并不乐观。加强信息安全管理，已到了刻不容缓的地步，我们一定要认清形势，积极行动起来，全面推进这项工作。

（二）信息安全是加强财政资金管理的“安全阀”

财政资金安全管理是财政国库部门的一条重要生命线。国库部门的一个重要管理手段就是依托信息系统，建立“全资金覆盖、全流程控制、全账户监管”的管理框架，将所有性质的财政资金以及资金管理的各个环节全部纳入信息系统中，将国库管理制度的各项规范性要求固化在系统的控制规则里，靠系统管资金、管账户、管操作。可以说，国库部门是运行在“生产线”上的部门，每天通过信息系统支付的资金成千上万笔。应该看到，信息化应用水平的提高是对财政资金安全管理的一大进步，但资金安全问题也因此集中在信息系统上。在这种情况下，加强信息安全管理，保证信息的真实性、可靠性、完整性，已成为保障财政资金安全的关键所在。

（三）信息安全是深化国库管理制度改革的“奠基石”

财政国库“十二五”规划提出，要强化和健全现代国库管理制度“四项功能”、建设和完善现代国库管理制度“五大体系”，推进现代国库管理制度建设迈上新台阶、实现新跨越。这也对国库信息化建设提出了更高的要求，“十二五”期间，要加强对财政现金管理、债务管理和政府采购管理系统的建设和完善，实现与国库收付管理系统的有效衔接，构建起财政国库管理一体化信息系统；逐步建立预算执行数据中心，实现动态提取生产系统中的数据，以及信息资源开发、利用、共享工作。面对如此开放、复杂的运行环境，如此精细、庞大数据，只有加强信息安全管理的这项基础工作，提高国库管理信息系统网络化程度，实现所有财政收付数据的网络自动化传输，推进支付电子化管理工作，全面提升国库管理信息系统安全性，才能有效保障国库资金的安全，确保财政国库改革目标顺利实现。

各级财政国库部门要切实增强忧患意识、责任意识、大局意识，始终将确保国库信息和资金安全作为各项财政国库工作的出发点和落脚点，开拓创新，不断提高国库信息安全保障水平。

二、创新思路，正确认识国库集中支付电子化管理的内涵和实质

目前，一些地方财政国库部门已经推行了支付电子化管理，探索财政资金运行新模式，显著提升了财政资金管理效率。但也要看到，部分地方进行的试点工作还存在安全措施不到位、管理方式不规范、责任划分不明确等问题。究其原因，关键是对国库信息安全问题认识不足、对支付电子化管理这一新的管理模式把握不准造成的。国库集中支付电子化管理是先进管理理念和现代信息技术创新融合的产物，打破了原有的思维定势、工作方式和业务习惯，需要我们创新思维、开拓思路，逐步加深对其本质特征和运行规律的研究。财政部从 2009 年开始与人民银行实行国库支付电子化管理试点，几年来，通过加强相关理论研究，并在实践中不断总结经验，形成了以下几点看法，供大家参考。

（一）国库集中支付电子化管理要以确保安全为首要目标

支付电子化管理使财政资金运行进入“快车道”，相应的安全风险也随之加大，如果无法保证安全，资金支付再快、管理理念再新也变得没有意义。王保安副部长曾专门强调，“财政资金安全没有保障，一切财政工作都无从谈起”。一旦实行电子支付，每年十几万亿的财政资金都要运行在系统上，容不得半点闪失。前段时间《光明日报》刊登了一篇有关高铁降速的时评，题目是《奔驰车开夏利的速度》，文章指出某些情况下再牛的奔驰车也得把速度降下来，“安全”走多远，“业务”才能走多远。因

此，实行支付电子化管理，确保安全是首要目标，要高标准、高起点来设计安全保障措施。从业务保障来说，要将传统支付模式下各个相对独立的分散控制通过流程再造整合成一个完整的管理链条，实现“环环相扣、互相牵制、有始有终”的内控机制，使每一笔业务都运行在“聚光灯”下。从技术保障来说，要将原有基本上是在“裸奔”的业务管理系统通过引入安全基础设施建立起立体防护网，保证未经授权的用户“进不来、看不到、改不了”，经过授权的用户“丢不了、拿不错、赖不掉”。可以说，实行规范的支付电子化管理后，安全保障水平不仅不会降低，还会大大提升。

（二）国库集中支付电子化管理要以业务变革为核心任务

《中华人民共和国电子签名法》颁布实施以来，我国电子支付产业发展迅猛，电子支付以其高效、便捷的服务而彰显出强大的生命力，正好与规范、透明、高效的现代国库管理制度特征相契合。在财政国库管理领域，推进支付电子化管理，既是财政管理创新的内在要求，也是转变财政管理方式的重要途径。应该看到，支付电子化管理，取消纸单仅仅是表象，其核心和实质是业务变革，可谓“牵一发而动全身”，国库业务审核方式、凭证管理方式、印鉴管理方式等都将都随之变化。实行支付电子化管理，要对现有国库管理方式进行全流程、全方位的重新审视，建立起动态校验、电子验章、自动对账、全程跟踪等新型业务管理方式。业务变革将带来显著的“溢出效应”。实行支付电子化管理，业务人员从人工核单、手工盖章、取单送单等大量体力劳动中解放出来，进一步提高了财政资金运行效率、透明度和规范性，为强化预算执行管理监控、信息分析报告等功能打下更坚实的基础。同时也可以作为推动县级国库改革的有力手段，有效解决县级财政国库集中支付改革运行效率低、人手短缺、资金安全基础薄弱等问题。

（三）国库集中支付电子化管理要以系统化思想为工作统领

国库集中支付电子化管理，涉及法律制度、管理规范、技术标准等诸多方面，是一项庞大的系统工程，首先要坚持“统一规划、统一标准、统一支撑软件”的总体思路，按照规范化、科学化原则，逐步统一到中央的部署上来。之所以按照全国“一盘棋”的思路布局，既是考虑到人民银行系统、代理银行系统全国“一条线”的基本格局，统一接口标准和接口软件有利于银行内部节约成本、加强管理、提高服务水平；同时也是考虑到财政国库信息化发展新阶段的客观要求，财政系统统一基础数据标准、统一数据接口规范，有利于上下级财政间的信息协同和共享。其次要坚持管理与技术并重，加强制度建设、标准建设和信息系统建设。这些内容将在随后的课程中给大家做系统、全面的介绍。再次要注重现实条件与工作需要的协调，要结合财政国库管理实际，从优化流程、提高效率、保障安全、改善管理等方面进行科学规划，使支付电子化管理具备足够的前瞻性和可行性，又要充分考虑现实条件，因地制宜，循序渐进，先易后难，分阶段、按环节积极稳妥开展试点。最后要注意做好与人民银行、代理银行间的沟通，合理划分业务边界，不越权，不缺位，建立各负其责、权责清晰、规范有序的管理框架。

三、积极筹备，稳步推进国库集中支付电子化管理

国库集中支付电子化管理各项准备工作已基本就绪，试点工作已经在河北进行，实际上，我们和河北是在共同开发，7 月初左右也即将在重庆展开，试点完善后，争取明年进行全国推广。各级财政国库部门要加强研究，提高思想认识，切实采取有力措施，积极稳妥推进这项工作。

（一）统一思想，准确把握方向

推进国库集中支付电子化管理，需要责任意识，需要长远眼光，需要改革魄力。要紧紧抓住创新这一主线，要牢牢把握安全这一主题，按照统一的规范化要求稳步推进。既不能踯躅不前、患得患失。不要一提到电子支付就“谈虎色变”，想当然地认为电子凭证一定没有纸质凭证安全；也不能急于求成、盲目冒进。要进一步提高认识，真正认识到这是一项健全财政国库管理体系的制度创新，要做到“法律能允许、安全有保障、效率有提高”，有很多基础性工作要做，“欲速则不达”，要准备到位，谋定而后动。

（二）加强学习，尽快领会方案

支付电子化管理涉及面广、专业性强、管理理念新，有很多是大家不熟悉的，领会理解需要一个过程，一定要加强学习、深入思考、充分交流。这次培训班将对国库集中支付电子化管理从政策、制度、方案到实施进行全方位、多层次的探讨和讲解，还专门安排了系统演示，希望能帮助大家形成全面的、直观的认识。这里强调几点：一是克服畏难心理。这次参加培训的基本都是业务干部，但培训内容专业了些，刚刚接触确实有些困难，希望大家不要畏难，慢慢学，坚持学，也不要认为这些知识对自己没有用处，只要技术人员掌握就行了。在新时期、新形势下掌握信息安全知识，已成为财政国库干部职工的必要本领。二是转变观念。这次培训有很多创新的内容，确实有些东西与我们传统的认识和做法不一致。希望参加培训的同志要充分解放思想，站在财政、人民银行、代理银行各自职责的大局，站在信息安全和业务改革的高度，思考问题，学习知识。会后，大家要继续利用好"外脑"，加强与信息安全主管部门的沟通合作，借助专业机构把好信息安全关，促进工作规范有序开展。

（三）精心准备，做好前期工作

凡事预则立。国库集中支付电子化管理涉及面广，工作头绪多，协调任务重，各级财政国库部门要统筹规划，提前做好试点准备工作：一是研究建立电子支付业务管理模式。深入分析本地实际情况和客观条件，对照统一的规范化要求，找差距、找问题，根据电子支付管理的内在规律，整合再造业务管理流程，清理归并业务管理单据，协调代理银行、人民银行同步做好试点前期准备工作。二是建立完善内控管理制度。要将防范财政资金安全风险作为制度建设的首要目标，从业务审核管理、人员授权管理、电子印章管理等方面入手，建立较为完善的国库集中支付电子化管理内控制度，形成操作预先授权、岗位互相牵制、资金动态监控的完整管理体系。三是开展信息系统等级保护安全测评。安全测评既是提高财政内部安全保障水平的重要手段，也是与人民银行、代理银行系统互联的客观要求。要按照国家关于信息安全等级保护三级系统防护能力的有关要求，协调安全主管部门和信息技术部门，开展信息系统安全测评工作，进一步提升信息安全管理的专业化、科学化水平。四是加强信息安全保障措施建设。重点加强信息安全基础设施建设，建立起预防、控制、纠错、修正的全过程安全保障机制，并根据新情况、新要求，对安全管理制度、防护措施等进行调整完善。

统筹规划　大胆试验　打好国库集中支付电子化管理攻坚战

——在全国财政国库工作会议上的讲话（节选）

（赵永旺　　2013年4月22日）

国库集中支付电子化管理是国库司今年的重点工作之一，这项工作已进入攻坚阶段，要求我们加大统筹协调力度，不断完善机制方案，大胆试验、小步快跑，全力推进改革试点工作。

一、紧紧抓住电子凭证库这一重要抓手

实现国库集中支付电子化管理，首先要解决财政与人民银行、代理银行之间安全高效交互信息问题。长期以来，财政分级管理与银行垂直管理的不同模式造成了双方信息系统的巨大差异，财政系统五花八门，而人民银行、代理银行系统基本上是大一统的，我们现在推行电子化管理，显然不能将原有系统推倒重来。如何既照顾现实情况、又能实现各系统间有机衔接？我们想了一个办法，重点解决中间薄弱环节，用一个媒介把各方系统关联起来，相当于秦始皇统一中国时采取的“车同轨、书同文”的做法。按此思路，我们研发了电子凭证库，通过这个“黑匣子”建立财政、人民银行、代理银行间安全、高效的信息高速路。目前还有些地方同志，对电子凭证库的理解基于“道听途说”，认为它只是一个普通的软件。实际上，在研发过程中公安部、总参三部起到了关键性作用，一般公司是研发不出这样的产品的。从产权上，它属于财政部和人民银行共同所有。就其本质来说，它是安全和标准化的载体，各地在业务管理方式上可以有一定的差异和独自的特点，但对于安全管理的要求应该是高水平的（我们定位是金融级水平），不应有差异化需求，各地要按照财政部和人民银行确定的总体思路统一部

署电子凭证库。出于安全和规范化等方面的考虑，请各省市特别注意，不要向研发公司索要该产品，而是统一向财政部申领经过认证的产品。

二、严格执行全国统一的电子化管理标准规范

实施电子化管理试点，不同于一般的信息化项目，不是简单的开发部署软件问题，而是要围绕电子化带来的新手段进行制度设计，这其中一项核心工作就是标准化体系建设。我们重点研究解决了在财政国库业务和信息安全产业两个领域的电子支付标准化问题。一是会同人民银行总行研究制定了国库集中支付电子化管理接口报文规范，解决财政与人民银行、代理银行间电子信息互认问题。目前，我们与人民银行已基本达成一致意见，正在根据河北、重庆、湖北等省市的意见对规范做最后一轮梳理；二是指导代理银行总行建设全国统一的预算单位自助柜面业务系统，把银行柜面搬到预算单位自助办理，其作用是柜面业务的有效补充，大幅提高授权支付业务自动化程度。在安全性、规范性要求方面和大家熟悉的网银有本质不同。三是组织国内主要电子印章厂商，开国内先河，建立电子印章互认标准，符合标准的厂商、经过财政认证的产品都可为财政电子化管理提供服务，促进公平竞争，避免商业垄断。上述这些规范和标准是“硬要求”，否则将无法实现财政、人民银行和代理银行间互联互通，各参与方要共同遵守，财政部门更要带头严格执行。在出台各项标准之前，我们都充分征求了各试点省市的意见，试点过程中各地如果遇到特殊情况一定要及时上报，我们会认真研究，会同人民银行适时对标准进行修订。

三、统筹协调好电子化管理实施各参与方

翟钢司长指出“电子化管理是一件新事，也是一件大事、难事”，明确要求各地加强组织领导，厅领导要亲自过问，这里我再补充说明几点：一是财政国库部门的作用问题。国库部门作为这项工作的枢纽和统

领，要切实发挥主导作用，牵头组织、主动协调。最怕国库部门把它当成纯信息化建设任务，交给信息中心或公司就不管了，这样肯定是要走弯路的。电子化管理是一个复杂的系统工程，大家要转变思想，按新规则办事，涉及很多制度调整，如何精简业务流程，具体采取哪种管理方式，这些都是需要国库部门同志认真研究的问题，如果处理不好，可能会严重影响业务运行效率。建议试点省市国库部门至少要指定一位综合能力较强的处级干部深度参与其中，既要统筹业务，也要关注技术。二是与人民银行的协调配合问题。4 月 11 日，财政部与人民银行联合印发了《关于做好国库集中支付电子化管理第二批试点有关工作的通知》（财库〔2013〕45 号），明确了财政与人民银行的职责分工、工作任务及规范性要求，各地财政部门要按照通知要求做好组织协调工作。在实施电子化管理过程中，各省市如遇到和人民银行协调具体问题，要及时反映给我们，以便共同研究解决。三是对各项目建设方的协调问题。各地财政部门在具体实施电子化管理时，需要统筹协调多家软硬件厂商，涉及面之广、协调难度之大在财政信息化建设历史上都是前所未有的。大家也不要过于担心，凡事预则立、不预则废，我们在进行顶层设计时已经考虑到了这些问题，也想了很多办法，比如预先立规矩、明确职责分工、建立项目例会和日报制度等，各地如果遇到公司间相互推诿扯皮问题一定要及时向我们反映。另外，各地肯定都非常关心费用问题，我们做了大量工作，会同部信息网络中心初步明确了实施标准，这个标准不是说每项服务多少钱，而是要求公司详细列出工作内容和工作量，目的只有一个，就是帮助地方财政增强与公司的谈判能力，降低整体实施成本。

四、稳扎稳打做好各项准备工作

支付电子化管理是一种新的管理理念，涉及思想的转变、管理手段的更新、习惯的改变等诸多方面，完全实现支付电子化，我们估计至少需要一两年时间。所以，必须要坚持统筹规划、分步实施的原则，先做好基础性工作。试点地区要重点做好以下工作：一是建立完善内控管理制度。要将防范财政资金安全风险作为制度建设的首要目标，从业务审核管理、人员授权管理、电子印章管理等方面入手，建立完善内控管理制度。试点省市要加强研究、大胆创新，为全国推广实施提供参考和依据。二是完善安全基础环境。建立安全基础环境如同“打地基”，是电子化管理方式安全运行的重要支撑。各试点省市要根据国家有关规定完成电子支付相关系统信息安全等级保护测评工作，加强电子签名、电子印章、电子审计等安全基础环境建设。三是改造业务管理系统。业务系统改造要与制度建设结合起来，试点地区财政部门要统筹设计好与电子化管理相适应的业务管理方式，牵头组织各参与方，分别完成各自业务管理系统改造，充分利用电子化管理方式促进整体管理水平的提升。对于自行开发支付系统的试点省市，建议第一步先做最小化改造，待运行稳定后再根据业务管理需要逐步升级完善，避免“胡子眉毛一把抓”，由于经验不足走弯路。四是部署电子凭证安全支撑控件。这是实现财政与人民银行、代理银行间安全交互信息的关键环节，也是建立电子化管理方式的必要途径，各试点省市要按照试点通知要求做好相关工作；未纳入第二批试点的省市也要迅速行动起来，加强研究学习，加大工作力度，提前做好各项准备工作。

五、贯彻落实好积极稳妥、厉行节约的原则

虽然整个电子化管理目标很高，但试点阶段不要求一步到位，关键是建立电子化管理框架，实现财政、人民银行和一家代理银行三方信息交互，部分业务能上线运行就行，然后再根据具体情况做长远规划。我们定的第一步上线时间是7月1日，就初步实现上述目标来说并不是很困难，但各地一定要增强紧迫感，目前还有部分试点省市未上报试点方案，要抓紧上报。已经上报试点方案的省市，要加强与财政部的沟通，进一步完善方案、做好各项实施准备工作。各地在试点过程中要把握好以下两个方面：一是要积极稳妥、一步一个脚印，做好电子化管理规划，试点运行初期不要急于取消纸质单据，会同人民银行、代理银行做好应急预案，确保财政资金安全平稳运行；二是要厉行节约、减小震动，尤其是对于涉及的很多服务器等硬件设备，能利旧的就不要采购新的。另外，为便于大家交流试点经验、及时反馈问题，我们建立了国库信息交流论坛（http：//

gkxx. mof. gov. cn)，汇集了最新最全的电子化管理资料。各地一定要利用好这个平台，这既是反映问题的便利渠道，也是一个潜在的知识库，众人拾柴火焰高，我相信一定能帮大忙，起到事半功倍的作用，欢迎大家积极参与。

4. 财政部国库司谭龙总会计师讲话节选

夯实安全基础　创新管理方式　推动国库改革迈上新台阶

——在国库集中支付电子化管理代理银行业务需求研讨会上的讲话（节选）

（2012 年 4 月 10 日）

国库改革十年来，已初步建立起科学规范、高效透明、运行流畅、安全可控的现代财政国库管理体系。进入“十二五”时期，国库管理制度改革更是面临迈上新台阶、实现新跨越的历史任务和挑战，各地财政国库部门纷纷将目光投向电子支付领域，并做了一些有益探索。国际经验表明，国库集中支付电子化管理，是国库集中支付改革发展的必然趋势，同时也是财政资金运行方式的重大变革。首先从根本上提高财政资金运行效率，将业务人员从人工核单、手工盖章、取单送单等大量体力劳动中解放出来；其次从基础上筑牢财政国库资金安全防线，将原来主要依靠“大红印章”的单环节安全控制扩展为依靠流程、规则及相关电子安全产品共同作用的立体“防护网”；第三能够全面提升财政国库管理水平，建立起动态校验、电子验章、自动对账、全程跟踪等新型业务管理方式，为强化预算执行管理监控、信息分析报告等功能打下更坚实的基础。各家代理银行要从战略的高度来理解和认识这项事业，配合我们做好有关工作。

一、电子化管理总体设计思路

财政部会同人民银行，正全力推进国库集中支付电子化管理。基本思路就是废弃铁皮文件柜，使用“电子凭证库”。通过建立电子凭证库，实现财政、人民银行、代理银行之间的互联互通；利用成熟安全技术和产品实现电子签章、安全传输、自动验签、信息留痕等一系列电子化管理，且不与特定的业务系统和管理模式绑定，具有较高的通用性、稳定性和灵活性，既能方便的与财政、人民银行、代理银行等方面的业务系统集成，又尽量不对现有系统产生影响，计划今年 6 月份开始以电子凭证库为核心进行支付电子化管理试点，并在总结经验的基础上逐步在全国推广。这项工作离不开各家代理银行的支持和配合，对银行来说也是整合全国业务、节约维护成本、提升服务质量的难得机遇和重要途径，希望大家积极把握，全程参与，全力以赴。

二、实施电子化管理有关原则

国库集中支付电子化管理，涉及制度、管理和技术等方面的诸多创新与变革，实现起来比较复杂、难度也比较大。对此，我提几点意见：

（一）科学规划，放眼长远

开展国库集中支付电子化管理业务，一定要有全局意识和长远眼光。电子支付是现代管理理念和先进信息技术有机融合的产物，经过近二十年的发展，已逐步趋于成熟。商业银行作为电子支付业务的“领头羊”，积累了相当丰富的专业经验，在配合我们制定有关业务方案时，一定要坚持高标准、高起点。国库集中支付电子化管理，不但要充分借鉴银行业多年探索的成果，还要结合财政国库管理实际，从优化流程、提高效率、保障安全、改善管理等方面进行科学规划，要在满足现实管理需要的基础上兼顾长远改革目标，具备足够的前瞻性和可扩展性。具体来说，要坚持一体化设计，确保信息流和资金流同步，实现各方业务系统的对等衔接以及与核心业务系统的集成；要坚持科学化设计，确保国库集中支付电子化管理业务符合电子支付的内在规律，实现财政资金安全高效运转；要坚持规范化设计，确保电子支付安全支撑控件能够支持通用的通讯协议、安全标准和技术路线，真正起到“支撑”作用。

（二）统筹协调，立足全国

对推进全国国库集中支付电子化管理工作，我们坚持“统一规划、统一标准、统一支撑软件”的总体思路，要求各地按照规范化、科学化原则，逐步统一到中央的部署上来。财政部会同人民银行，将统一制定支付电子化有关业务管理办法，统一组织开发财政国库电子支付安全支撑控件，统一发布财政与人民银行、代理银行间业务规范。之所以按照全国“一盘棋”的思路布局，既是考虑到人民银行系统、代理银行系统全国“一条线”的基本格局，统一接口标准和接口软件有利于银行内部节约成本、加强管理、提高服务水平；同时也是考虑到财政国库信息化发展新阶段的客观要求，财政系统统一基础数据标准、统一数据接口规范，有利于上下级财政间的信息协同和共享。因此，大家一定要树立全局观念，把握好中央、省、市、县不同层面的业务需求和管理特点，充分调研，科学设计，统筹协调，使开发出来的软件能够满足不同地区、不同对象对支付电子化管理的需要。

（三）确保安全，稳妥推进

财政国库资金可都是“真金白银”，作为资金的管理者和操作者，我们高度重视资金安全工作。在去年财政国库改革座谈会上，王保安副部长专门强调要“切实抓好财政资金安全管理工作”，指出“财政资金安全没有保障，一切财政工作都无从谈起”。我们搞国库集中支付电子化管理的一个重要的出发点和落脚点就是为了安全，确保国库资金支付全过程的安全——支付指令不失真、不遗漏、原原本本的送达接收方，支付命令的发布者不越权、不缺位、合理合法的运作资金。一旦实行电子支付，每年几万亿的财政资金都要运行在系统上，容不得半点闪失。“国库安全无小事”，我希望在座的每一位都能够牢记，并且时刻绷紧安全这根弦儿。这里还要强调一点，安全顾问，一定要对整个系统开发过程进行安全咨询和指导，帮我们把好安全关。我们在推进这项工作时，也会采取先易后难、先试点后推广的方针稳步进行。

三、有关工作要求

一年之计在于春，大家要抓住时机，精心筹划，着重做好以下几项工作，保证国库集中支付电子化管理按照规范化要求深入推进。

（一）务必高度重视

要充分认识国库集中支付电子化管理的重要性和紧迫性，充分认识建设财政国库电子支付安全支撑控件的重要意义，高标准、严要求，把熟悉财政国库业务和电子支付业务的高素质人才充实到业务需求小组中，把具有信息安全和网上银行专业知识的技术骨干充实到系统建设队伍中，要采取各种措施提高团队战斗力，要调动各种资源保障系统建设，大胆创新，先行先试，推进试点工作。

（二）务必创新思想

财政国库电子支付安全支撑控件的研发过程，是我们深入研究国库管理业务，在抽象、提炼的基础上，最终又完全将业务流程从控件中剥离出去的过程。这样做的目的是为了让控件最大限度地不影响现有业务系统，便于衔接，便于维护管理，对我们来说是研发思想的一次创新。我希望各家商业银行的同志也要充分创新思想，站在财政、人民银行、代理银行各自职责的大局下，设计好自己的衔接节点，做到既环环相扣，又不拖泥带水。

（三）务必团结协作

财政国库电子支付安全支撑控件建设，是一个系统工程，牵头方是财政部和人民银行，衔接方是地方财政和代理银行，承建方包括多家公司，不但要做到业务协调统一，还要实现系统无缝对接，我们是个大家庭，虽然分工不同，但目标相同，都是为了共同的国库改革事业，大家一定要恪尽职守、通力合作，共同完成好这项重要任务。当然，我们也非常欢迎有条件的商业银行能够更多的参与这项工作。

附录2

地方支付电子化管理经验交流

河北省国库集中支付电子化管理试点经验总结

2011年以来，河北积极探索国库集中支付电子化管理。2012年上半年被列为全国首批试点省。在财政部的精心指导下，河北省有关方面团结协作，攻坚克难，国库集中支付电子化管理试点达到预期效果，取得圆满成功。从今年初开始省级全面实现电子化，市县试点正在稳步推进。

一、河北实行国库集中支付电子化管理的背景

河北省自2003年正式启动国库集中支付制度改革以来，按照“分步实施，稳步推进”原则，分8批将省级一级预算单位和基层预算单位全部纳入改革范围。随着改革的不断深化，国库集中支付的工作量成倍增长，资金安全与效率问题成为迫在眉睫的一个课题。一方面，就直接支付资金而言，平均每个工作日开具直接支付凭证100多笔，特殊时期能达到1500笔，每张凭证盖两个印鉴章，就是3000个章，凭证核对和盖章的工作量

已经达到手工极限；另一方面，财政、人民银行、代理银行和预算单位之间需要人工传递大量的纸质单据，核对纸质单据和电子数据成为日常主要的工作任务，纸质单据的存档管理也给经办人员增加了很多工作量。与此同时，启动乡镇国库改革遇到了银行机构不配套的制约瓶颈。河北省一些乡镇没有或只有一家商业银行的分支机构，往返路途遥远，业务办理很不方便。部分县财政也长期存在国库资金清算不及时问题。为解决现实存在的问题，提升地方财政国库管理水平，迫切需要推进国库集中支付电子化管理。

二、电子化管理的实施过程及工作措施

（一）试点工作的四个阶段

回顾河北省电子化管理试点，大致划分为四个阶段。第一阶段为准备阶段。2011 年全年河北省与人行、代理银行、预算部门、技术支持部门多次召开专题会议，在广泛征求意见、深入调查研究、大量收集相关信息的基础上，对国库集中支付电子化管理可行性进行反复论证，数易其稿，制定了总体实施方案。第二阶段为具体实施阶段。2012 年 1 至 5 月各项技术与业务工作在总体实施方案的框架内有序展开，细化并确定了系统建设、电子支付控件和技术实施方案，成立了项目团队；6 月完成系统测试环境的部署；7 至 9 月，基于财政部最新的接口规范进行开发，协调各参与方确定网络部署要求，完成人行、建行、工行等多家银行的联调工作。第三阶段为双轨试运行阶段。2012 年 10 月至 12 月，对参与此项工作的 11 家代理银行进行了技术培训，系统模拟试运行正式开始。按照省级电子化管理试运行方案要求，经过多轮联合调试，在预算单位、财政与人民银行、代理银行之间，初步实现电子数据畅通，试运行圆满成功。第四阶段为正式上线运行阶段。2013 年 1 月 1 日至今，省本级预算执行业务全部基于电子化管理系统运行，从指标角度涵盖年初控制数、临时指标和正式预算，资金性质包括了公共财政预算，政府性基金和财政专户资金，业务类型包含直接支付、授权支付和实拨业务。截至目前系统运行基本稳定，达到了预期目标。

（二）主要工作措施

一是加强沟通与配合，协调解决难点问题。据不完全统计，自2012年以来河北省组织召开由财政、人民银行、代理银行、预算单位有关人员参加的各类碰头会、协调会70多次，及时沟通情况，研究对策，协调解决电子化管理试点过程中遇到的各类关键问题。二是优化业务流程，起草相关制度。在认真学习、深刻领会《预算法》、《财政总预算会计制度》相关条款的基础上，反复梳理、优化财政国库集中支付业务流程，相应完善电子化管理技术方案。按照统一部署，起草了《省财政、人行国库收支业务电子签名确认协议》等一系列文件。三是开发、优化升级信息系统，主要包括：优化升级财政核心业务应用交换平台；优化升级支付系统；升级后的支付系统与电子化支付安全支撑控件对接；商业银行同步开发财政支付系统；人民银行同步开发国库信息处理系统的前置系统，等等。特别说明的是，河北省主动提出并报经同意，把河北作为财政部国库司研制电子化支付安全支撑控件这一创新产品的“试验田”，共同研发，搞好服务。四是加强业务培训。有效开展多种形式的政策业务与技术培训，解疑释惑。即小范围座谈与大面积培训相结合，政策宣传与业务技术讲解相结合，深入预算单位现场指导与电话答疑相结合，注重培训效果，保障电子支付系统的平稳运行和试点工作的顺利推进。

三、电子化管理取得的初步成效及几点体会

（一）电子化管理的成效

从2013年1月1日起，河北省省级财政全面实现国库集中支付电子化，省级国库集中支付业务（包括财政授权支付、直接支付和实拨等）、清算业务（含公共财政预算资金、政府性基金和专户资金）和收入业务均已实现电子化管理，省级2270家预算单位和工行、农行、中行、建行、交行、中信、华夏、民生、兴业、河北银行、张家口银行等11家代理银行全部纳入。

据统计，2013年1至3月，河北省省级财政电子化支付的授权支付额

度通知单11743笔，授权支付业务34882笔，其中自助柜面业务546笔；直接支付凭证649笔，财政下达授权支付和直接支付清算额度34143笔，代理银行提交申请划款凭证607笔，总计支出金额117.6亿元，差错率为零。资金的安全性和支付效率显著提升。

河北省在试点过程中，坚持统一规范和标准，既保障了资金安全，又实现了支付业务的高效、快捷。通过使用《国库集中支付电子化安全管理规范》、《国库集中支付电子化业务接口报文规范》、《财政信息系统安全应用接口标准》、《财政行业电子签章系统接口标准》、《密码设备应用接口规范》等一系列标准化安全认证方式进行开发和处理，采用加密的电子印鉴强化安全功能。财政部门可实时发送支付指令给代理银行，代理银行接收到指令后即可将额度下达至预算单位，并通过国库支付清算联网系统传送至人民银行国库，及时办理资金清算，实现了财政资金零在途、零占压，省去人工跑单带来的人力物力浪费，减少大量的手工劳动，减少差错，提高工作效率。预算单位自助柜面服务弱化了地域的限制，预算单位足不出户就能及时办理授权支付业务。根据预计，电子化管理在河北省市县财政推开后，对完善县乡国库集中支付制度改革，将发挥十分重要的作用。

（二）几点体会

第一，电子化管理赋予国库集中支付改革新的内涵，是国库管理制度改革的必然要求。2011年河北省开始着手这项工作时，称其为国库集中支付无纸化管理，目的是减少纸质单据、提高工作效率。2013年1月，财政部将其正式命名为国库集中支付电子化管理。随着工作的不断推进，河北省越来越认识到这是国库集中支付改革与信息化管理相结合的一次创新。信息化虽然只是改革的手段，但它赋予了国库集中支付改革新的内涵，提高了资金支付的效率和安全，建立起更为科学的国库资金支付流程，严格了国库管理机构和各岗位人员的操作规范，在规范中使得国库管理机构服务部门、服务单位、服务领导的质量和水平得到质的飞跃。

第二，领导的高度重视和财政部门内部各机构的通力合作是顺利开展电子化管理试点的必备条件。2011年5月河北省财政厅厅长办公会议专题研究，明确要求扎实稳妥地推进省级财政国库集中支付电子化管理（无纸化），此后每一阶段的进展情况邢国辉厅长都亲自过问，支持协调解决重点、难点问题。财政厅内各有关单位密切合作，落实责任，2012 年 7～9 月信息中心组织 30 多人集体会战，开展技术攻关，为加快工作进度起到关键作用。河北省的电子化支付管理工作不仅得到厅党组的高度重视，更是得到财政部国库司的大力指导和帮助。2012 年以来，财政部国库司翟钢司长、娄洪副主任、赵永旺副司长先后三次亲临河北省指导视察电子支付试点工作进展情况，信息管理处、制度研究处领导会同财政部信息网络中心、中国人民银行国库局、公安部有关机构等部门单位，多次赴河北省现场办公，一对一帮助解决电子化管理试点遇到的问题，这些都为河北省试点工作指明了方向，创造了条件。

第三，人民银行的积极努力、代理银行和预算单位的积极配合是顺利开展电子化管理试点的基础性条件。为确保电子化支付运行成功，人民银行石家庄中心支行做了大量协调配合工作。人民银行石家庄中心支行领导多次向总行领导汇报情况，争取支持；人民银行石家庄中心支行国库处、科技处的负责同志和主管人员，更是尽心尽力，具体组织开展方案制订、沟通与联络等工作。工商银行、建设银行等代理银行也配合财政部门做了大量技术和业务工作。

四、下一步重点工作

为继续当好全国国库集中支付电子化管理的“试金石”，下一步，河北省应重点抓好三项工作。

1. 加强省级制度建设。不断完善省级电子化管理制度体系，以实现电子化管理试点有章可循。适应国库支付电子签名、电子签章，以及业务凭证由纸质变为电子介质的重大变革，完善相关制度，尽快修订出台《省级财政、人行国库收支业务电子签名确认协议》、《省级财政电子印章内部管理规定》、《省级财政国库集中支付电子化业务突发事件应急预案》等文件，编印《省级财政国库集中支付电子化管理指导手册》，以保障省级电子化管理试点的制度化、规范化。

2. 推进省级专户等电子化管理。将省级财政专户管理模块纳入已上线运行的电子化支付系统，实现专户资金收支登记、资金拨付、会计核算等业务工作的自动化处理，最终实现全部省级财政资金的电子化支付。同时，探索非税收入电子化缴税模式和统发工资电子化支付模式，逐步实现非税收入和个人支付的电子化管理。

3. 积极推进基层试点。在省级电子化运行顺畅的基础上继续将试点工作向市、县、乡延伸，以电子化管理为契机，进一步规范市县业务流程，全面推行乡级改革，努力实现“横向到边、纵向到底”的全覆盖改革目标。一是规范业务。按照财政部统一要求，进一步梳理规范基层国库支付业务流程。二是升级业务软件。按规范的流程将电子化支付安全控件无缝嵌入市县支付系统。三是部署电子凭证库。组织协调市级人民银行和代理银行，按财政部规划的统一标准部署好电子凭证库，为市县乡电子化支付搭建数据安全交互平台。四是制度保障。研究制订适用于市县乡电子化管理的制度体系。

重庆市国库集中支付电子化管理试点经验总结

国库集中支付电子化管理作为国库司“十二五”工作规划的重要内容之一，其重要性不言而喻。重庆作为首批纳入试点的省市之一，在尝试和探索电子化管理的过程中，始终坚持在部委的统一指导和支持下，摸索出一条适合重庆自身实际的改革新路，对电子化管理也有了一些粗浅的理解和看法。但由于时间紧、任务重，过程难求完美，经验总有不足。现抛砖引玉，把重庆市推行这项财政管理改革的一些做法和大家分享，以待下一步工作能更趋完善，取得更好的改革成效。

具体而言，重庆市开始准备国库电子化管理试点包含了两个阶段，主要是思想酝酿和筹划如何利用改革来解决现实中遇到的瓶颈和问题。

第一阶段是 2010 年，重庆市思考实施国库拨款“无纸化”，主要目的是深化国库集中支付改革，提高工作效率，解决工作运行中的“瓶颈”。

第二阶段是 2011 年，重庆市思考实行国库电子支付，希望在实现拨款“无纸化”的同时，重点解决国库资金拨付环节的安全问题。

2012 年，重庆市在明确被部里纳入地方国库集中支付电子支付管理试点之后，在国库司的大力支持和指导下，争分夺秒、攻坚克难，进一步理清了工作思路，完善了工作方案。从方案确立到业务梳理，从系统改造到设备购置，探索创新、排难去阻，逐个解决遇到的每个问题，逐步完善过程的每个细节，始终按照计划朝着改革目标积极推进，整体工作进展较为顺利，最终取得了较为满意的结果。2013 年 1 月 4 日，重庆市财政成功办理了首笔电子支付业务，按时保质地完成了财政部部署的试点任务，实现了试点阶段性目标。目前，直接支付的申请、审核、支付、清算全流程，授权支付额度以及汇总清算额度，还有所有实拨资金均已实行电子支付，整体运行较为平稳。为了进一步观察试点带来的管理模式上的改变，重庆市保留了原来的纸质模式作为应急方案，并在一段时间内坚持纸质和电子并行，以保证电子化管理试点取得更好更安全的效果。同时，重庆市和银行的授权支付自助柜面业务正在进行最后的联调测试，即将成功上线。在此基础上，按照部委的统一部署，重庆市还打算新增试点合作银行，逐步扩大试点的覆盖面。

从国库集中支付电子化项目的最初筹划到最后落实，作为亲历改革的财政人而言，更深切地感受到，国库集中支付电子化管理是国库资金管理模式的重大突破和创新，对提高财政国库管理水平有重要意义，对改变未来财政资金管理模式有重要启迪。

第一，实施国库集中支付电子化管理是深化财政管理改革的迫切需要，是国库提高工作效率，提高服务水平的必然趋势。推动国库集中支付电子化管理有利于解决当前国库集中支付改革中遇到的各种瓶颈和问题。

众所周知，随着财政管理科学化精细化，特别是实行国库集中支付改革后，财政、预算单位、人民银行以及代理银行的工作量成倍增长，改革运行中的业务量激增带来的“瓶颈”急需解决，对此我们感受颇深。重庆市从2002年开始实施国库集中支付改革，在工作实践中遇到了不少问题，逐渐影响到了重庆市国库改革的进一步深化，业务办理繁琐、时间过短以及工作效率偏低等问题的暴露，促使重庆市进一步思考国库集中支付电子化管理。

首先是财政资金支付效率相对不高。预算单位办理直接支付业务时要向财政报送纸质申请书，财政支付完成单位要收到入账通知书作为记账依据。重庆市为了方便单位，认可直接支付申请书复印件、传真件，但是单位报送的申请书经常出现签字不齐全、印章不清楚的情况，这时就需要单位重新报送。资金支付完毕，代理银行往往又未能及时将入账通知书反馈单位，不仅单据传递周期长，甚至遗失也时有发生，预算单位无法保证记账的及时性和准确性，普遍意见较大。并且由于重庆市代理财政直接支付业务的银行与代理预算单位授权支付的银行并不是同一银行，直接支付入账通知书不及时的问题就显得更为突出。

其次是授权支付柜面业务办理较为繁琐。由于重庆市授权支付只能采用柜面业务，而在集中支付改革前，重庆市部分单位的基本账户已经开通了网上银行办理资金支付业务，在改革后，重庆市考虑到资金安全问题，并没有提供网银业务，因此单位只能自己亲自到代理银行网点办理，相比较部分单位过去采用的网银支付业务模式，自然会感到不方便，特别是重庆市诸如监狱、学校以及三峡库区等部分单位的地理位置较偏僻，附近没有代理银行网点，就显得更为繁琐。另一方面，由于银行柜面业务工作量大，工作效率和服务质量进一步难以保证。特别是到了年底时，单位业务集中，有的业务银行当天处理不完，严重影响单位用款，所以无论是单位，还是银行，都比较迫切地希望财政尽快推出网上银行业务。

再次是代理银行业务办理时间相对过短。重庆市人民银行受总行业务系统时间限制，要求代理银行必须在 16：30 以前向人行提交划款清算，由于代理银行办理支付业务以及向人行清算资金采用手工方式，工作量大，环节多，代理银行通常在 15：30 后就不再受理预算单位业务，这无疑给单位用款造成了时间过短的困难。预算单位普遍希望延长业务办理时间，而授权支付实现自助柜面服务后，这个问题会得到很好的缓解。

最后是国库部门自身工作效率相对较低。这也是重庆市最初希望搞电子化管理的动力之一。由于国库处有审核申请书、打印凭证、复核签章、票据传递等多项工作，特别是每张凭证签章要经过两岗审核，加盖三个印章，如果印章不清晰或重叠，银行还不受理，严重影响支付效率，可谓是空耗人力和物力，获取的效率却很低，并且易差错、成本高。这些问题在年底时显得特别突出，以 2012 年为例，年底重庆市直接支付业务量日均达到 1000 多笔，即便处内临时调配人员，日夜加班加点，也依然不能完全确保当天的支付，审核、核对和盖章等工作往往这时也可能只会流于形式，走走过场。

正是基于以上种种原因，经过深思熟虑，重庆市认为，现在有必要引入更为先进和科学的工作管理模式，以便更好地解决和改进当前国库集中支付改革现存的各种问题，而国库集中支付电子化管理的推动和实践，正可谓恰逢其时、正当其用。它的成功有利于解决大部分当前国库资金管理上的问题。实行国库电子支付以电子数据代替传统手工加纸质的业务模式，不仅大幅减少重复劳动，缩短各方之间的数据交换时间，缩减拨款周期，而且大幅提高工作效率，大量节省工作成本，综合来看，这项工作还将会达到财政、单位、银行三方共赢、互惠互利的效果。特别是实行国库集中支付电子化管理后，国库集中支付改革在向区县和乡镇深入推进过程中面临的国库部门工作人员少、没有人行金库以及缺少银行网点等问题，也将柳暗花明，从而采取新的解决思路。

第二，实施电子支付是完善风险防控机制，加强财政资金安全管理的需要。基于完善财政资金拨付安全机制的考虑，重庆市精心筹备、积极协调，稳扎稳打，坚持推动国库集中支付电子化管理顺利开展。

随着我国经济社会的快速发展，财政收支规模日益壮大，财政资金拨付范围不断扩展。如何有效地确保财政资金安全、提高资金运行效率，加强资金使用监管是各级财政部门需要解决的难题。近年来，全国财政系统发生的几起资金安全案件也证明，保障财政资金安全除了要加强思想教育、执行制度规定和夯实基础工作外，还需从技术手段上完善内控机制。国库集中支付电子化管理的核心就是建立起电子支付安全支撑体系，通过电子签名、签章等技术手段，实现财政资金审批、拨付的“无纸化”，解决传统的手工处理方式下纸质凭证生成、盖章、传递等运转过程中可能存在的伪造、篡改等安全隐患，进一步提高财政资金拨付的安全性和可靠性。

2010年，为了完善国库集中支付，重庆市思考试点“无纸化”电子支付，开展了部分前期工作，但由于受各方意识差异、政策依据欠缺、基础条件不成熟等因素限制，工作难度很大。在财政部将重庆市确定为地方国库集中支付电子化管理试点省市后，重庆市在财政部的指导和支持下，理清思路、消除疑虑、抓住关键，重新确定了“构建资金安全机制，提高资金运行效率”的工作原则。工作中，重庆市发挥好组织牵头作用，积极协调人行、商业银行和软件公司等有关各方，达成共识、明确责任、统一部署、分工落实，形成合力共同推进。重庆市领导对这项工作也非常重视，特别是在人行工作经费和设备购置经费安排方面给予了充分保障。当然过程也不是一帆风顺，其中重庆市感觉最大的难题就是与人行沟通和协调。从地方层面来讲，重庆市财政与人行两个国库部门沟通较好，目标也很一致，但人行客户端软件开发相对滞后，人行总行对相关公司做了大量协调工作，项目最后能够顺利开展并付诸实施，离不开相关领导不厌其烦的沟通和协调。

试点过程中，重庆市多次召集相关部门反复沟通、研究具体工作方案，邀请预算单位对工作方案提出意见和建议。经过几个月的准备，最终制定重庆市国库集中支付电子化管理工作方案，就是“突出机制安全性、注重业务可操作性、兼顾系统前瞻性”，既要与国库集中支付系统有机衔接，提供高效、便捷的支付新途径，实现直接支付入账通知书网上下载、授权支付自助柜面办理、多方自动对账，又要增加系统的灵活性和扩展性，能够适应今后电子支付业务发展需要。总体来看，重庆市的系统改造方案是借助现有国库集中支付系统的严密性、规范性，嵌入电子支付管理的安全控制体系，保持集中支付系统业务实现的延续性和连贯性，不改变预算单位的业务流程和支付习惯，既保留了传统支付模式的优势，又突破了传统支付模式的限制，实现信息系统平稳改造升级。重庆市的最终目标是将财政资金拨付全流程纳入国库集中支付电子化管理，先从业务最成熟、对单位影响最小的部分做起，哪一部分业务、哪一部分环节具备条件，就逐步纳入改革范围。改革过程中应始终坚持积极稳妥、逐步推广的原则，先选择部分有代表性的银行和基础条件较好的单位试点，待系统成熟和稳定之后，再进行全面推广。经过综合考虑，重庆市首先选择了条件成熟、积极性高的工行和光大进行试点，即将纳入第二批试点的有建行等银行。总体而言，重庆市国库集中支付电子化管理酝酿已久，实际工作启动虽晚，但进展还较为顺利。

总之，国库集中支付电子化管理具有创新性和开拓性。作为一种新型的现代化资金拨付方式，与传统方式比较，必然在管理模式、工作方法、操作习惯等方面有所突破、有新变化。重庆市也处于改革试点初期，国库集中支付电子化管理的联动效应也会随着改革的进一步实施而逐步显现，既会有好的传承，又会有新的突破，由此而带来工作的革新和变化也将变得显著。

当然，第一个吃螃蟹的人少不了会遇到各种问题，重庆市在试点过程中也难免有困难和阻力，重庆市努力通过加强宣传、提高服务和做好预案等手段，争取消除不解，积极化解问题，力争重庆市国库电子支付改革试点早日取得最后的成功。希望在财政部的统一指导下，在各方的共同努力下，通过重庆市的国库集中支付电子化管理实践，为财政部进一步完善改革方案提供参考，为下一步全国推广积累经验，为进一步探索财政资金管理制度创新提供启迪。

附录3

美国财政国库电子化管理情况简介

美国财政部自20世纪80年代开始实行电子支付至今，电子支付方式已成为美国联邦资金支付方式的主体，而实现支付全电子化则是美国财政部长期的工作目标。

一、美国电子支付历程

1933年，美国罗斯福总统签署行政命令，将各行政部门中负责支付的工作人员调至财政部下设的支付部门，开始实行国库集中支付。1974年1月，财政部设立了财政财务管理局（Financial Management Service，FMS），专门负责国库集中支付业务，以及财政收入的征集工作。除国防支出外，联邦政府的所有支付都由FMS完成，FMS的年资金支付总额约占联邦政府资金支付总数的85%。FMS分别在得克萨斯州的奥斯汀、堪萨斯州的堪萨斯城、阿拉巴马州的伯明翰、加利福尼亚州的旧金山设有4个区域财政支付中心，负责具体的收付业务，为保证在突发情况下财政资金的及时收付，每个中心都可相互替代。

自1987年，FMS实施供应商快递项目（Vendor Express Program），开始采用电子支付方式支付联邦机构供应商的资金后，美国政府不断探索并推进电子支付。1996 年，美国财政部颁布《债务征集改善法案》增加了 EFT① 条款（EFT Provision of the Debt Collection Improvement Act of 1996），明确规定在传统支票支付方式之外，联邦资金支付可采用电子支付方式，且支付方式由收款人自主选择。受传统观念以及其他因素的影响，虽然很多供应商选择电子支付方式，但一些收款人特别是一些老人，仍倾向于采取支票支付方式。即便如此，美国财政部认为相对支票支付方式而言，EFT 是一种安全、有保障、高效且花费少（一笔资金采用支票支付大约花费 1.03 美元，而采用电子支付只需 0.15 美元，采用电子支付每笔可节省 0.88 美元）的支付方式，一直致力于推进全电子化支付。2010 年，美国财政部正式发布《EFT 规则》（EFT Rule），要求大部分联邦资金支付必须通过电子支付方式进行，电子支付拒绝声明（waivers）仅给机构及个人收款者提供，原则上不再给供应商提供，即供应商必须选择电子支付方式。《EFT 规则》同时明确，对个人社保资金、退伍军人津贴等社会福利基金的支付自 2013 年 3 月 1 日也全部实行电子支付。目前，美国联邦政府支付中绝大部分资金已采用电子支付方式，电子支付方式成为美国联邦资金支付方式的主体。

二、美国电子支付主要做法

美国财政部在建立完整的财政资金支付控制体系（包括从预算授权、承诺、支付，到财务报告的支出全过程管理）、采用电子签名与身份认证管理等先进信息技术加强信息安全管理，并对资金流、数据流进行数据自动核对与全程追踪等措施基础上，建立了完善的电子支付管理体系。

1. 电子支付流程

美国联邦机构没有资金支付权力，资金支付必须通过 FMS 进行。联邦机构向区域财政支付中心发送支付申请（即支票），区域财政支付中心将支付文件发送至联邦储备银行，联邦储备银行向收款人的商业银行账户进行电子支付，支付完成后向区域财政支付中心发送支付确认凭证，区域财政支付中心将支付申请的确认发送给机构；每日，电子支付信息在联邦

① Electronic Funds Transfer，电子资金传输，财政资金支付与财政收入征集进行电子资金传输。

储备银行、现金管理系统、中央记账系统、区域财政支付中心及机构之间传递，确保信息的一致性，记账的及时性；每月，区域财政支付中心、联邦机构等对相关信息进行核对，并进行差异处理。电子支付相关信息系统关系如下图。

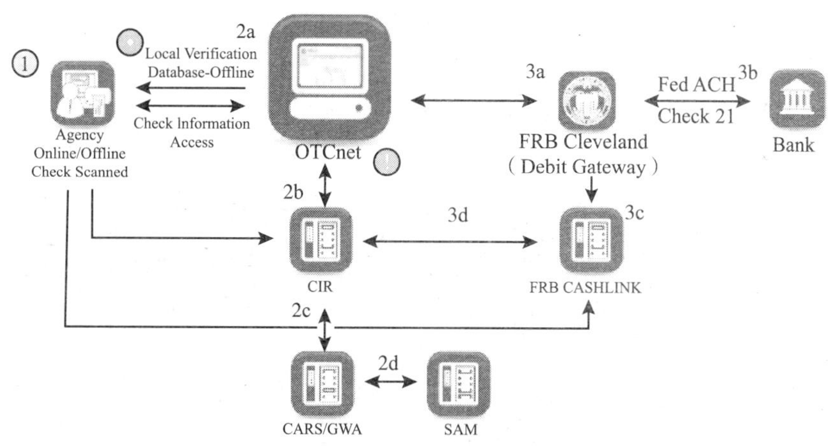

OTCnet是FMS电子支付的主要应用系统，采用电子信息机制进行支票获取处理（Check Capture）并提供存款报告。OTCnet为联邦机构提供支票在线与脱机获取两种操作方式。OTCnet支票获取与处理功能将纸质支票扫描（check scanned）信息转换为支票签发方账户的借方信息（支票信息保存7年）。OTCnet将存款凭证（deposit voucher）信息传送信息仓库系统（Collections Information Repository，CIR），CIR将包含国库账户标识或交易事件类型代码（Treasury Account Symbol/Business Event Type Code，TAS/BETC）的分录传输给中央记账系统或政府记账系统（the Central Accounting Reporting System/Governmentwide Accounting，CARS /GWA）。CARS /GWA使用共享账户模块（Shared Account Module，SAM）对接收的国库账户标识或交易事件类型代码进行验证、转换等操作。OTCnet将获取的支票信息发送美联储克利夫兰（FRB－C）的借方门户（Debit Gateway），该系统将个人支票（遵从FedACH规定）、机构支票（遵从Check 21规定）发送商业银行。FRB－C将记账信息发送美联储现金管理系统（CASHLINK II），通过信息传输，OTCnet第二天即可提供会计报告

信息。美联储现金管理系统将存款信息（deposit information）发送 CIR。通过 CIR，机构可检索存款信息。中央记账系统或政府记账系统（GWA/CARS）主动为机构提供报告与相关账户数据。

电子支付业务流程如下图。

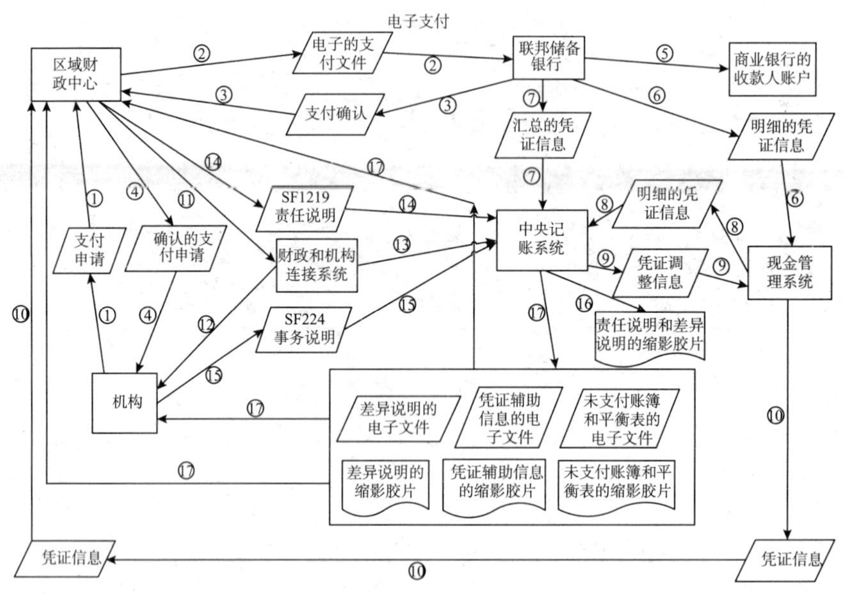

1）机构向区域财政中心发送支付申请。

2）区域财政中心将电子支付文件发送至联邦储备银行。

3）区域财政中心从联邦储备银行收到一张借方凭证（SF5515），以确认支付已经完成。

4）机构从区域财政中心收到支付申请的确认。

5）联邦储备银行向收款人的商业银行账户进行电子支付。

6）联邦储备银行将电子的凭证信息（借方凭证）传送至现金管理系统。

7）在每一个工作日结束时，联邦储备银行以电子方式将汇总转账交易信息传送至中央记账系统。

8）在每一个工作日结束时，现金管理系统以电子方式将当天联邦储备银行传来的明细转账交易信息传送至中央记账系统。

9）在每一个工作日结束时，中央记账系统将任何未进入现金管理系统却进入中央记账系统的借方凭证交易，以及进入现金管理系统但是经过了调整的借方凭证交易信息以电子方式传送至现金管理系统。这将确保现金管理系统的信息与中央记账系统中的借方凭证信息保持一致。

10）现金管理系统将借方凭证信息提供给区域财政中心。这些信息可以通过网络在线获取或者通过机构文件下载得到。

11）每天，区域财政中心将他们为机构完成的电子支付信息传送至财政与机构连接应用系统（连接区域财政中心和机构的应用软件）。

12）财政与机构连接应用系统将支付信息提供给机构。

13）财政与机构连接应用系统每个月将汇总电子支付信息（ALC，审计数据，总金额）传送至中央记账系统。这些支付信息被合并在区域财政中心提交的SF1219（责任报告）中。这些支付信息和机构提供的汇总支付信息一起用于差异处理报告中对比财政与机构连接应用系统及机构报告支付信息的差别。

14）区域财政中心每个月以电子方式向中央记账系统递交一份SF1219（责任报告）。SF1219与从财政与机构连接应用系统接收到的支付信息合并在一起。区域财政中心完成的电子支付汇总账务信息（ALC，审计数据，总金额）在SF1219（责任报告）中报告。该信息与现金系统的借方凭证信息一起用来在差异处理报告中对比现金管理系统的借方凭证信息与区域财政中心报告的借方凭证信息的差异。

15）机构每个月以电子方式向中央记账系统递交一份SF224（交易报告），报告支付的汇总账户信息（ALC，审计数据，总金额）。该汇总信息和财政与机构连接应用系统提供的汇总信息一起用于差异处理报告中对比财政与机构连接应用系统及机构报告支付信息的差别。

16）每个月将制作SF1219（责任报告），SF1220和SF224（交易报告）的缩影胶片。这些缩影胶片被财政财务管理局作为会计档案保存。

17）中央记账系统每个月将借方凭证辅助信息、FMS6652（差异报告）、FMS6653（未支付账）、FMS6654（未支付试算表），以电子文件和缩影胶片的形式提供给机构。电子文件和缩影胶片上的信息是相同的。财政财务管理局保存这些缩影胶片作为会计档案。借方凭证辅助信息提供当月进入到中央记账系统的借方凭证交易的记录，报告包括 ALC，文档日期，文档编号，交易类型（借方或贷方）及总金额。对于在途存款差异报告，FMS6652（差异报告）是现金管理系统提供的借方凭证信息和区域财政中心提供的汇总借方凭证信息对比的结果。对于未支付差异报告，FMS6652（差异报告）是机构提供的汇总支付信息和财政与机构连接应用系统提供的支付信息对比的结果。FMS6653（未支付账）提供当月进入到中央记账系统的机构资金账户的交易记录，包括会计日期，ALC，资金账户，交易类型和总金额。FMS6654（未支付试算表）提供资金账户某财年年初至今的账务记录，包括会计日期，资金账户，期初余额，年初至今拨款总数，年初至今支付总数，年初至今未支付总数，以及期末余额等。

2. 与采购管理衔接

为帮助机构快速准确提交支付申请（即发票），2007 年美国财政部在各机构自建财务系统外建设了发票处理平台（Invoice Processing Platform，IPP），为机构提供自动化发票收集、确认和审批流程，供应商也可通过该平台管理与多个机构的应收款。目前超过 40 家联邦机构、4 万家供应商使用该平台。该平台对机构、供应商均免费。

IPP 是一个在线系统平台，集成了所有发票事务数据和有关文档。通过该平台，FMS 通过支付通知（payment notification）有效管理采购订单（purchase order ，PO）形成的发票。IPP 包括五部分功能：一是电子采购订单管理（Electronic Purchase Orders），机构将自有系统形成的采购订单上传 IPP，将订单上传情况通知供应商后，供应商可通过 IPP 查询订单信息（如事务数据、文档等）。二是电子发票管理（Electronic Invoices），供应商通过 IPP 上传发票，可通过系统已有采购订单形成发票、录入发票或电子文件导入发票等多种形式形成发票。三是自动处理（Automated Workflow），IPP 提供复杂而精确的发票审批控制流程，设置多个审批环节、选项等，可委托审批、变更审批人、自动审批等，确保发票快速审核。四是支付通知服务（payment notification Service），供应商可通过 IPP 及时查询发票处理状态，或选择通过电子邮件获得支付通知，邮件中可包括详细的汇款信息（remittance information）。该服务可以大大减少供应商问询量并利于供应商管理应收款。五是政府买卖交易管理（Intra – Governmental Buy/Sell Transactions）。IPP 可通过为交易参与方提供一致、安全、透明的通信渠道，为联邦机构提供一个高效的买卖平台，该平台可随时查询交易的各个处理阶段。

3. 信息标准化管理

为确保电子支付准确、高效，电子支付信息追溯与反馈，美国财政部在信息采集、数据共享等方面做了大量数据标准化基础性工作。

（1）信息采集标准化

对于联邦雇员薪金，联邦机构费用中涉及雇员差旅、津贴等资金的支付，FMS 要求按照《联邦雇员支付操作指南》（instructions for processing federal employee payments）填写，收集每一名联邦雇员姓名、工资识别号（payroll identification number）、收款账户类型、收款账号、资金支付类型等。

对于社保、退伍军人津贴等资金的支付，FMS 要求收款人填写《联邦社会福利支出直接存款申请表》（sign – up form for direct deposit of federal benefit payment），收集联邦社会福利资金受益人姓名、社会保险号（Social Security Number，SSN）、收款账号、资金支付类型、最末次支付金额确认信息等。

对于供应商资金的支付，FMS 要求机构填写《ACH[①]供应商/其他支付注册表》（ACH vendor/miscellaneous payment enrollment form），收集申请机构信息（包括机构名称、编码、联系人等）、收款人与供应商信息（包括名称、纳税人识别号（taxpayer id no.）等。

对于其他资金的支付，FMS 要求收款人填写《直接存款申请表》（direct deposit sign – up form），收集收款人姓名、工资识别号（payroll identification number）、收款账号、资金支付类型等。

（2）信息分类保持一致

① Automatic Clearing House，EFT 的前身，用于联邦机构支付，FMS 还希望该系统逐步用于联邦机构收费。

美国的预算分类和国库账户编码

MAX ACCOUNT CODE（ACCOUNT ID）

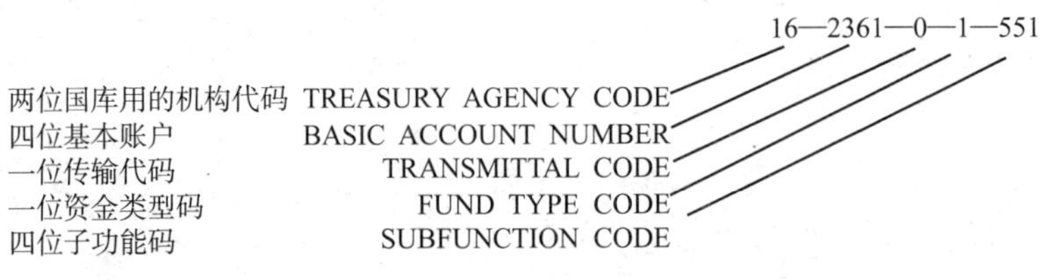

美国的国库编码 TREASURY ACCOUNT CODE

16—0—2361—0—1—551

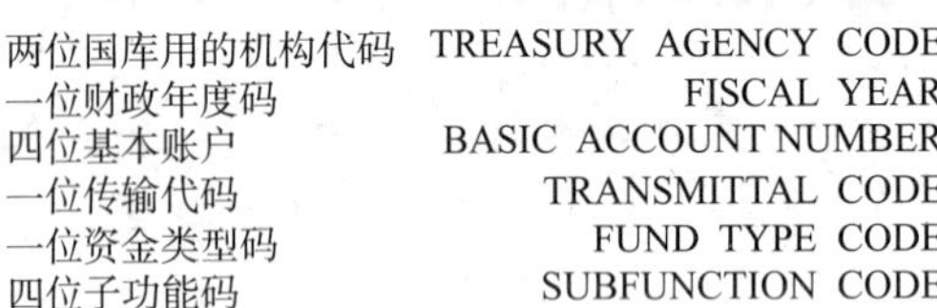

增加一位FISCAL YEAR
其他同上

注：此分类只为财政部汇总服务。

为确保预算编制与预算执行环节信息衔接，支付信息顺畅追踪与反馈，美国国库总账账户编码与预算编码分类一致，且记录口径一致。国库编码与预算编码信息均包括国库机构代码、账户代码、传输代码、资金类型代码、功能分类代码等，国库支付信息继承预算编制相关信息，并做相应扩展，如国库代码增加一位财政年度代码，表明资金支付时间。

（3）统一电子支票格式

为确保电子支票可替代纸质支票，美国财政部制定了 Check 21 框架。该框架为电子支票作为纸质支票的替代物提供了法律依据。该框架明确规定替代支票（substitute check）是原始支票的替代物，并制定了替代支票的信息格式。替代支票必须包括以下信息：一是原始支票的正反面图像；二是陈述其法律效力的文字："This is a legal copy of your check. You can use it the same way you would use the original check. "；三是原始支票中的 MICR 代码；四是与纸质支票相关规定有关的要求规定，如尺寸等。

4. 报告与统计

借助 EFT，FMS 可提供丰富的报告与统计资料。FMS 官方网站上提供的 EFT 相关报告与统计包括：国库支付机构支付总量、支付比例、供应商支付、已确认支付等。部分统计报告如下：

国库支付机构支付总量，显示不同支付类型的电子支付总量与比例。下图可见，2013 年4 月，电子支付比例已高达91.3%。

Governmentwide Treasury – Disbursed Payment Volumes: EFT Payment Volume Chart for April 2013 This chart compares monthly and cumulative EFT payment volumes for April 2012 and April 2013. If you wisth to view a chart for aprevious year from FY 1996 through FY 2013, see the following: www. fims. treas. gov/eft/reports. html.

	April 2012		April 2013		FY 2012		FY 2013	
	Monthly Volume		Monthly Volume		Through April 2012		Through April 2013	
Government-wide Treasury-Disbursed Operations *	Total Volume	% EFT	Total Volume	% EFT	Total Volume	% EFT	Total Volume	% EFT
Salary Payments Allotments	4861785	99. 3%	5124580	99. 3%	29220587	99. 2%	29417856	99. 3%
Benefit Payments:								
OPM	2656511	97. 1%	2718349	98. 2%	18564325	97. 0%	18890138	97. 6%
RRB	597541	94. 7%	594046	98. 3%	4206692	94. 0%	4181708	97. 1%
SSA	57157214	92. 6%	58618487	97. 6%	397074697	91. 7%	407421840	95. 8%
DOL Black Lung	45368	73. 5%	40931	90. 5%	327819	70. 1%	295884	83. 6%
SSI	8381482	80. 7%	8564755	91. 7%	58551398	78. 4%	59458013	87. 4%
VA	4602653	90. 0%	4867708	92. 8%	31993345	88. 9%	33661780	90. 9%
Subtotal	73440769	91. 3%	75404276	96. 6%	510718276	90. 2%	523909363	94. 6%
Vendor Payments	1837004	70. 2%	1630685	70. 5%	11946778	70. 4%	11751256	68. 8%
Miscellaneous Payments	1926919	84. 9%	2446889	89. 5%	18274856	81. 5%	18524145	87. 2%
Tax Refund Payments	26319019	63. 7%	29376187	65. 9%	106502188	74. 2%	105364579	76. 0%
Total	108385496	84. 5%	113982617	88. 3%	676662685	87. 5%	688967199	91. 3%
Total Non-Tax	82066477	91. 1%	84606430	96. 1%	570160497	90. 0%	583602620	94. 1%
Total Check Payments	16841166		13313240		84727703		59860854	

* Does not include Non-Treasury-Disbursed Payments

供应商支付，显示不同机构供应商支付与电子支付总量与比例。

Cumulative Treasury Disbursed Vendor Payment Performance Indicators
For CFO-Act Agencies
FY2012
MAY 2012(PACER-with CTX Invoices Added)

Treasury Disburead Vendor Payment Volumes for CFO-Act Agencies for May 2012 With CTX Invoices Added					
Agency	Total Vendor Payments	#of Check Payments	#of EFT Vendor Payments	%of EFT to Total Payments May ('12)	%of EFT to Total Payments PACER (Sep'11 May'12)
AID	4050	3	4047	99.93%	99.10%
COMMERCE	4869	77	4792	98.42%	96.44%
DHS	138576	4454	134122	96.79%	96.69%
DOED	18014	2562	15452	85.78%	90.41%
DOI	820996	554	820442	99.93%	94.38%
DOJ	63601	5378	58223	91.54%	74.63%
DOT	27332	311	27021	98.86%	94.36%
ENERGY	20.096	56	20040	99.72%	97.01%
EPA	8287	11	8276	99.87%	97.96%
GSA	134600	216	134384	99.84%	98.94%
HHS	79288	611	78677	99.23%	97.43%
HUD	110488	668	109820	99.40%	99.90%
LABOR	90536	12196	78340	86.53%	94.95%
NASA	5674	15	5659	99.74%	98.33%
NRC	2186	9	2177	99.59%	99.52%
NSF	1137	4	1133	99.65%	99.66%
OPM	55904	5	55899	99.99%	99.99%
SBA	2838	548	2290	80.69%	99.06%
SSA	68358	222	68136	99.68%	96.19%
STATE	93217	772	92445	99.17%	92.87%
TREASURY	118496	1536	116960	98.70%	91.83%
USDA	2742761	2637	2740124	99.90%	99.64%
VA	2495298	113792	2381506	95.44%	82.69%
MONTHLY TOTALS	7106602	146637	6959965	97.94%	
YEARLY TOTALS	30573677	3636203	26937474		88.11%

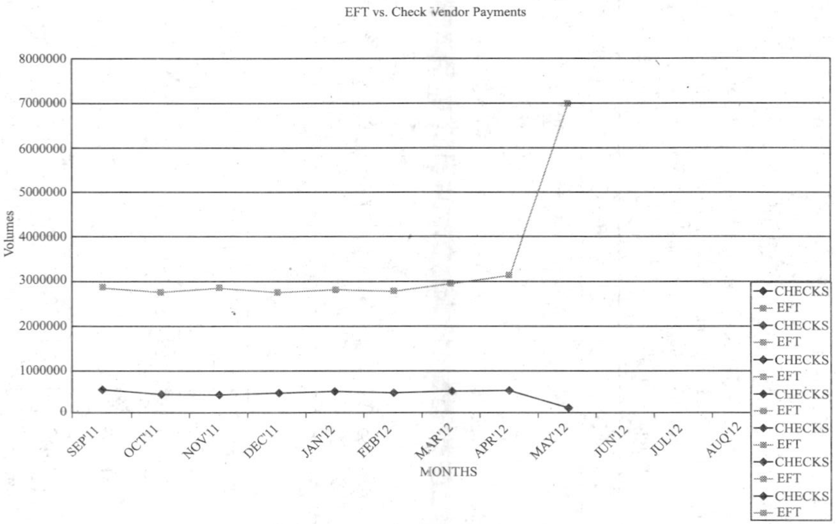

EFT vs. Check Vendor Payments

Vendor Payments-Number of EFT and check payments certified with a payment date within the reported month by agencies for Issuance by FMS
These payments are for goods and services provided to Federal agencies.

三、美国电子支付相关法律法规

美国电子支付管理体系内，包括一套完善的电子支付法律法规体系。相关法律法规涉及联邦政府无纸化办公、支付管理、延迟支付管理、银行卡管理、安全管理等多个方面。部分管理法规列示如下：

1.《文书消减法案》(Paperwork Reduction Act of 1995)，该法案明确规定减轻个人、企业、政府文书负担，减少信息创建、采集、维护成本，维护公众共享联邦政府信息利益，为政府公共部门信息再利用提供空间。

2.《债务征集改善法案EFT条款》(EFT Provision of the Debt Collection Improvement Act of 1996)，该条款明确规定联邦资金支付采用电子支付方式，并规定电子支付方式的适用范围。相关条款：

(f) (1) 1999年1月以后所有联邦支付均应采用电子资金支付方式(EFT)，以下事项除外。

(2) 国库秘书官 (Secretary of the Treasury) 可以对以下事项拒绝电子支付。

(i) 对确有困难的个人和群体；

(ii) 对特定类型支票；

(iii) 其他特定环境。

(g) 联邦支付资金接受者被要求使用电子支付方式——

(1) 选择1个或多个使用电子支付方式的机构 (financial institution)；

(2) 为进行电子支付的联邦机构提供电子支付接收信息。

本条款所指——

(i) 电子支付 (EFT) 指资金传输不通过现金、支票或其他纸质文件，而通过电子终端、电话、计算机，或磁带进行定购 (ordering)、指示 (instructing)、授权 (authorizing) 机构 (financial institution) 从某账户借贷资金的方式。电子支付信息通过ACH、Fed Wire，以及电子自动终端等传输。

(ii) 联邦机构 (Federal agency) 指机构以及社团。

(iii) 联邦支付 (Federal payments) 包括联邦工资、薪金、退休金、政府采购款、救济金等。

3.《联邦获得物法规：EFT》（Federal Acquisition Regulation：EFT），该法规规定联邦合同款支付使用电子支付方式，机构与供应商通过书面合同要求供应商接受电子支付方式、公务卡方式，提供 EFT 信息等。相关条款：

32.1103 适用范围（Applicability）

政府应该对合同款进行电子支付，以下事项除外——

（a）无能力进行电子支付的部门；

（b）美国本土以及波多黎各境外收款人；

（c）非美元合同款；

（d）涉及信息安全与国家安全；

（e）涉及军事行动的合同，以及包括但不限定于以下偶发事件、紧急事件等，例如——

（1）EFT 异常；

（2）EFT 无法支持操作目标。

（f）一财年内机构不希望对同一供应商进行多次支付；

（g）机构所需属于特定或紧急的情况，采用 EFT 可能导致政府利益受损；

（h）仅有一种服务且政府采用 EFT 可能导致政府利益受损。

32.1108 政府范围公务卡支付（Payment by Governmentwide commercial purchase card）

政府范围公务卡方式授权第三方（如机构）发放公务卡并允许快速向合同签订人（contractor）进行支付，政府一天后向第三方支付其向合同签订人支付的款项。

（a）通过第三方支付指通过公务卡支付合同签订人（contractor）款项。按照合同规定，合同签订人应向政府第三方账户（Government account with the third party）提交支付申请，金额与合同（contract）一致。该支付若审核通过，费用向第三方报告，向公务卡进行支付；该支付若未审核通过，政府授权人（authorized individual）删除费用申请，与第三方协商或要求合同签订人在合同规定内归还政府款项。

（b）书面合同应当包括通过第三方支付等条款。然而，虽合同未规定但合同签订人愿意接受电子支付，也可采用电子支付方式。

（c）通过第三方支付，要求合同——

（1）明确第三方以及拟使用的公务卡；

（2）公务卡账户向供应商单独提供。

32.1109 EFT 信息提供（EFT information submitted by offerors）

若得到授权之前，信息提供者（offerors）已经提交 EFT 信息，后续则不必提供，除非发生变更或机构处理程序要求将该信息体现在发票上。信息提供者应确保将信息提交正确的部门。

4.《联邦机构支付规则》（Management of Federal Agency Disbursements Rule），该条文明确规定联邦政府电子支付相关要求、收费要求、信息传输要求等。相关条款：

III. 国库（Treasury）对建议规则公告（NPRM）的回应

FMS 公布了建议规则公告（notice of proposed rulemaking ，NPRM），要求所有联邦非税收入与支付通过电子支付方式（EFT）进行，除非国库秘书官拒绝该方式。国库秘书官必须确保被要求使用电子支付方式的个人在合理负担内接受电子支付方式，并得到支付保障。国库对于建议规则公告的回应如下：

1. 保留支票作为支付选择手段；

2. 为 EFT 提供有限的拒绝权：

A 精神病患者以及地域困难人员具有有限拒绝权；

B 出生于 1921 年 3 月 1 日之前不采用电子支付，直接支付卡（Direct Express Card）无法进行的支付，卡丢失等；

C 但因身体残疾、语言障碍等问题不能使用拒绝权。

3. 对直接支付卡计划提供完善建议，包括：

ATM 现金取款费、每月免费的纸质声明、审核交易信息、提供其他便捷银行卡、使用支票的方式、变更使用直接支付卡计划、培训等。

4. 规范商业银行和预付卡。

5. 延迟有效日（Delay Effective Dates）等。

直接支付卡（Direct Express Card）免费服务项目如下：

美国境内采购、采购 Cashback、银行柜台（bank tellers）取现、客户电话服务支持、网上银行、存款通知、余额不足通知、ATM 余额查询服务等。

直接支付卡（Direct Express Card）收费服务如下：

哥伦比亚、关岛、波多黎各等的 ATM 现金退回，每次退回加重处罚支付 $0.90；

每月纸质声明邮寄费 $0.75；

给个人资金支付每次收取 $1.50；

一年免费期后银行卡更换收取 $4.00；

美国境外 ATM 现金退回收取 $3.00，并增加收取退回总额的 3%；

在美国境外购买商品收取购买总额 3%。

5.《预付卡管理规则》（Prepaid Card Rule），该条文在借记卡之外，为公众提供了更多电子支付资金接收方式，允许在同一天将资金支付至所有联邦救济金账户。

6.《快速支付规则》（Prompt Payment Rule），该条文要求联邦部门和机构在一定期限内履行支付义务，支付延迟需承担支付罚款。相关条款：

C. 1315. 3 责任（Responsibilities）

质量控制（Quality Control）中增加一年至少一次的机构质量控制计划（program）。

D. 1315. 4 快速支付标准和供应商规定公告（Prompt Payment Standards and Required Notices toVendors）

OMB 接受电子文档的图像作为纸质文档替代物。

本规定明确电子发票必须在发票接收日接收，除非遇到非工作日，此种情况下，电子发票在下一个工作日接收。

发票在机构接收后需尽可能快地审核，若确定为非正常发票，需在 7 日内回退。机构须明确导致支付非正常进行的发票缺陷以及为何回退。

J. 1315. 10 延迟支付利息处罚（Late Payment Interest Penalties）

以非正常发票公告（Notification of Improper Invoice）描述联邦机构发票迟到天数，该公告明确计算非正常发票延迟时间的规则。

利息从支付应到日第二日计算至实际支付日期，利率采用支付应到日期第二日利率。

利息计算仅针对未支付金额进行。

若供应商（vendor）为机构提供不正确银行信息，机构因不知情，在规定反馈非正常发票 7 日期限内很难实现反馈工作，故若机构提供不正确银行信息，利息在第 7 日机构获取信息后才计算。

利息计算应基于一年 365 天，而不是标准商业实践（standard business practice）的一年 360 天进行。

7.《联邦信息安全管理法案》（The Federal Information Security Management Act，FISMA），该法案定义了一个广泛的框架来保护政府信息，免于自然以及人为的威胁。FISMA 包括一系列安全准则和标准，在 2002 年成为电子政府法律的一部分。FISMA 把责任分配到各联邦机构上来确保联邦政府的数据安全。法案需要程序员和每个机构对信息安全计划执行年度评价，目的是为了以一种低开销，及时和有效的方式来把风险控制在可接受的范围之内。

附录4

国库集中支付电子化管理接口报文规范

1 适用范围

《国库集中支付电子化管理接口报文规范》（以下简称《报文规范》），适用于财政部门、中国人民银行（以下简称“人民银行”）、国库集中支付业务代理银行（以下简称“代理银行”）、预算单位间的支付电子化管理业务，提供了各方系统间在交互财政业务相关电子凭证时的接口报文规范，包括应采用的报文类别、报文格式、报文填报方式、报文处理原则等，作为规范性文件供各级财政部门、人民银行、代理银行系统开发使用。

2 文件依据

《报文规范》依据《财政国库管理制度改革试点方案》（财库［2001］24号）和《财政业务基础数据规范（2.0版）》制定。

3 术语和接口说明

- 报文：用于数据交换的信息载体。

- 标识符：唯一标识报文中一个数据项或者节点项的代码。
- XMLTag：某一段数据域的标识，用于组织报文中节点项的代码。
- 凭证：是为了完成某一项财政业务所使用的专用单据，在国库集中支付电子化管理中以“业务凭证原文”方式展现。
- 电子凭证：是指经过电子签名（章）的凭证。
- 代理银行：具体办理财政性资金支付与清算业务的商业银行，分为代理银行分支机构和代理银行归集行。
- 清算银行：负责和代理银行归集行进行划款清算业务，包括人民银行和专户银行。
- 财政零余额账户：由财政部门在商业银行开设，用于财政直接支付和与国库单一账户支出清算。
- 预算单位零余额账户：由财政部门在商业银行为预算单位开设，用于财政授权支付和与国库单一账户支出清算。
- 预算单位：是一级政府为了完成其正常运作、发展而设立的机构，此机构正常运转的资金来源是本级政府安排的财政资金。由于预算单位的组成规模不同，所以预算单位从管理上分为一级、二级直至多级、基层预算单位。本规范中一级预算单位代表部门。
- 行政区划代码：我国省（自治区、直辖市、特别行政区）、市（地区、自治州、盟）、县（自治县、市、市辖区、旗、自治旗）的代码，使用6位中华人民共和国行政区划代码（GB/T 2260）。
- 金融机构编码：由中国人民银行发布的金融机构的唯一代码。
- 节点代码：直接参与电子凭证交换的各方实体的唯一标识码。

4　数据类型及处理规则

4.1　数据类型定义

4.1.1　字符集

x－字符集由以下87个字符组成：

a b c d e f g h i j k l m n o p q r s t u
v w x y z

A B C D E F G H I J K L M N O P Q R S
T U V W X Y Z

0 1 2 3 4 5 6 7 8 9

. , - ( ) / / = ' ' + ? ! " " % & *
<< >> ; @ #

(cr) (lf) (space)

对于使用TCP/IP协议的系统，x－字符集的编码（字符的二进制编码）适用于ISO－2022（ASCII）。

4.1.2 符号约定

符号	说　　明
String	表示由x－字符集组成的字符串，如：PbcGkjCfcc
NString	表示由数字［0－9］组成的字符串，如：000045
GBString	表示由GBK字符集组成的字符串，报文规范中的长度定义以字节为单位，如：人民银行
Currency	表示金额，符号位可选，单位为元，整数部分最长15位，小数部分固定两位，不能包含逗号等分隔符，如：8979.05
Integer	表示整数，符号位可选，数值部分最长8位，如：88888
Date	表示日期，格式为yyyymmdd（年月日）。如：20050611
DateTime	表示日期时间，格式为yyyymmddhhmmss（年月日时分秒）。如：20050611112739

4.2 数据处理规则

（1）对于每个字段所填内容，在后面的章节中针对不同报文将具体说明。

（2）当“长度”是n时表示此域出现时，长度固定为n个字符；当“长度”是［1，n］时表示此域出现时，其最小长度为1个字符，其最大长度为 n 个字符。

（3）当“强制/可选”是 M 时，表示此要素为强制项，不可为空；当“强制/可选”是 O 时，表示此要素为可选项，根据业务要求填制，可以为空，为空时组装报文仍要保留该要素字段结构。各地可根据管理需要将可选项修改为强制项。

5　报文格式说明

5.1　报文规范原则

所有报文使用 XML 格式进行描述。

5.2　报文结构说明

报文分为两部分：报文头和报文体。

报文头是交换各方进行数据交换的相关信息，主要是为电子凭证在消息中间件上按照消息传输时增加的头信息。

报文体包括电子凭证数量和电子凭证信息两个部分。电子凭证数量用于描述报文中所包含的电子凭证的笔数，电子凭证信息可包括一笔或多笔电子凭证，每笔凭证由凭证状态、附加信息、业务凭证原文、签名信息以及签章信息五个部分组成。

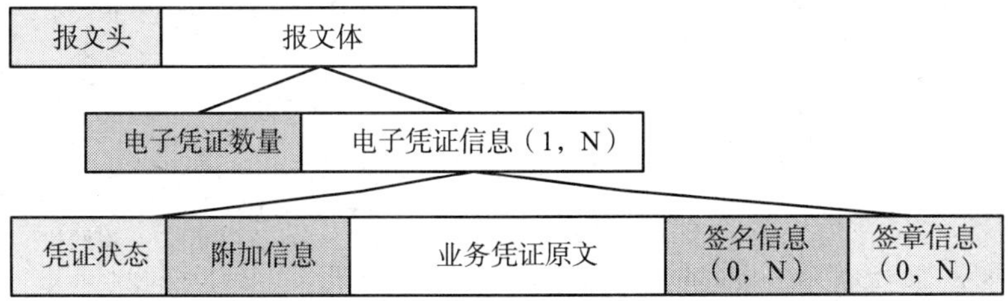

5.3 报文节点说明

报文节点说明如下表：

节点	说　明
CFX	报文根节点标记
CFX/HEAD	报文头节点标记
CFX/MSG	报文体节点标记，包括一个 MOF 节点
CFX/MSG/MOF	电子凭证节点标记，包括一个 VoucherCount 标记，包括 1 个或多个 VoucherBody 标记
CFX/MSG/MOF/VoucherCount	电子凭证数量节点标记，取值范围为大于零的 Integer
CFX/MSG/MOF/VoucherBody	电子凭证信息节点标记，包含一笔电子凭证，该节点包括四个必填属性： 1. 行政区划（AdmDivCode） 2. 业务年度（StYear） 3. 凭证类型编号（VtCode） 4. 凭证号（VoucherNo ）

5.4 报文头数据项说明

XMLTag：CFX/HEAD

标识符	字段名称	类型	长度	备注	强制/可选
VER	版本号	String	3	报文所采用的规范版本号，如：“1.0”	M
SRC	发起方节点代码	NString	12	发起方的节点代码	M
DES	接收方节点代码	NString	12	接收方的节点代码	M
APP	应用名称	String	[1，80]	参与交换的应用系统名称，与人民银行交换专用	O
MsgNo	报文编号	NString	4	报文编号，对于业务报文填写凭证类型编号	M
MsgID	报文标识号	String	20	用于唯一标识一笔报文的 GUID（全局唯一码）	M
MsgRef	报文参考号	NString	20	由交易发起者产生，回执报文自动带回，具体内容由发起者填写，用于标识回执报文对应的原报文，从而便于发起者完成原报文与回执报文的匹配处理，发起请求报文时报文参考号为空	O

续表

标识符	字段名称	类型	长度	备注	强制/可选
WorkDate	工作日期	Date		报文发送日期	O
Reserve	预留字段	GBString	[1，20]	预留	O

5.5　电子凭证数据项说明

XMLTag：CFX/MSG/MOF/VoucherBody

标识符	字段名称	类型	长度	备注	强制/可选
VoucherFlag	凭证状态	NString	1	0：正向凭证 1：凭证回单	M
Attach	附加信息	String	4M 以下	业务系统在电子凭证上添加的附件或附言信息，在传输过程中采用 base64 编码	O
Voucher	业务凭证原文	String	4M 以下	业务凭证原文内部以“<Voucher>”标签开始，在传输过程中采用 base64 编码；具体内容参见 8 章“凭证格式及数据项”	M
SignatureList	签名信息列表标记			一笔凭证可包括多个签名信息	M
SignatureList/Signature	签名信息	NString	5K 以下	为 Voucher 节点内原文的签名信息，包括两个必填属性： 1）签名号（NO） 2）证书序列号（SN）	O
SignStampList	签章信息列表标记			一笔凭证可包括多个签章信息	M
SignStampList/SignStamp	签章信息	NString	20K 以下	为 Voucher 节点内原文的签章信息，包括两个必填属性： 1）签章位置（NO） 2）印章编号（SN）	O

其中 SignatureList 和 SignStampList 实例如下：

凭证签章（名）结果

```
<MOF >
        < VoucherCount >2 </VoucherCount >
        < VoucherBody VoucherNo ="凭证号"   StYear ="2013"   VtCode ="5105"   VoucherNo
="" >
                < voucher >凭证原文内容(base64 编码) </voucher >
                < SignatureList >
                    < Signature No ="签名号" SN ="证书序列号" >签名信息 1 </Signature >
                    < Signature No ="签名号" SN ="证书序列号" >签名信息 2 </Signature >
                < SignatureList >
                < SignStampList >
                    < SignStamp No ="签章位置" SN ="印章编号" >签章结果 1 </SignStamp >
                    < SignStamp No ="签章位置" SN ="印章编号" >签章结果 2 </SignStamp >
                </SignStampList >
                </VoucherBody >
                < VoucherBody VoucherNo  ="凭证号"   StYear ="2013"   VtCode ="5105"
VoucherNo ="" >

                </VoucherBody >
</MOF >
```

5.6 报文 Schema 说明

报文 Schema

```
<? xml version ="1.0" encoding ="GBK" ? >
<xs:element name ="CFX" >
    <xs:complexType >
        <xs:sequence >
            <xs:element name ="HEAD" >
                <xs:complexType >
                    <xs:sequence >
                        <xs:element name ="VER" type ="xs:string" minOccurs ="0" msda-
ta:Ordinal ="0" / >
                        <xs:element name ="SRC" type ="xs:string" minOccurs ="0" msda-
ta:Ordinal ="1" / >
                        <xs:element name ="DEC" type ="xs:string" minOccurs ="0" msda-
ta:Ordinal ="2" / >
                        <xs:element name ="APP" type ="xs:string" minOccurs ="0" msda-
ta:Ordinal ="3" / >
                        <xs:element name ="MsgNo" type ="xs:string" minOccurs ="0" ms-
data:Ordinal ="4" / >
                        <xs:element name ="MsgID" type ="xs:string" minOccurs ="0" ms-
data:Ordinal ="5" / >
                        <xs:element name ="MsgRef" type ="xs:string" minOccurs ="0" ms-
data:Ordinal ="6" / >
```

续表

报文 Schema

```
                    <xs:element name="WorkDate" type="xs:string" minOccurs="0"
msdata:Ordinal="7" />
                    <xs:element name="Reserve" type="xs:string" minOccurs="0" ms-
data:Ordinal="8" />
                  </xs:sequence>
                </xs:complexType>
              </xs:element>
              <xs:element name="MSG">
                <xs:complexType>
                  <xs:sequence>
                    <xs:element name="MOF">
                      <xs:complexType>
                        <xs:sequence>
                          <xs:element name="VoucherCount" type="xs:string"
                            minOccurs="0" />
                          <xs:element name="VoucherBody" minOccurs="0"
                            maxOccurs="unbounded">
                            <xs:complexType>
                              <xs:sequence>
                                <xs:element name="VoucherFlag" type
="xs:string"
                                  minOccurs="0" msdata:Ordinal="
0" />
                                <xs:element name="Attach" type="xs:
string"
                                  minOccurs="0" msdata:Ordinal="
1" />
                                <xs:element name="Voucher" type="
xs:string"
                                  minOccurs="0" msdata:Ordinal="
2" />
                                <xs:element name="SignatureList" mi-
nOccurs="0"
                                  maxOccurs="unbounded">
                                  <xs:complexType>
                                    <xs:sequence>
                                      <xs:element name="Sig-
nature" nillable="true"
                                        minOccurs="0" max-
Occurs="unbounded">
                                        <xs:complexType>
<xs:simpleContent msdata:ColumnName="Signature_Text"
  msdata:Ordinal="0">
  <xs:extension base="xs:string" />
  </xs:simpleContent>
```

续表

报文 Schema

```
</xs:complexType>
</xs:element>
</xs:sequence>
</xs:complexType>
</xs:element>
<xs:element name="SignStampList" minOccurs="0"
maxOccurs="unbounded">
<xs:complexType>
<xs:sequence>
<xs:element name="SignStamp" nillable="true"
minOccurs="0" maxOccurs="unbounded">
<xs:complexType>
<xs:simpleContent msdata:ColumnName="SignStamp_Text"
msdata:Ordinal="2">
<xs:extension base="xs:string">
<xs:attribute name="No" type="xs:string" />
<xs:attribute name="SN" type="xs:string" />
</xs:extension>
</xs:simpleContent>
</xs:complexType>
</xs:element>
</xs:sequence>
</xs:complexType>
</xs:element>
</xs:sequence>
<xs:attribute name="AdmDivCode" type="xs:string" />
<xs:attribute name="StYear" type="xs:string" />
<xs:attribute name="VtCode" type="xs:string" />
<xs:attribute name="VoucherNo" type="xs:string" />
</xs:complexType>
```

续表

报文 Schema
</xs:element> </xs:sequence> </xs:complexType> </xs:element> </xs:sequence> </xs:complexType> </xs:element> </xs:sequence> </xs:complexType> </xs:element>

5.7　报文格式示例

一个报文完整格式示例如下：

报文实例

```
<? xml version = "1.0" encoding = "GBK"? >
<CFX>
    <HEAD>
        <VER>1.0</VER>
        <SRC>202010000000</SRC>
        <DES>100000000000</DES>
        <APP>tips</APP>
        <MsgNo>5106</MsgNo>
        <MsgID>10020000000000000003</MsgID>
        <MsgRef>10020000000000000004</MsgRef>
        <WorkDate>20131012</WorkDate>
        <Reserve>String</Reserve>
    </HEAD>
    <MSG>
        <!—电子凭证信息-->
        <MOF>
            <!—电子凭证数量信息-->
            <VoucherCount>n</VoucherCount>
            <!—第1笔电子凭证-->
            <VoucherBody AdmDivCode = "000093" StYear = "2012" VtCode = "1101"
VoucherNo = "凭证号">
                <!—电子凭证的状态-->
                <VoucherFlag>0</VoucherFlag>
                <Attach>
                <!—此处附件或附言信息，在报文传输过程中采用 base64 编码-->
                </Attach>
```

续表

报文 Schema


```
                <! —电子凭证内容数据 - - >
                < Voucher >
                <! —以下为业务凭证原文内容举例,业务凭证原文内部以"Voucher"标签开始,在报文传输过程中采用 base64 编码,具体内容参见 8 章"凭证格式及数据项" - - >
                    < Voucher >
                        < Id >215 </Id >
                        < AdmDivCode >220181 </AdmDivCode >
                        < StYear >2012 </StYear >
                        < VtCode >5106 </VtCode >
                        < VouDate >20120328 </VouDate >
                        < VoucherNo >00005 </VoucherNo >
                        < DetailList >
                            < Detail >
                                < SupDepCode >999 </SupDepCode >
                                < SupDepName >测试一级预算单位 </SupDepName >
                                < ExpFuncCode >2010101 </ExpFuncCode >
                            </Detail >
                            < Detail >… </Detail >
                        </DetailList >
                    </Voucher >
                <! —业务凭证原文内容结束 - - >

                </Voucher >
                <! —签名信息 - - >
                < SignatureList >
                  < Signature No = "签名号" SN = "证书序号" >签名信息 </Signature >
                < SignatureList >
                <! —签章信息 - - >
                < SignStampList >
                  < SignStamp No = "签章位置" SN = "印章编号" >签章结果 1 </SignStamp >
                  < SignStamp No = "签章位置" SN = "印章编号" >签章结果 2 </SignStamp >
                </SignStampList >
              </VoucherBody >
                 …
              < VoucherBody >
                  <! —第 n 笔电子凭证 - - >
              </VoucherBody >
            </MOF >
          </MSG >
        </CFX >
```

6　凭证类型列表

6.1　凭证类型编号说明

凭证类型编号由4位数字组成，见下图。

第一位	第二位	第三、第四位
发起机构	单据分类	序号

第一位表示发起机构（2：代理银行，3：人民银行，5：财政，8：预算单位）。

第二位表示单据分类（1：额度类，2：支付类，3：划款类，4：收入类，5：对账类，9：基础数据类）。

第三、第四位表示序号。

凭证回单规则说明：凭证回单的凭证类型编号与原凭证保持一致。

扩充规则说明：序号50后的代码段地方可以扩充使用，扩充内容需报财政部审批。

6.2　额度类凭证

序号	凭证类型编号	名称	发起方	接收方
1	5105	财政授权支付额度通知单	财政	代理银行
2	5105	财政授权支付额度通知单回单	代理银行	财政
3	5106	财政授权支付汇总清算额度通知单	财政	人民银行
4	5106	财政授权支付汇总清算额度通知单回单	人民银行	财政
5	5108	财政直接支付汇总清算额度通知单	财政	人民银行
6	5108	财政直接支付汇总清算额度通知单回单	人民银行	财政
7	2104	财政授权支付额度到账通知书	代理银行	预算单位

6.3　支付类凭证

序号	凭证类型编号	名称	发起方	接收方
1	5201	财政直接支付凭证	财政	代理银行
2	5201	财政直接支付凭证回单	代理银行	财政
3	8202	财政授权支付凭证	预算单位	代理银行

续表

序号	凭证类型编号	名称	发起方	接收方
4	8202	财政授权支付凭证回单	代理银行	预算单位
5	2203	财政直接支付退款通知书	代理银行	财政
6	2204	财政授权支付退款通知书	代理银行	预算单位
7	2205	财政直接支付（退款）入账通知书	代理银行	预算单位
8	2206	财政授权支付（直接支付）日报表	代理银行	财政
9	5207	实拨拨款凭证	财政	人民银行
10	5207	实拨拨款凭证回单	人民银行	财政
11	3208	实拨退款通知书	人民银行	财政
12	5209	收入退付凭证	财政	人民银行
13	5209	收入退付凭证回单	人民银行	财政

6.4 划款类凭证

序号	凭证类型编号	名称	发起方	接收方
1	2301	申请划款凭证	代理银行	人民银行
2	2301	申请划款凭证回单	人民银行	财政代理银行
3	2302	申请退款凭证	代理银行	人民银行
4	2302	申请退款凭证回单	人民银行	财政代理银行

6.5 收入类凭证

序号	凭证类型编号	名称	发起方	接收方
1	3401	收入日报表	人民银行	财政
2	3402	库存日报表	人民银行	财政

6.6 对账类凭证

序号	凭证类型编号	名称	发起方	接收方
1	5501	财政与代理银行电子凭证对账	财政	代理银行
2	5502	财政与人民银行电子凭证对账	财政	人民银行
3	2501	代理银行与财政电子凭证对账	代理银行	财政
4	2502	代理银行与人民银行电子凭证对账	代理银行	人民银行
5	2503	授权额度对账	代理银行	财政
6	2504	支付信息对账	代理银行	财政
7	3501	人民银行与财政电子凭证对账	人民银行	财政
8	3502	人民银行与代理银行电子凭证对账	人民银行	代理银行

续表

序号	凭证类型编号	名称	发起方	接收方
9	3503	授权清算额度对账	人民银行	财政
10	3504	清算信息对账	人民银行	财政
11	3505	实拨信息对账	人民银行	财政
12	3506	收入退付对账	人民银行	财政

6.7　基础数据类凭证

序号	凭证类型编号	名称	发起方	接收方
1	5901	基础数据列表	财政	代理银行人民银行
2	5902	基础数据	财政	代理银行人民银行

7　交易流程说明

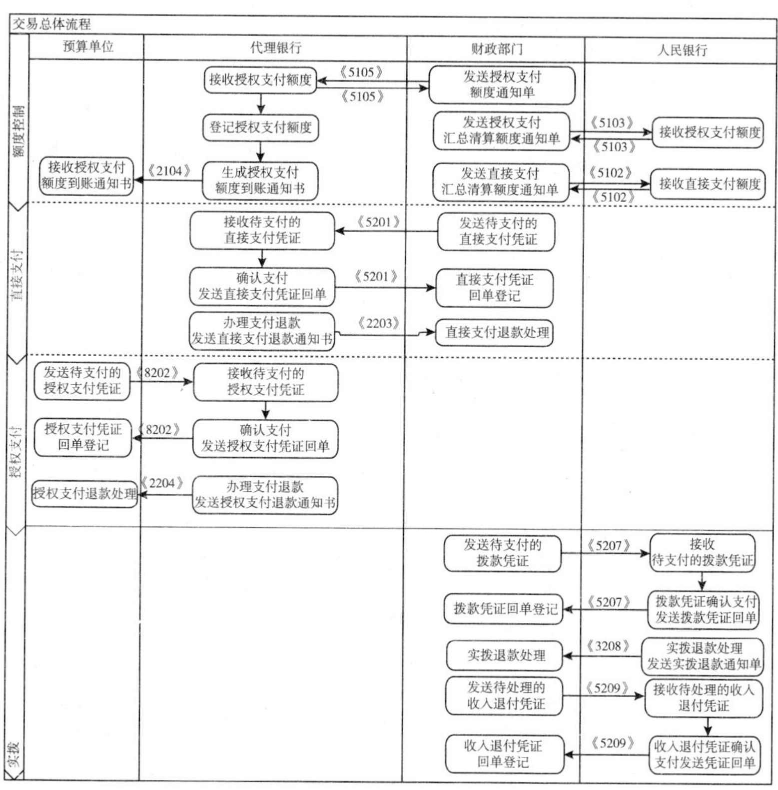

交易流程说明（一）

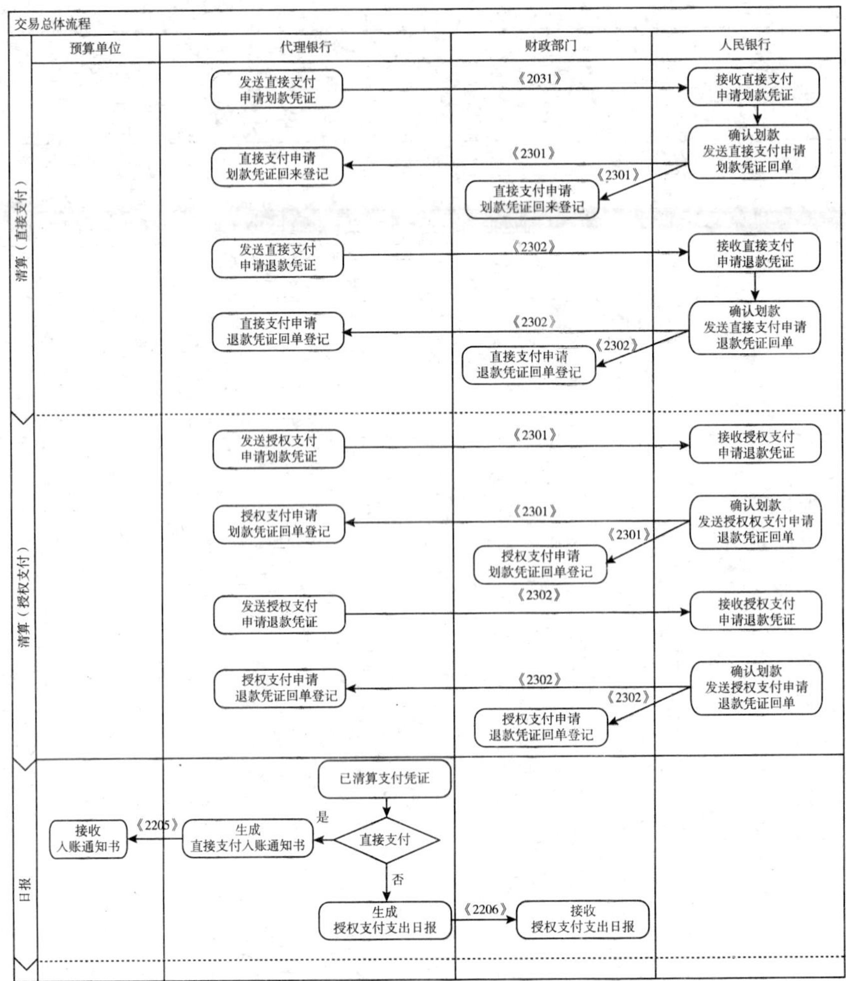
交易总体流程
预算单位
代理银行
财政部门
人民银行
清算（直接支付）
发送直接支付申请划款凭证
《2031》
接收直接支付申请划款凭证
确认划款发送直接支付申请划款凭证回单
《2301》
直接支付申请划款凭证回来登记
《2301》
直接支付申请划款凭证回来登记
发送直接支付申请退款凭证
《2302》
接收直接支付申请退款凭证
确认划款发送直接支付申请退款凭证回单
《2302》
直接支付申请退款凭证回单登记
《2302》
直接支付申请退款凭证回单登记
清算（授权支付）
发送授权支付申请划款凭证
《2301》
接收授权支付申请退款凭证
确认划款发送授权权支付申请退款凭证回单
《2301》
授权支付申请划款凭证回单登记
《2301》
授权支付申请划款凭证回单登记
发送授权支付申请退款凭证
《2302》
接收授权支付申请退款凭证
确认划款发送授权支付申请退款凭证回单
《2302》
授权支付申请退款凭证回单登记
《2302》
授权支付申请退款凭证回单登记
日报
已清算支付凭证
直接支付
是
生成直接支付入账通知书
《2205》
接收入账通知书
否
生成授权支付支出日报
《2206》
接收授权支付支出日报

交易流程说明（二）

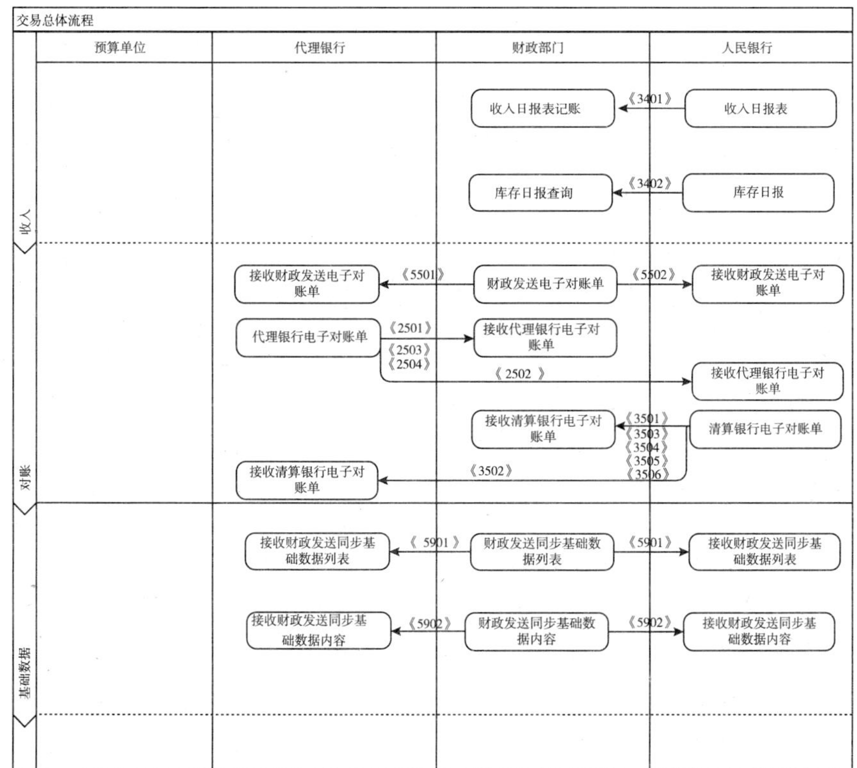

交易流程说明（三）

8　凭证格式及数据项

8.1　财政与人民银行日常业务

8.1.1　凭证内容

财政与人民银行日常业务包含的凭证有：

序号	凭证类型编号	名称	发起方	接收方
1	5106	财政授权支付汇总清算额度通知单	财政	人民银行
2	5106	财政授权支付汇总清算额度通知单回单	人民银行	财政
3	5108	财政直接支付汇总清算额度通知单	财政	人民银行

续表

序号	凭证类型编号	名称	发起方	接收方
4	5108	财政直接支付汇总清算额度通知单回单	人民银行	财政
5	2301	申请划款凭证回单	人民银行	财政
6	2302	申请退款凭证回单	人民银行	财政
7	5207	实拨拨款凭证	财政	人民银行
8	5207	实拨拨款凭证回单	人民银行	财政
9	3208	实拨退款通知书	人民银行	财政
10	5209	收入退付凭证	财政	人民银行
11	5209	收入退付凭证回单	人民银行	财政
12	3401	收入日报表	人民银行	财政
13	3402	库存日报表	人民银行	财政

8.1.2 凭证回单规则

人民银行给财政的凭证回单规则是：

（1）“5106 财政授权支付汇总清算额度通知单”、“5108 财政直接支付汇总清算额度通知单”回单凭证类型编号仍为 5106、5108，在原文基础上补充“XAcctDate 处理日期”后返回。

（2）“5207 实拨拨款凭证”、“5209 收入退付凭证”回单凭证类型编号仍为 5207、5209，在原文基础上补充“XPayAmt 拨款金额”、“XPayDate 支付日期”、“XAgentBusinessNo 银行交易流水号”信息后返回。

（3）“2301 申请划款凭证”、“2302 申请退款凭证”回单凭证类型编号仍为 2301、2302，在原文基础上补充“XPaySndBnkNo 支付发起行行号”、“XAddWord 附言”、“XClearDate 人行账务日期”、“XPayAmt 汇总清算金额”信息后返回。

8.1.3 财政授权支付汇总清算额度通知单（5106）

8.1.3.1 财政授权支付汇总清算额度通知单主单信息

XMLTag：Voucher/

标识符	字段名称	类型	长度	备注	强制/可选
Id	财政授权支付汇总清算额度通知单 Id	NString	38	流水号，主键	M

续表

标识符	字段名称	类型	长度	备注	强制/可选
AdmDivCode	行政区划代码	NString	[1，9]	目前使用 6 位中华人民共和国行政区划代码（GB/T 2260），下同	M
StYear	业务年度	NString	4	yyyy，下同	M
VtCode	凭证类型编号	NString	4	5106	M
VouDate	凭证日期	Date			M
VoucherNo	凭证号	GBString	[1，42]	财政授权支付清算额度单号	M
TreCode	国库主体代码	NString	10	人民银行提供，下同	M
FinOrgCode	财政机关代码	NString	[1，12]	人民银行提供，下同	M
PlanAmt	合计清算额度金额	Currency		明细信息中清算额度金额的合计	M
SetMonth	计划月份	NString	2	如 1 月为 01，下同	M
DeptNum	一级预算单位数量	Integer	4	明细信息中包含的一级预算单位数量，下同	O
FundTypeCode	资金性质编码	Nstring	[1，42]	见代码表，下同	M
FundTypeName	资金性质名称	GBString	[1，60]		M
ClearBankCode	人民银行编码	Nstring	[1，42]	财政提供，下同	O
ClearBankName	人民银行名称	GBString	[1，60]	财政提供，下同	O
PayBankCode	代理银行编码	Nstring	[1，42]	代理银行归集行，财政提供	O
PayBankName	代理银行名称	GBString	[1，60]	代理银行归集行，财政提供	O
PayBankNo	代理银行行号	NString	12	代理银行归集行，人民银行提供	M
XAcctDate	处理日期	Date		人民银行处理日期，人民银行在回单中补录	M
Hold1	预留字段 1	GBString	[1，42]		O
Hold2	预留字段 2	GBString	[1，42]		O

8.1.3.2　财政授权支付汇总额度通知单明细信息

XMLTag：Voucher/DetailList/Detail/

标识符	字段名称	类型	长度	备注	强制/可选
SupDepCode	一级预算单位编码	String	[1，42]		M
SupDepName	一级预算单位名称	GBString	[1，60]		M

续表

标识符	字段名称	类型	长度	备注	强制/可选
ExpFuncCode	支出功能分类科目编码	Nstring	[1, 42]	见当年《政府收支分类科目》，下同	M
ExpFuncName	支出功能分类科目名称	GBString	[1, 60]		M
ExpFuncCode1	支出功能分类科目类编码 1	Nstring	[1, 42]	见当年《政府收支分类科目》，下同	O
ExpFuncName1	支出功能分类科目类名称 3	GBString	[1, 60]		O
ExpFuncCode2	支出功能分类科目款编码 2	Nstring	[1, 42]	见当年《政府收支分类科目》，下同	O
ExpFuncName2	支出功能分类科目款名称 2	GBString	[1, 60]		O
ExpFuncCode3	支出功能分类科目项编码 3	Nstring	[1, 42]	见当年《政府收支分类科目》，下同	O
ExpFuncName3	支出功能分类科目项名称 3	GBString	[1, 60]		O
ProCatCode	收支管理编码	Nstring	[1, 42]	见代码表，下同	O
ProCatName	收支管理名称	GBString	[1, 60]		O
PlanAmt	清算额度金额	Currency			M
Hold1	预留字段 1	GBString	[1, 42]		O
Hold2	预留字段 2	GBString	[1, 42]		O
Hold3	预留字段 3	GBString	[1, 42]		O
Hold4	预留字段 4	GBString	[1, 42]		O

8.1.3.3 XML 示例

业务凭证原文格式示例如下：

```
<! —1 笔授权支付清算额度信息 - - >
    <Voucher>
        <Id>215</Id>
        <AdmDivCode>220181</AdmDivCode>
        <StYear>2012</StYear>
        <VtCode>5106</VtCode>
        <VouDate>20120328</VouDate>
        <VoucherNo>00005</VoucherNo>
        <TreCode>101</TreCode>
        <FinOrgCode>101</FinOrgCode>
        <PlanAmt>1.66</PlanAmt>
        <SetMonth>3</SetMonth>
        <DeptNum>3</DeptNum>
        <FundTypeCode>1</FundTypeCode>
        <FundTypeName>预算管理资金</FundTypeName>
        <ClearBankCode>001</ClearBankCode>
        <ClearBankName>人民银行</ClearBankName>
        <PayBankCode>102</PayBankCode>
        <PayBankName>工商银行</PayBankName>
```

续表


```
<PayBankNo>302040003311</PayBankNo>
<XAccDate>20120331</XAccDate><!—该字段由银行回单时补录,财政发送银行时为空-->
<Hold1>预留字段1</Hold1>
<Hold2>预留字段2</Hold2>
  <!—明细信息-->
  <DetailList>
      <Detail><!—第1笔明细信息-->
        <SupDepCode>999</SupDepCode>
        <SupDepName>测试一级预算单位</SupDepName>
        <ExpFuncCode>2010101</ExpFuncCode>
        <ExpFuncName>行政运行(人大)</ExpFuncName>
        <ExpFuncCode1>201</ExpFuncCode1>
        <ExpFuncName1>一般公共服务</ExpFuncName1>
        <ExpFuncCode2>20101</ExpFuncCode2>
        <ExpFuncName2>人大事务</ExpFuncName2>
        <ExpFuncCode3>2010101</ExpFuncCode3>
        <ExpFuncName3>行政运行(人大)</ExpFuncName3>
        <ProCatCode>111</ProCatCode>
        <ProCatName>基本支出</ProCatName>
        <PlanAmt>1.66</PlanAmt>
        <Hold1>预留字段1</Hold1>
        <Hold2>预留字段2</Hold2>
        <Hold3>预留字段3</Hold3>
        <Hold4>预留字段4</Hold4>
      </Detail>
      ......
      <Detail><!—第n笔明细信息--></Detail>
  </DetailList>
</Voucher>
```


8.1.4 财政直接支付汇总清算额度通知单（5108）

8.1.4.1 财政直接支付汇总清算额度通知单主单信息

XMLTag：Voucher/

标识符	字段名称	类型	长度	备注	强制/可选
Id	财政直接支付汇总清算额度通知单 Id	Nstring	38	流水号，主键	M
AdmDivCode	行政区划代码	Nstring	[1，9]		M
StYear	业务年度	Nstring	4		M

续表

标识符	字段名称	类型	长度	备注	强制/可选
VtCode	凭证类型编号	Nstring	4	5108	M
VouDate	凭证日期	Date			M
VoucherNo	凭证号	GBString	[1, 42]	财政直接支付汇总清算额度单单号	M
TreCode	国库主体代码	Nstring	10		M
FinOrgCode	财政机关代码	Nstring	[1, 12]		M
PayAmt	合计清算额度金额	Currency		明细信息中清算额度金额的合计	M
FundTypeCode	资金性质编码	Nstring	[1, 42]		M
FundTypeName	资金性质名称	GBString	[1, 60]		M
PayeeAcctNo	收款人账号	Nstring	[1, 42]	代理银行归集行	M
PayeeAcctName	收款人名称	GBString	[1, 120]	代理银行归集行	M
PayeeAcct-BankName	收款人银行名称	GBString	[1, 120]	代理银行归集行	M
PayAcctNo	付款人账号	Nstring	[1, 42]		M
PayAcctName	付款人名称	GBString	[1, 120]		M
PayAcctBankName	付款人银行名称	GBString	[1, 120]		M
PayBankCode	代理银行编码	Nstring	[1, 42]	代理银行归集行，财政提供	O
PayBankName	代理银行名称	GBString	[1, 60]	代理银行归集行，财政提供	O
PayBankNo	代理银行行号	Nstring	12	代理银行归集行，人民银行提供	M
XAcctDate	处理日期	Date		人民银行处理日期，人民银行在回单中补录	M
Hold1	预留字段 1	GBString	[1, 42]		O
Hold2	预留字段 2	GBString	[1, 42]		O

8.1.4.2 财政直接支付汇总清算额度通知单明细信息

XMLTag：Voucher/DetailList/Detail/

标识符	字段名称	类型	长度	备注	强制/可选
SupDepCode	一级预算单位编码	String	[1, 15]		M
SupDepName	一级预算单位名称	String	[1, 15]		M

续表

标识符	字段名称	类型	长度	备注	强制/可选
ExpFuncCode	功能分类科目编码	Nstring	[1, 42]		M
ExpFuncName	支出功能分类科目名称	GBString	[1, 60]		M
ExpFuncCode1	支出功能分类科目类编码	Nstring	[1, 42]		O
ExpFuncName1	支出功能分类科目类名称	GBString	[1, 60]		O
ExpFuncCode2	支出功能分类科目款编码	Nstring	[1, 42]		O
ExpFuncName2	支出功能分类科目款名称	GBString	[1, 60]		O
ExpFuncCode3	支出功能分类科目项编码	Nstring	[1, 42]		O
ExpFuncName3	支出功能分类科目项名称	GBString	[1, 60]		O
ProCatCode	收支管理编码	Nstring	[1, 42]		O
ProCatName	收支管理名称	GBString	[1, 60]		O
PayAmt	清算额度金额	Currency			M
Hold1	预留字段 1	GBString	[1, 42]		O
Hold2	预留字段 2	GBString	[1, 42]		O
Hold3	预留字段 3	GBString	[1, 42]		O
Hold4	预留字段 4	GBString	[1, 42]		O

8.1.4.3　XML 示例

参考 8.1.3.3 XML 示例。

8.1.5　申请划款凭证回单（2301）

8.1.5.1　申请划款凭证回单主单信息

XMLTag：Voucher/

标识符	字段名称	类型	长度	备注	强制/可选
Id	申请划款凭证 Id	NString	38	主键	M
AdmDivCode	行政区划代码	NString	[1, 9]		M
StYear	业务年度	NString	4		M
VtCode	凭证类型编号	NString	4	2301	M
VouDate	凭证日期	Date			M
VoucherNo	凭证号	GBString	[1, 42]	申请划款凭证单号	M

续表

标识符	字段名称	类型	长度	备注	强制/可选
TreCode	国库主体代码	NString	10		M
FinOrgCode	财政机关代码	NString	[1，12]		M
BgtTypeCode	预算类型编码	Nstring	[1，42]		O
BgtTypeName	预算类型名称	GBString	[1，60]		O
FundTypeCode	资金性质编码	Nstring	[1，42]		O
FundTypeName	资金性质名称	GBString	[1，60]		O
PayTypeCode	支付方式编码	Nstring	[1，42]		M
PayTypeName	支付方式名称	GBString	[1，60]		M
AgentAcctNo	收款银行账号	NString	[1，42]	代理银行归集行	M
AgentAcctName	收款银行账户名称	GBString	[1，60]	代理银行归集行	M
AgentAcct-BankName	收款银行	GBString	[1，60]	代理银行归集行	M
ClearAcctNo	付款账号	NString	[1，60]		M
ClearAcctName	付款账户名称	GBString	[1，60]		M
ClearAcctBankName	付款银行	String	[1，60]		M
PayAmt	汇总清算金额	Currency			M
PayBankName	代理银行名称	GBString	[1，60]	代理银行归集行，财政提供	M
PayBankNo	代理银行行号	NString	12	代理银行归集行，人民银行提供	M
Remark	摘要	GBString	[1，200]		O
MoneyCorpCode	金融机构编码	String	14	由代理银行清算时填入，下同	O
XPaySndBnkNo	支付发起行行号	NString	12	人民银行在回单中补录	O
XAddWord	附言	GBString	[0，60]	人民银行在回单中补录	O
XClearDate	清算日期	Date		人行处理日期，人民银行在回单中补录	M
XPayAmt	汇总清算金额	Currency		人民银行在回单中补录	M
Hold1	预留字段 1	GBString	[1，42]		O
Hold2	预留字段 2	GBString	[1，42]		O

8.1.5.2　申请划款凭证回单明细信息

XMLTag：Voucher/DetailList/Detail/

标识符	字段名称	类型	长度	备注	强制/可选
VoucherNo	支付凭证单号	GBString	[1，42]	财政直接支付凭证单号或者财政授权支付凭证单号	O
SupDepCode	一级预算单位编码	Nstring	[1，42]		M
SupDepName	一级预算单位名称	GBString	[1，60]		M
ExpFuncCode	支出功能分类科目编码	Nstring	[1，42]		M
ExpFuncName	支出功能分类科目名称	GBString	[1，60]		M
PayAmt	支付金额	Currency			M
PaySummaryName	摘要名称	GBString	[1，200]		O
Hold1	预留字段1	GBString	[1，42]		O
Hold2	预留字段2	GBString	[1，42]		O
Hold3	预留字段3	GBString	[1，42]		O
Hold4	预留字段4	GBString	[1，42]		O

8.1.5.3　XML示例

参考8.1.3.3 XML示例。

8.1.6　申请退款凭证回单（2302）

8.1.6.1　申请退款凭证回单主单信息

XMLTag：Voucher/

标识符	字段名称	类型	长度	备注	强制/可选
Id	申请退款凭证Id	NString	38	主键	M
AdmDivCode	行政区划代码	NString	[1，9]		M
StYear	业务年度	NString	4		M
VtCode	凭证类型编号	NString	4	2302	M

续表

标识符	字段名称	类型	长度	备注	强制/可选
VouDate	凭证日期	Date			M
VoucherNo	凭证号	GBString	[1，42]	申请退款凭证单号	M
TreCode	国库主体代码	NString	10		M
FinOrgCode	财政机关代码	NString	[1，12]		M
BgtTypeCode	预算类型编码	Nstring	[1，42]		O
BgtTypeName	预算类型名称	GBString	[1，60]		O
FundTypeCode	资金性质编码	Nstring	[1，42]		M
FundTypeName	资金性质名称	GBString	[1，60]		M
PayTypeCode	支付方式编码	Nstring	[1，42]		M
PayTypeName	支付方式名称	GBString	[1，60]		M
AgentAcctNo	原收款银行账号	NString	[1，42]	代理银行归集行	M
AgentAcctName	原收款银行账户名称	GBString	[1，60]	代理银行归集行	M
AgentAcctBankName	原收款银行	GBString	[1，60]	代理银行归集行	M
ClearAcctNo	原付款账号	NString	[1，60]		M
ClearAcctName	原付款账户名称	GBString	[1，60]		M
ClearAcctBankName	原付款银行	String	[1，60]		M
PayAmt	汇总清算金额	Currency		负金额	M
PayBankName	代理银行名称	GBString	[1，60]	代理银行归集行，财政提供	M
PayBankNo	代理银行行号	NString	12	代理银行归集行，人民银行提供	M
Remark	摘要	GBString	[1，200]		O
MoneyCorpCode	金融机构编码	String	14		O
XPaySndBnkNo	支付发起行行号	NString	12	人民银行在回单中补录	O
XAddWord	附言	GBString	[0，60]	人民银行在回单中补录	O
XClearDate	清算日期	Date		人行处理日期，人民银行在回单中补录	M
XPayAmt	汇总清算金额	Currency		负金额，人民银行在回单中补录	M
Hold1	预留字段 1	GBString	[1，42]		O
Hold2	预留字段 2	GBString	[1，42]		O

8.1.6.2　申请退款凭证回单明细信息

XMLTag：Voucher/DetailList/Detail/

标识符	字段名称	类型	长度	备注	强制/可选
VoucherNo	支付凭证单号	GBString	[1，42]	财政直接支付退款通知书单号或者财政授权支付退款通知书单号	O
SupDepCode	一级预算单位编码	Nstring	[1，42]		M
SupDepName	一级预算单位名称	GBString	[1，60]		M
ExpFuncCode	支出功能分类科目编码	Nstring	[1，42]		M
ExpFuncName	支出功能分类科目名称	GBString	[1，60]		M
PayAmt	支付金额	Currency		负金额	M
PaySummaryName	摘要名称	GBString	[1，200]		O
Hold1	预留字段 1	GBString	[1，42]		O
Hold2	预留字段 2	GBString	[1，42]		O
Hold3	预留字段 3	GBString	[1，42]		O
Hold4	预留字段 4	GBString	[1，42]		O

8.1.6.3　XML 示例

参考 8.1.3.3 XML 示例。

8.1.7　实拨拨款凭证（5207）

8.1.7.1　实拨拨款凭证主单信息

XMLTag：Voucher/

标识符	字段名称	类型	长度	备注	强制/可选
Id	实拨拨款凭证 Id	NString	38	主键	M
AdmDivCode	行政区划代码	NString	[1，9]		M
StYear	业务年度	NString	4		M
VtCode	凭证类型编号	NString	4	5207	M
VouDate	凭证日期	Date			M

续表

标识符	字段名称	类型	长度	备注	强制/可选
VoucherNo	凭证号	GBString	[1, 42]	实拨拨款凭证单号	M
TreCode	国库主体代码	NString	10		M
FinOrgCode	财政机关代码	NString	[1, 12]		M
FundTypeCode	资金性质编码	Nstring	[1, 42]		M
FundTypeName	资金性质名称	GBString	[1, 60]		M
PayTypeCode	支付方式编码	Nstring	[1, 42]		M
PayTypeName	支付方式名称	GBString	[1, 60]		M
ClearBankCode	人民银行编码	Nstring	[1, 42]	财政提供	M
ClearBankName	人民银行名称	GBString	[1, 60]		M
PayeeAcctNo	收款人账号	NString	[1, 42]		M
PayeeAcctName	收款人名称	GBString	[1, 120]		M
PayeeAcctBankName	收款人银行	GBString	[1, 60]		M
PayeeAcctBankNo	收款银行行号	NString	12	人民银行填写	O
PayAcctNo	付款人账号	NString	[1, 42]		M
PayAcctName	付款人名称	GBString	[1, 120]		M
PayAcctBankName	付款人银行	GBString	[1, 60]		M
PaySummaryCode	用途编码	Nstring	[1, 42]		O
PaySummaryName	用途名称	GBString	[1, 200]		O
PayAmt	拨款金额	Currency		不能为负	M
XpayAmt	金额	Currency		实际支付金额，人民银行在回单中补录	M
XPayDate	支付日期	Date		人民银行处理日期，人民银行在回单中补录	M
XAgentBusinessNo	银行交易流水号	String	[1, 42]	人民银行在回单中补录	O
Hold1	预留字段 1	GBString	[1, 42]		O
Hold2	预留字段 2	GBString	[1, 42]		O

8.1.7.2 实拨拨款凭证明细信息

XMLTag：Voucher/DetailList/Detail/

标识符	字段名称	类型	长度	备注	强制/可选
Id	拨款明细编号	String	38	主键	M
VoucherBillId	拨款凭证 Id	String	38	与主单 id 内容一致	M
BgtTypeCode	预算类型编码	Nstring	[1, 42]		O

续表

标识符	字段名称	类型	长度	备注	强制/可选
BgtTypeName	预算类型名称	GBString	[1, 60]		O
ProCatCode	收支管理编码	Nstring	[1, 42]		O
ProCatName	收支管理名称	GBString	[1, 60]		O
AgencyCode	预算单位编码	Nstring	[1, 42]		M
AgencyName	预算单位名称	GBString	[1, 60]		M
ExpFuncCode	支出功能分类科目编码	Nstring	[1, 42]		M
ExpFuncName	支出功能分类科目名称	GBString	[1, 60]		M
ExpFuncCode1	支出功能分类科目类编码	Nstring	[1, 42]		O
ExpFuncName1	支出功能分类科目类名称	GBString	[1, 60]		O
ExpFuncCode2	支出功能分类科目款编码	Nstring	[1, 42]		O
ExpFuncName2	支出功能分类科目款名称	GBString	[1, 60]		O
ExpFuncCode3	支出功能分类科目项编码	Nstring	[1, 42]		O
ExpFuncName3	支出功能分类科目项名称	GBString	[1, 60]		O
ExpEcoCode	支出经济分类科目编码	Nstring	[1, 42]		O
ExpEcoName	支出经济分类科目名称	GBString	[1, 60]		O
ExpEcoCode1	支出经济分类科目类编码	Nstring	[1, 42]		O
ExpEcoName1	支出经济分类科目类名称	GBString	[1, 60]		O
ExpEcoCode2	支出经济分类科目款编码	Nstring	[1, 42]		O
ExpEcoName2	支出经济分类科目款名称	GBString	[1, 60]		O
PayAmt	支付金额	Currency		不能为负	M

续表

标识符	字段名称	类型	长度	备注	强制/可选
Hold1	预留字段 1	GBString	[1, 42]		O
Hold2	预留字段 2	GBString	[1, 42]		O
Hold3	预留字段 3	GBString	[1, 42]		O
Hold4	预留字段 4	GBString	[1, 42]		O

8.1.7.3 XML 示例

参考 8.1.3.3 XML 示例。

8.1.8 实拨退款通知书（3208）

8.1.8.1 实拨退款通知书主单信息

XMLTag：Voucher/

标识符	字段名称	类型	长度	备注	强制/可选
Id	实拨退款通知书 Id	NString	[1, 38]	主键	M
AdmDivCode	行政区划代码	NString	[1, 9]		M
StYear	业务年度	NString	4		M
VtCode	凭证类型编号	NString	4	3208	M
VouDate	凭证日期	Date			M
VoucherNo	凭证号	GBString	[1, 42]	实拨退款通知书单号	M
AgentBusinessNo	原银行交易流水号	String	[1, 42]		O
OriBillNo	原拨款单单号	String	[1, 20]		O
OriVouDate	原拨款单凭证日期	Date			O
OriPayDate	原支付日期	Date			O
FundTypeCode	资金性质编码	Nstring	[1, 42]		M
FundTypeName	资金性质名称	GBString	[1, 60]		M
PayTypeCode	支付方式编码	Nstring	[1, 42]		M
PayTypeName	支付方式名称	GBString	[1, 60]		M
ProCatCode	收支管理编码	Nstring	[1, 42]		O
ProCatName	收支管理名称	GBString	[1, 60]		O
PayAcctNo	付款人账号	NString	[1, 42]	原业务的付款人账号	M
PayAcctName	付款人名称	GBString	[1, 120]		M

续表

标识符	字段名称	类型	长度	备注	强制/可选
PayAcctBankName	付款人银行	GBString	[1，60]		M
PayeeAcctNo	收款人账号	NString	[1，42]		M
PayeeAcctName	收款人名称	GBString	[1，120]		M
PayeeAcctBankName	收款人银行	GBString	[1，60]		M
PayeeAcctBankNo	收款银行行号	NString	12	原业务的收款行行号	O
PaySummaryCode	用途编码	Nstring	[1，42]		O
PaySummaryName	用途名称	GBString	[1，200]		O
PayAmt	汇总退款金额	Currency		负金额	M
Hold1	预留字段 1	GBString	[1，42]		O
Hold2	预留字段 2	GBString	[1，42]		O

8.1.8.2　实拨退款通知书明细信息

XMLTag：Voucher/DetailList/Detail/

标识符	字段名称	类型	长度	备注	强制/可选
Id	退款通知书明细编号	String	38	主键	M
VoucherBillId	退款通知书 Id	String	38	与主单 id 内容一致	M
BgtTypeCode	预算类型编码	Nstring	[1，42]		O
BgtTypeName	预算类型名称	GBString	[1，60]		O
ProCatCode	收支管理编码	Nstring	[1，42]		O
ProCatName	收支管理名称	GBString	[1，60]		O
AgencyCode	预算单位编码	Nstring	[1，42]		M
AgencyName	预算单位名称	GBString	[1，60]		M
ExpFuncCode	支出功能分类科目编码	Nstring	[1，42]		M
ExpFuncName	支出功能分类科目名称	GBString	[1，60]		M
ExpEcoCode	支出经济分类科目编码	Nstring	[1，42]		O
ExpEcoName	支出经济分类科目名称	GBString	[1，60]		O

续表

标识符	字段名称	类型	长度	备注	强制/可选
Amt	退款金额	Currency		负金额	M
Hold1	预留字段 1	GBString	[1, 42]		O
Hold2	预留字段 2	GBString	[1, 42]		O
Hold3	预留字段 3	GBString	[1, 42]		O
Hold4	预留字段 4	GBString	[1, 42]		O

8.1.8.3 XML 示例

参考 8.1.3.3 XML 示例。

8.1.9 收入退付凭证（5209）

8.1.9.1 收入退付凭证主单信息

XMLTag：Voucher/

标识符	字段名称	类型	长度	备注	强制/可选
Id	收入退付凭证 Id	NString	38	主键	M
AdmDivCode	行政区划代码	NString	[1, 9]		M
StYear	业务年度	NString	4		M
VtCode	凭证类型编号	NString	4	5209	M
VouDate	凭证日期	Date			M
VoucherNo	凭证号	GBString	[1, 42]	收入退付凭证单号	M
TreCode	国库主体代码	NString	10		M
FinOrgCode	财政机关代码	NString	[1, 12]		M
FundTypeCode	资金性质编码	Nstring	[1, 42]		M
FundTypeName	资金性质名称	GBString	[1, 60]		M
ClearBankCode	人民银行编码	Nstring	[1, 42]	财政提供	M
ClearBankName	人民银行名称	GBString	[1, 60]		M
PayeeAcctNo	收款人账号	NString	[1, 42]		M
PayeeAcctName	收款人名称	GBString	[1, 120]		M
PayeeAcctBankName	收款人银行	GBString	[1, 60]		M
PayeeAcctBankNo	收款银行行号	NString	12	人民银行填写	O
PayAcctNo	付款人账号	NString	[1, 42]		M

续表

标识符	字段名称	类型	长度	备注	强制/可选
PayAcctName	付款人名称	GBString	[1，120]		M
PayAcctBankName	付款人银行	GBString	[1，60]		M
ReturnReasonName	退付原因	GBString	[1，200]		M
PayAmt	退付金额	Currency		不能为负	M
XpayAmt	金额	Currency		实际退付金额，人民银行在回单中补录	M
XPayDate	退付日期	Date		人民银行处理日期，人民银行在回单中补录	M
XAgentBusinessNo	银行交易流水号	String	[1，42]	人民银行在回单中补录	O
Hold1	预留字段1	GBString	[1，42]		O
Hold2	预留字段2	GBString	[1，42]		O

8.1.9.2　收入退付凭证明细信息

XMLTag：Voucher/DetailList/Detail/

标识符	字段名称	类型	长度	备注	强制/可选
Id	退付明细编号	String	38	主键	M
VoucherBillId	退付凭证Id	String	38	与主单id内容一致	M
BgtTypeCode	预算类型编码	Nstring	[1，42]		O
BgtTypeName	预算类型名称	GBString	[1，60]		O
ProCatCode	收支管理编码	Nstring	[1，42]		O
ProCatName	收支管理名称	GBString	[1，60]		O
AgencyCode	预算单位编码	Nstring	[1，42]		M
AgencyName	预算单位名称	GBString	[1，60]		M
IncomeSortCode	收入分类科目编码	Nstring	[1，42]	见当年《政府收支分类科目》，下同	M
IncomeSortName	收入分类科目名称	GBString	[1，60]		M
IncomeSortCode1	收入分类科目类编码	Nstring	[1，42]	见当年《政府收支分类科目》，下同	O
IncomeSortName1	收入分类科目类名称	GBString	[1，60]		O
IncomeSortCode2	收入分类科目款编码	Nstring	[1，42]	见当年《政府收支分类科目》，下同	O
IncomeSortName2	收入分类科目款名称	GBString	[1，60]		O

续表

标识符	字段名称	类型	长度	备注	强制/可选
IncomeSortCode3	收入分类科目项编码	Nstring	[1, 42]	见当年《政府收支分类科目》，下同	O
IncomeSortName3	收入分类科目项名称	GBString	[1, 60]		O
IncomeSortCode4	收入分类科目目编码	Nstring	[1, 42]	见当年《政府收支分类科目》，下同	O
IncomeSortName4	收入分类科目目名称	GBString	[1, 60]		O
PayAmt	退付金额	Currency		不能为负	M
Hold1	预留字段 1	GBString	[1, 42]		O
Hold2	预留字段 2	GBString	[1, 42]		O
Hold3	预留字段 3	GBString	[1, 42]		O
Hold4	预留字段 4	GBString	[1, 42]		O

8.1.9.3 XML 示例

参考 8.1.3.3 XML 示例。

8.1.10 收入日报表（3401）

8.1.10.1 收入日报主单信息

XMLTag：Voucher/

标识符	字段名称	类型	长度	备注	强制/可选
Id	收入日报表 Id	NString	38	主键	M
AdmDivCode	行政区划代码	NString	[1, 9]		M
StYear	业务年度	NString	4		M
VtCode	凭证类型编号	NString	4	3401	M
VouDate	凭证日期	Date			M
VoucherNo	凭证号	GBString	[1, 42]	收入日报单号	M
ReportDate	报表所属日期	Date			M
FinOrgCode	财政机关代码	NString	[1, 12]		M
SumMoney	本日日报累计金额	Currency			M
Hold1	预留字段 1	GBString	[1, 42]		O
Hold2	预留字段 2	GBString	[1, 42]		O

8.1.10.2　收入日报明细信息

XMLTag：Voucher/DetailList/Detail/

标识符	字段名称	类型	长度	备注	强制/可选
AdmDivCode	行政区划代码	NString	[1，9]		M
StYear	业务年度	NString	4		M
TaxOrgCode	征收机关代码	NString	[1，12]	如果是具体的征收机关那么对应的就是本级数据；如果是000000000000所对应的就是全辖数据	M
TaxOrgName	征收机关名称	GBString	[1，60]		M
TreCode	国库主体代码	NString	10		M
BudgetType	资金性质	NString	1		M
BudgetLevelCode	预算级次	NString	1	见代码表，下同	M
BudgetSubjectCode	收入分类科目编码	NString	[1，30]	见当年《政府收支分类科目》	M
BudgetSubjectName	收入分类科目名称	GBString	[1，60]		M
DayAmt	日累计金额	Currency			M
TenDayAmt	旬累计金额	Currency			M
MonthAmt	月累计金额	Currency			M
QuarterAmt	季累计金额	Currency			M
YearAmt	年累计金额	Currency			M
Hold1	预留字段1	GBString	[1，42]		O
Hold2	预留字段2	GBString	[1，42]		O
Hold3	预留字段3	GBString	[1，42]		O
Hold4	预留字段4	GBString	[1，42]		O

8.1.10.3　XML示例

参考8.1.3.3 XML示例。

8.1.11　库存日报表（3402）

8.1.11.1　库存日报表主单信息

XMLTag：Voucher/

标识符	字段名称	类型	长度	备注	强制/可选
Id	库存日报表 Id	NString	38		M
AdmDivCode	行政区划代码	NString	[1，9]		M
StYear	业务年度	NString	4		M
VtCode	凭证类型编号	NString	4	3402	M
VouDate	凭证日期	Date			M
VoucherNo	凭证号	GBString	[1，42]	库存日报单号	M
BankCode	国库主体代码	NString	[1，32]		M
AcctCode	账户代码	NString	[1，32]		M
AcctName	账户名称	GBString	[1，60]		M
AcctDate	账户日期	Date			M
YesterdayBalance	上日余额	Currency			M
TodayReceipt	本日收入	Currency			M
TodayPay	本日支出	Currency			M
TodayBalance	本日余额	Currency			M
Hold1	预留字段 1	GBString	[1，42]		O
Hold2	预留字段 2	GBString	[1，42]		O
Hold3	预留字段 3	GBString	[1，42]		O
Hold4	预留字段 4	GBString	[1，42]		O

8.1.11.2　库存日报表明细信息

无。

8.1.11.3　XML 示例

```
业务凭证原文格式示例如下：
    <! —1 笔库存日报表 - - >
    <Voucher>
        <Id>1099</Id>
        <AdmDivCode>220181</AdmDivCode>
        <StYear>2013</StYear>
        <VtCode>3402</VtCode>
        <VouDate>20120328</VouDate>
        <VoucherNo>00005</VoucherNo>
        <BankCode>002</BankCode>
        <AcctCode>1013</AcctCode>
        <AcctName>XX 省国库</AcctName>
        <AcctDate>20130102</AcctDate>
```

续表

<YesterdayBalance>20000.00</YesterdayBalance>
<TodayReceipt>10000.00</TodayReceipt>
<TodayPay>10000.00</TodayPay>
<TodayBalance>20000.00</TodayBalance>
<Hold1></Hold1>
<Hold2></Hold2>
<Hold3></Hold3>
<Hold4></Hold4>
</Voucher>

8.2　财政与代理银行日常业务

8.2.1　凭证内容

财政与代理银行日常业务包含的凭证有：

序号	凭证类型编号	名称	发起方	接收方
1	5105	财政授权支付额度通知单	财政	代理银行
2	5105	财政授权支付额度通知单回单	代理银行	财政
3	2104	财政授权支付额度到账通知书	代理银行	预算单位
4	5201	财政直接支付凭证	财政	代理银行
5	5201	财政直接支付凭证回单	代理银行	财政
6	8202	财政授权支付凭证	预算单位	代理银行
7	8202	财政授权支付凭证回单	代理银行	预算单位
8	2203	财政直接支付退款通知书	代理银行	财政
9	2204	财政授权支付退款通知书	代理银行	预算单位
10	2205	财政直接支付（退款）入账通知书	代理银行	预算单位
11	2206	财政授权支付（直接支付）日报表	代理银行	财政

8.2.2　凭证回单规则

代理银行给财政的凭证回单规则如下：

（1）“5105 财政授权支付额度通知单”回单凭证类型编号仍为 5105，在原文基础上补充“XAcctDate 处理日期”后返回。

(2)“5201 财政直接支付凭证”、“8202 财政授权支付凭证” 回单凭证类型编号仍为 5201、8202，在原文基础上补充 “XPayDate 实际支付日期”、“XAgentBusinessNo 银行交易流水号”、“XCheckNo 支票号（结算号)”、“XPayAmt 实际支付金额”、“XPayeeAcctBankName 收款人银行”、“XPayeeAcctNo 收款人账号”、“XPayeeAcctName 收款人全称” 等信息后返回。

8.2.3 财政授权支付额度通知单（5105）

8.2.3.1 财政授权支付额度通知单主单信息

XMLTag：Voucher/

标识符	字段名称	类型	长度	备注	强制/可选
Id	财政授权支付额度通知单 Id	NString	38	主键	M
AdmDivCode	行政区划代码	NString	[1，9]		M
StYear	业务年度	NString	4		M
VtCode	凭证类型编号	NString	4	5105	M
VouDate	凭证日期	Date			M
VoucherNo	凭证号	GBString	[1，42]	财政授权支付额度通知单号	M
BgtTypeCode	预算类型编码	Nstring	[1，42]		O
BgtTypeName	预算类型名称	GBString	[1，60]		O
FundTypeCode	资金性质编码	Nstring	[1，42]		M
FundTypeName	资金性质名称	GBString	[1，60]		M
PayBankCode	代理银行编码	Nstring	[1，42]	代理银行归集行，财政提供	M
PayBankName	代理银行名称	GBString	[1，60]	代理银行归集行，财政提供	M
SetMonth	计划月份	NString	2		M
PlanAmt	额度汇总金额	Currency			M
DeptNum	一级预算单位数量	Integer	4		O

续表

标识符	字段名称	类型	长度	备注	强制/可选
Remark	备注	GBString	[1，255]		O
XAcctDate	处理日期	Date		代理银行处理日期，代理银行在回单中补录	M
Hold1	预留字段1	GBString	[1，42]		O
Hold2	预留字段2	GBString	[1，42]		O

8.2.3.2　财政授权支付额度通知单明细信息

XMLTag：Voucher/DetailList/Detail/

标识符	字段名称	类型	长度	备注	强制/可选
Id	计划明细编号	String	38	主键	M
AgentBillId	财政授权支付额度通知单Id	String	38	与主单id内容一致	M
SupDepCode	一级预算单位编码	Nstring	[1，42]		O
SupDepName	一级预算单位名称	GBString	[1，60]		O
AgencyCode	基层预算单位编码	Nstring	[1，42]		M
AgencyName	基层预算单位名称	GBString	[1，60]		M
ExpFuncCode	支出功能分类科目编码	Nstring	[1，42]		M
ExpFuncName	支出功能分类科目名称	GBString	[1，60]		M
ExpFuncCode1	支出功能分类类编码	Nstring	[1，42]		O
ExpFuncName1	支出功能分类类名称	GBString	[1，60]		O
ExpFuncCode2	支出功能分类款编码	Nstring	[1，42]		O
ExpFuncName2	支出功能分类款名称	GBString	[1，60]		O
ExpFuncCode3	支出功能分类项编码	Nstring	[1，42]		O
ExpFuncName3	支出功能分类项名称	GBString	[1，60]		O
ExpEcoCode	经济分类科目编码	Nstring	[1，42]		O
ExpEcoName	经济分类科目名称	GBString	[1，60]		O
ProCatCode	收支管理编码	Nstring	[1，42]		0
ProCatName	收支管理名称	GBString	[1，60]		0
DepProCode	预算项目编码	Nstring	[1，42]		O
DepProName	预算项目名称	GBString	[1，200]		O
PlanAmt	额度金额	Currency			M
Remark	备注	GBString	[1，255]		O

续表

标识符	字段名称	类型	长度	备注	强制/可选
AgencyAccoCode	单位零余额账户	Nstring	[1, 60]		M
AgencyAccoName	单位零余额账户名称	GbString	[1, 200]		M
AgencyBankName	单位零余额账户开户行	GBString	[1, 200]		M
Hold1	预留字段 1	GBString	[1, 42]		O
Hold2	预留字段 2	GBString	[1, 42]		O
Hold3	预留字段 3	GBString	[1, 42]		O
Hold4	预留字段 4	GBString	[1, 42]		O

8.2.3.3 XML 示例

参考 8.1.3.3 XML 示例。

8.2.4 财政授权支付额度到账通知书（2104）

8.2.4.1 财政授权支付额度到账通知书主单信息

XMLTag：Voucher/

标识符	字段名称	类型	长度	备注	强制/可选
Id	财政授权支付额度到账通知书 Id	NString	38	主键	M
AdmDivCode	行政区划代码	NString	[1, 9]		M
StYear	业务年度	NString	4		M
VtCode	凭证类型编号	NString	4	2104	M
VouDate	凭证日期	Date			M
VoucherNo	凭证号	GBString	[1, 42]	财政授权支付额度到账通知书单号	M
BgtTypeCode	预算类型编码	Nstring	[1, 42]		O
BgtTypeName	预算类型名称	GBString	[1, 60]		O
AgencyCode	基层预算单位编码	Nstring	[1, 42]		M
AgencyName	基层预算单位名称	GBString	[1, 60]		M
PlanAmt	汇总计划金额	Currency			M
SetMonth	计划月份	NString	2		M

续表

标识符	字段名称	类型	长度	备注	强制/可选
PayBankCode	代理银行编码	Nstring	[1，42]	代理银行分支机构，财政提供	M
PayBankName	代理银行名称	GBString	[1，60]	代理银行分支机构，财政提供	M
AgencyAccoCode	单位零余额账户	Nstring	[1，60]		M
AgencyAccoName	单位零余额账户名称	GbString	[1，200]		M
AgencyBankNO	单位零余额开户银行行号	GBString	[1，60]		O
AgencyBankName	单位零余额开户银行名称	GBString	[1，200]		M
Hold1	预留字段1	GBString	[1，42]		O
Hold2	预留字段2	GBString	[1，42]		O

8.2.4.2　财政授权支付额度到账通知书明细信息

XMLTag：Voucher/DetailList/Detail/

标识符	字段名称	类型	长度	备注	强制/可选
Id	计划明细编号	String	38	主键	M
AgentenBillId	财政授权支付额度到账通知书Id	String	38		M
FundTypeCode	资金性质编码	Nstring	[1，42]		O
FundTypeName	资金性质名称	GBString	[1，60]		O
ExpFuncCode	支出功能分类科目编码	Nstring	[1，42]		M
ExpFuncName	支出功能分类科目名称	GBString	[1，60]		M
ExpFuncCode1	支出功能分类科目类编码	Nstring	[1，42]		O
ExpFuncName1	支出功能分类科目类名称	GBString	[1，60]		O
ExpFuncCode2	支出功能分类科目款编码	Nstring	[1，42]		O

续表

标识符	字段名称	类型	长度	备注	强制/可选
ExpFuncName2	支出功能分类科目款名称	GBString	[1, 60]		O
ExpFuncCode3	支出功能分类科目项编码	Nstring	[1, 42]		O
ExpFuncName3	支出功能分类科目项名称	GBString	[1, 60]		O
ExpEcoCode	经济分类科目编码	Nstring	[1, 42]		O
ExpEcoName	经济分类科目名称	GBString	[1, 60]		O
ProCatCode	收支管理编码	Nstring	[1, 42]		O
ProCatName	收支管理名称	GBString	[1, 60]		O
DepProCode	预算项目编码	Nstring	[1, 42]		O
DepProName	预算项目名称	GBString	[1, 200]		O
PlanAmt	计划金额	Currency			M
Remark	备注	GBString	[1, 255]		O
Hold1	预留字段 1	GBString	[1, 42]		O
Hold2	预留字段 2	GBString	[1, 42]		O
Hold3	预留字段 3	GBString	[1, 42]		O
Hold4	预留字段 4	GBString	[1, 42]		O

8.2.4.3 XML 示例

参考 8.1.3.3 XML 示例。

8.2.5 财政直接支付凭证（5201）

8.2.5.1 财政直接支付凭证主单信息

XMLTag：Voucher/

标识符	字段名称	类型	长度	备注	强制/可选
Id	财政直接支付凭证 Id	NString	38	主键	M
AdmDivCode	行政区划代码	NString	[1, 9]		M
StYear	业务年度	NString	4		M
VtCode	凭证类型编号	NString	4	5201	M
VouDate	凭证日期	Date			M
VoucherNo	凭证号	GBString	[1, 42]	财政直接支付凭证单号	M

续表

标识符	字段名称	类型	长度	备注	强制/可选
FundTypeCode	资金性质编码	Nstring	[1, 42]		M
FundTypeName	资金性质名称	GBString	[1, 60]		M
PayTypeCode	支付方式编码	Nstring	[1, 42]		M
PayTypeName	支付方式名称	GBString	[1, 60]		M
ProCatCode	收支管理编码	Nstring	[1, 42]		O
ProCatName	收支管理名称	GBString	[1, 60]		O
MOFDepCode	业务处室编码	Nstring	[1, 42]		O
MOFDepName	业务处室名称	GBString	[1, 60]		O
SupDepCode	一级预算单位编码	Nstring	[1, 42]		O
SupDepName	一级预算单位名称	GBString	[1, 60]		O
AgencyCode	基层预算单位编码	Nstring	[1, 42]		O
AgencyName	基层预算单位名称	GBString	[1, 60]		O
ExpFuncCode	支出功能分类科目编码	Nstring	[1, 42]		O
ExpFuncName	支出功能分类科目名称	GBString	[1, 60]		O
ExpFuncCode1	支出功能分类科目类编码	Nstring	[1, 42]		O
ExpFuncName1	支出功能分类科目类名称	GBString	[1, 60]		O
ExpFuncCode2	支出功能分类科目款编码	Nstring	[1, 42]		O
ExpFuncName2	支出功能分类科目款名称	GBString	[1, 60]		O
ExpFuncCode3	支出功能分类科目项编码	Nstring	[1, 42]		O
ExpFuncName3	支出功能分类科目项名称	GBString	[1, 60]		O
ExpEcoCode	支出经济分类科目编码	Nstring	[1, 42]		O
ExpEcoName	支出经济分类科目名称	GBString	[1, 60]		O
ExpEcoCode1	支出经济分类科目类编码	Nstring	[1, 42]		O
ExpEcoName1	支出经济分类科目类名称	GBString	[1, 60]		O
ExpEcoCode2	支出经济分类科目款编码	Nstring	[1, 42]		O

续表

标识符	字段名称	类型	长度	备注	强制/可选
ExpEcoName2	支出经济分类科目款名称	GBString	[1，60]		O
DepProCode	预算项目编码	Nstring	[1，42]		O
DepProName	预算项目名称	GBString	[1，200]		O
SetModeCode	结算方式编码	Nstring	[1，42]	见代码表，下同	O
SetModeName	结算方式名称	GBString	[1，60]		O
PayBankCode	代理银行编码	Nstring	[1，42]	代理银行分支机构，财政提供	O
PayBankName	代理银行名称	GBString	[1，60]	代理银行分支机构，财政提供	O
ClearBankCode	清算银行编码	Nstring	[1，42]	财政提供	M
ClearBankName	清算银行名称	GBString	[1，60]		M
PayeeAcctNo	收款人账号	NString	[1，42]	业务类型为公务卡业务、工资业务、其他批量业务时，取消过渡户的，收款人为空；暂时保留的，收款人为过渡户信息	O
PayeeAcctName	收款人名称	GBString	[1，120]		
PayeeAcctBankName	收款人银行	GBString	[1，60]		
PayAcctNo	付款人账号	NString	[1，42]	财政零余额账户	M
PayAcctName	付款人名称	GBString	[1，120]		M
PayAcctBankName	付款人银行	GBString	[1，60]		M
PaySummaryCode	用途编码	Nstring	[1，42]		O
PaySummaryName	用途名称	GBString	[1，200]		O
PayAmt	支付金额	Currency		不能为负	M
BusinessTypeCode	业务类型编码	Nstring	[1，42]	见代码表	M
BusinessTypeName	业务类型名称	GBString	[1，60]	见代码表	M
CheckNo	支票号（结算号）	String	[1，42]		O
XPayDate	实际支付日期	DateTime			M
XAgentBusinessNo	银行交易流水号	String	[1，42]		M
XCheckNo	支票号（结算号）	String	[1，42]		O
XPayAmt	实际支付金额	Currency			M
XPayeeAcctBankName	收款人银行	GBString	[1，60]	代理银行在回单中补录	M
XPayeeAcctNo	收款人账号	GBString	[1，60]	代理银行在回单中补录	M
XPayeeAcctName	收款人全称	GBString	[1，120]	代理银行在回单中补录	M
Hold1	预留字段 1	GBString	[1，42]		O
Hold2	预留字段 2	GBString	[1，42]		O

8.2.5.2 财政直接支付凭证明细信息

XMLTag：Voucher/DetailList/Detail/

标识符	字段名称	类型	长度	备注	强制/可选
Id	支付明细编号	String	38	主键	M
VoucherBillId	财政直接支付凭证 Id	String	38	与主单 id 内容一致	M
VoucherBillNo	财政直接支付凭证单号	GBString	[1，42]	与主单 VoucherNo 内容一致	M
BgtTypeCode	预算类型编码	Nstring	[1，42]		O
BgtTypeName	预算类型名称	GBString	[1，60]		O
ProCatCode	收支管理编码	Nstring	[1，42]		O
ProCatName	收支管理名称	GBString	[1，60]		O
PayKindCode	支出类型编码	Nstring	[1，42]		O
PayKindName	支出类型名称	GBString	[1，60]		O
MOFDepCode	业务处室编码	Nstring	[1，42]		O
MOFDepName	业务处室名称	GBString	[1，60]		O
SupDepCode	一级预算单位编码	Nstring	[1，42]		O
SupDepName	一级预算单位名称	GBString	[1，60]		O
AgencyCode	基层预算单位编码	Nstring	[1，42]		M
AgencyName	基层预算单位名称	GBString	[1，60]		M
ExpFuncCode	支出功能分类科目编码	Nstring	[1，42]		M
ExpFuncName	支出功能分类科目名称	GBString	[1，60]		M
ExpEcoCode	支出经济分类科目编码	Nstring	[1，42]		O
ExpEcoName	支出经济分类科目名称	GBString	[1，60]		O
DepProCode	预算项目编码	Nstring	[1，42]		O
DepProName	预算项目名称	GBString	[1，200]		O
PayeeAcctNo	收款人账号	NString	[1，42]		M
PayeeAcctName	收款人名称	GBString	[1，120]		M
PayeeAcctBankName	收款人银行	GBString	[1，60]		M
PayAmt	支付金额	Currency		不能为负	M
Remark	备注	GBString	[1，255]		O
XPayDate	实际支付日期	DateTime			M
XAgentBusinessNo	银行交易流水号	String	[1，42]		M
XCheckNo	支票号（结算号）	String	[1，42]		O

续表

标识符	字段名称	类型	长度	备注	强制/可选
XPayAmt	实际支付金额	Currency			M
XPayeeAcctBankName	收款人银行	GBString	[1, 60]	代理银行在回单中补录	M
XPayeeAcctNo	收款人账号	GBString	[1, 60]	代理银行在回单中补录	M
XPayeeAcctName	收款人全称	GBString	[1, 120]	代理银行在回单中补录	M
Hold1	预留字段1	GBString	[1, 42]		O
Hold2	预留字段2	GBString	[1, 42]		O
Hold3	预留字段3	GBString	[1, 42]		O
Hold4	预留字段4	GBString	[1, 42]		O

8.2.5.3 XML 示例

参考 8.1.3.3 XML 示例。

8.2.6 财政授权支付凭证（8202）

8.2.6.1 财政授权支付凭证主单信息

XMLTag：Voucher/

标识符	字段名称	类型	长度	备注	强制/可选
Id	财政授权支付凭证 Id	String	38	主键	M
AdmDivCode	行政区划代码	NString	[1, 9]		M
StYear	业务年度	NString	4		M
VtCode	凭证类型编号	NString	4	8202	M
VouDate	凭证日期	Date			M
VoucherNo	凭证号	GBString	[1, 42]	财政授权支付凭证单号	M
FundTypeCode	资金性质编码	Nstring	[1, 42]		M
FundTypeName	资金性质名称	GBString	[1, 60]		M
PayTypeCode	支付方式编码	Nstring	[1, 42]		M
PayTypeName	支付方式名称	GBString	[1, 60]		M
ProCatCode	收支管理编码	Nstring	[1, 42]		O
ProCatName	收支管理名称	GBString	[1, 60]		O
MOFDepCode	业务处室编码	Nstring	[1, 42]		O
MOFDepName	业务处室名称	GBString	[1, 60]		O
SupDepCode	一级预算单位编码	Nstring	[1, 42]		O
SupDepName	一级预算单位名称	GBString	[1, 60]		O
AgencyCode	基层预算单位编码	Nstring	[1, 42]		O

续表

标识符	字段名称	类型	长度	备注	强制/可选
AgencyName	基层预算单位名称	GBString	[1，60]		O
ExpFuncCode	功能分类科目编码	Nstring	[1，42]		O
ExpFuncName	功能分类科目名称	GBString	[1，60]		O
ExpFuncCode1	支出功能分类类编码	Nstring	[1，42]		O
ExpFuncName1	支出功能分类类名称	GBString	[1，60]		O
ExpFuncCode2	支出功能分类款编码	Nstring	[1，42]		O
ExpFuncName2	支出功能分类款名称	GBString	[1，60]		O
ExpFuncCode3	支出功能分类项编码	Nstring	[1，42]		O
ExpFuncName3	支出功能分类项名称	GBString	[1，60]		O
ExpEcoCode	经济分类科目编码	Nstring	[1，42]		O
ExpEcoName	经济分类科目名称	GBString	[1，60]		O
ExpEcoCode1	支出经济分类类编码	Nstring	[1，42]		O
ExpEcoName1	支出经济分类类名称	GBString	[1，60]		O
ExpEcoCode2	支出经济分类款编码	Nstring	[1，42]		O
ExpEcoName2	支出经济分类款名称	GBString	[1，60]		O
DepProCode	预算项目编码	Nstring	[1，42]		O
DepProName	预算项目名称	GBString	[1，200]		O
SetModeCode	结算方式编码	Nstring	[1，42]		O
SetModeName	结算方式名称	GBString	[1，60]		O
PayBankCode	代理银行编码	Nstring	[1，42]	代理银行分支机构，财政提供	O
PayBankName	代理银行名称	GBString	[1，60]	代理银行分支机构，财政提供	O
ClearBankCode	清算银行编码	Nstring	[1，42]		M
ClearBankName	清算银行名称	GBString	[1，60]		M
PayeeAcctNo	收款人账号	NString	[1，42]	业务类型为公务卡业务、工资业务、其他批量业务时，取消过渡户的，收款人为空；暂时保留的，收款人为过渡户信息。PayMgrCode为正常支付时必填，限额时可选	O
PayeeAcctName	收款人名称	GBString	[1，120]		O
PayeeAcctBankName	收款人银行	GBString	[1，60]		O
PayAcctNo	付款人账号	NString	[1，42]	预算单位零余额账户	M
PayAcctName	付款人名称	GBString	[1，120]		M
PayAcctBankName	付款人银行	GBString	[1，60]		M
PaySummaryCode	用途编码	Nstring	[1，42]		O
PaySummaryName	用途名称	GBString	[1，200]		O

续表

标识符	字段名称	类型	长度	备注	强制/可选
PayAmt	支付金额	Currency		不能为负	M
PayMgrCode	支付类型编码	Nstring	[1，42]	见代码表，下同	O
PayMgrName	支付类型名称	GBString	[1，60]		O
FundDealModeCode	办理方式编码	NString	1	见代码表，下同	M
FundDealModeName	办理方式名称	NString	1		M
BusinessTypeCode	业务类型编码	Nstring	[1，42]	见代码表，下同	M
BusinessTypeName	业务类型名称	GBString	[1，60]		M
CheckNo	支票号（结算号）	String	[1，42]		O
XPayDate	实际支付日期	DateTime		代理银行在回单中补录	M
XAgentBusinessNo	银行交易流水号	String	[1，42]	代理银行在回单中补录	M
XCheckNo	支票号（结算号）	String	[1，42]	代理银行在回单中补录	O
XPayAmt	实际支付金额	Currency		代理银行在回单中补录	M
XPayeeAcctBankName	收款人银行	GBString	[1，60]	代理银行在回单中补录	M
XPayeeAcctNo	收款人账号	GBString	[1，60]	代理银行在回单中补录	M
XPayeeAcctName	收款人全称	GBString	[1，120]	代理银行在回单中补录	M
Hold1	预留字段 1	GBString	[1，42]		O
Hold2	预留字段 2	GBString	[1，42]		O

8.2.6.2 财政授权支付凭证明细信息

XMLTag：Voucher/DetailList/Detail/

标识符	字段名称	类型	长度	备注	强制/可选
Id	支付明细编号	String	38	主键	M
VoucherBillId	财政授权支付凭证 Id	String	38	与主单 Id 内容一致	M
VoucherBillNo	财政授权支付凭证单号	GBString	[1，42]	与主单 VoucherNo 内容一致	M
BgtTypeCode	预算类型编码	Nstring	[1，42]		O
BgtTypeName	预算类型名称	GBString	[1，60]		O
ProCatCode	收支管理编码	Nstring	[1，42]		O
ProCatName	收支管理名称	GBString	[1，60]		O
PayKindCode	支出类型编码	Nstring	[1，42]		O
PayKindName	支出类型名称	GBString	[1，60]		O
SupDepCode	一级预算单位编码	Nstring	[1，42]		O

续表

标识符	字段名称	类型	长度	备注	强制/可选
SupDepName	一级预算单位名称	GBString	[1，60]		O
AgencyCode	基层预算单位编码	Nstring	[1，42]		M
AgencyName	基层预算单位名称	GBString	[1，60]		M
ExpFuncCode	功能分类科目编码	Nstring	[1，42]		M
ExpFuncName	功能分类科目名称	GBString	[1，60]		M
ExpEcoCode	经济分类科目编码	Nstring	[1，42]		O
ExpEcoName	经济分类科目名称	GBString	[1，60]		O
DepProCode	预算项目编码	Nstring	[1，42]		O
DepProName	预算项目名称	GBString	[1，200]		O
PayeeAcctNo	收款人账号	NString	[1，42]		M
PayeeAcctName	收款人名称	GBString	[1，120]		M
PayeeAcctBankName	收款人银行	GBString	[1，60]		M
PayAmt	支付金额	Currency		不能为负	M
XPayDate	实际支付日期	DateTime			M
XAgentBusinessNo	银行交易流水号	String	[1，42]		M
XCheckNo	支票号（结算号）	String	[1，42]		O
XPayAmt	实际支付金额	Currency			M
XPayeeAcctBankName	收款人银行	GBString	[1，60]	代理银行在回单中补录	M
XPayeeAcctNo	收款人账号	GBString	[1，60]	代理银行在回单中补录	M
XPayeeAcctName	收款人全称	GBString	[1，120]	代理银行在回单中补录	M
Remark	备注	GBString	[1，255]		O
Hold1	预留字段1	GBString	[1，42]		O
Hold2	预留字段2	GBString	[1，42]		O
Hold3	预留字段3	GBString	[1，42]		O
Hold4	预留字段4	GBString	[1，42]		O

8.2.6.3　XML 示例

参考8.1.3.3 XML 示例。

8.2.7　财政直接支付退款通知书（2203）

8.2.7.1　财政直接支付退款通知书主单信息

XMLTag：Voucher/

标识符	字段名称	类型	长度	备注	强制/可选
Id	财政直接支付退款通知书 Id	NString	38	主键	M
AdmDivCode	行政区划代码	NString	[1, 9]		M
StYear	业务年度	NString	4		M
VtCode	凭证类型编号	NString	4	2203	M
VouDate	凭证日期	Date			M
VoucherNo	凭证号	GBString	[1, 42]	财政直接支付退款通知书单号	M
PayBankCode	代理银行编码	Nstring	[1, 42]	代理银行分支机构，财政提供	O
PayBankName	代理银行名称	GBString	[1, 60]	代理银行分支机构，财政提供	O
AgentBusinessNo	银行交易流水号	String	[1, 42]		M
OriBillNo	原业务单据号	GBString	[1, 42]	RefundType = 1：需要退款的支付明细单号；RefundType = 2：需要退款的原支付凭证单号	M
RefundType	退款类型	String	[1, 10]	见代码表，下同	M
PayAmt	退款金额	Currency		负金额	M
Remark	备注信息	GBString	[1, 255]	柜员根据需要录入	M
PayDate	实际退款日期	DateTime			M
Hold1	预留字段 1	GBString	[1, 42]		O
Hold2	预留字段 2	GBString	[1, 42]		O
Hold3	预留字段 3	GBString	[1, 42]		O
Hold4	预留字段 4	GBString	[1, 42]		O

8.2.7.2 财政直接支付退款通知书明细信息

无。

8.2.7.3 XML 示例

参考 8.1.10.3 XML 示例。

8.2.8 财政授权支付退款通知书（2204）

8.2.8.1 财政授权支付退款通知书信息

XMLTag：Voucher/

标识符	字段名称	类型	长度	备注	强制/可选
Id	财政授权支付退款通知书 Id	NString	38	主键	M

续表

标识符	字段名称	类型	长度	备注	强制/可选
AdmDivCode	行政区划代码	NString	[1, 9]		M
StYear	业务年度	NString	4		M
VtCode	凭证类型编号	NString	4	2204	M
VouDate	凭证日期	Date			M
VoucherNo	凭证号	GBString	[1, 42]	财政授权支付退款通知书单号	M
PayBankCode	代理银行编码	Nstring	[1, 42]	代理银行分支机构，财政提供	O
PayBankName	代理银行名称	GBString	[1, 60]	代理银行分支机构，财政提供	O
AgentBusinessNo	银行交易流水号	String	[1, 42]		M
OriBillNo	原业务单据号	GBString	[1, 42]	RefundType = 1：需要退款的支付明细单号；RefundType = 2：需要退款的原支付凭证单号	M
AgencyCode	基层预算单位编码	Nstring	[1, 42]		M
AgencyName	基层预算单位名称	GBString	[1, 60]		M
RefundType	退款类型	String	[1, 10]		M
PayAmt	退款金额	Currency		负金额	M
Remark	备注信息	GBString	[1, 255]	代理银行根据需要录入	M
PayDate	实际退款日期	DateTime			M
Hold1	预留字段1	GBString	[1, 42]		O
Hold2	预留字段2	GBString	[1, 42]		O
Hold3	预留字段3	GBString	[1, 42]		O
Hold4	预留字段4	GBString	[1, 42]		O

8.2.8.2　财政授权支付退款通知书明细信息

无。

8.2.8.3　XML示例

参考8.1.10.3 XML示例。

8.2.9 财政直接支付（退款）入账通知书（2205）

财政直接支付入账通知书和财政直接支付退款入账通知书使用同一个报文定义，通过金额字段正负区分入账和退款，在生成时正常支付和退款需要分别生成，不能生成到同一个通知书中。

8.2.9.1 财政直接支付（退款）入账通知书主单信息

XMLTag：Voucher/

标识符	字段名称	类型	长度	备注	强制/可选
Id	财政直接支付入账通知书 Id	NString	38	主键	M
AdmDivCode	行政区划代码	NString	[1，9]		M
StYear	业务年度	NString	4		M
VtCode	凭证类型编号	NString	4	2205	M
VouDate	凭证日期	Date			M
VoucherNo	凭证号	GBString	[1，42]	财政直接支付入账通知书单号	M
AgencyCode	基层预算单位编码	Nstring	[1，42]		M
AgencyName	基层预算单位名称	GBString	[1，60]		M
PayAmt	支付金额	Currency		金额正负区分入账和退款业务	M
PayBankCode	代理银行编码	Nstring	[1，42]	代理银行分支机构，财政提供	O
PayBankName	代理银行名称	GBString	[1，60]	代理银行分支机构，财政提供	O
Hold1	预留字段 1	GBString	[1，42]		O
Hold2	预留字段 2	GBString	[1，42]		O

8.2.9.2 财政直接支付（退款）入账通知书明细信息

XMLTag：Voucher/DetailList/Detail/

标识符	字段名称	类型	长度	备注	强制/可选
Id	支付明细编号	String	38	退款时为财政直接支付退款通知书 Id	M

续表

标识符	字段名称	类型	长度	备注	强制/可选
VoucherBillId	财政直接支付凭证Id	String	38	退款时为原直接支付凭证 Id 号	M
BillNo	财政直接支付入账通知书单号	GBString	[1, 42]	与主单 VoucherNo 内容一致	M
DepProCode	预算项目编码	Nstring	[1, 42]		O
DepProName	预算项目名称	GBString	[1, 2000]		O
ProCatCode	收支管理编码	Nstring	[1, 42]		O
ProCatName	收支管理名称	GBString	[1, 60]		O
BgtTypeCode	预算类型编码	Nstring	[1, 42]		O
BgtTypeName	预算类型名称	GBString	[1, 60]		O
FundTypeCode	资金性质编码	Nstring	[1, 42]		M
FundTypeName	资金性质名称	GBString	[1, 60]		M
PayTypeCode	支付方式编码	Nstring	[1, 42]		M
PayTypeName	支付方式名称	GBString	[1, 60]		M
SetModeCode	结算方式编码	Nstring	[1, 42]		M
SetModeName	结算方式名称	GBString	[1, 60]		M
AgencyCode	基层预算单位编码	Nstring	[1, 42]		M
AgencyName	基层预算单位名称	GBString	[1, 60]		M
ExpFuncCode	支出功能分类科目编码	Nstring	[1, 42]		M
ExpFuncName	支出功能分类科目名称	GBString	[1, 60]		M
ExpEcoCode	支出经济分类科目编码	Nstring	[1, 42]		O
ExpEcoName	支出经济分类科目名称	GBString	[1, 60]		O
CheckNo	支票号（结算号）	String	[1, 42]		O
PayeeAcctNo	收款人账号	NString	[1, 42]		M
PayeeAcctName	收款人名称	GBString	[1, 120]		M
PayeeAcctBankName	收款人银行	GBString	[1, 60]		M
PayAcctNo	付款人账号	NString	[1, 60]		M
PayAcctName	付款人名称	GBString	[1, 120]		M
PayAcctBankName	付款人银行	String	[1, 60]		M

续表

标识符	字段名称	类型	长度	备注	强制/可选
PayBankCode	代理银行编码	Nstring	[1, 42]	代理银行分支机构，财政提供	O
PayBankName	代理银行名称	GBString	[1, 60]	代理银行分支机构，财政提供	O
PayDate	支付日期	DateTime			M
PayAmt	支付金额	Currency			M
PaySummaryCode	用途编码	Nstring	[1, 42]		O
PaySummaryName	用途名称	GBString	[1, 200]		O
Remark	备注	GBString	[1, 255]		O
Hold1	预留字段 1	GBString	[1, 42]		O
Hold2	预留字段 2	GBString	[1, 42]		O
Hold3	预留字段 3	GBString	[1, 42]		O
Hold4	预留字段 4	GBString	[1, 42]		O

8.2.9.3 XML 示例

参考 8.1.3.3 XML 示例。

8.2.10 财政授权支付（直接支付）日报表（2206）

财政授权支付日报表和授权支付退款日报表使用同一个报文定义，在生成时正常支付和退款需要分别生成，不能生成到同一个日报表中。如有财政直接支付日报，也使用此报文。

8.2.10.1 财政授权支付日报表主单信息

XMLTag：Voucher/

标识符	字段名称	类型	长度	备注	强制/可选
Id	财政授权支付日报表 Id	NString	38	主键	M
AdmDivCode	行政区划代码	NString	[1, 9]		M
StYear	业务年度	NString	4		M
VtCode	凭证类型编号	NString	4	2206	M

续表

标识符	字段名称	类型	长度	备注	强制/可选
VouDate	凭证日期	Date			M
VoucherNo	凭证号	GBString	[1，42]	财政授权支付日报表单号	M
PayAmt	汇总支付金额	Currency		明细信息中所有金额合计	M
PosAmt	汇总支款金额	Currency		明细信息中所有支款正金额的合计	O
NegAmt	汇总退款金额	Currency		明细信息中所有退款负金额的合计	O
FundTypeCode	资金性质编码	Nstring	[1，42]		M
FundTypeName	资金性质名称	GBString	[1，60]		M
PayTypeCode	支付方式编码	Nstring	[1，42]		M
PayTypeName	支付方式名称	GBString	[1，60]		M
PayBankCode	代理银行编码	Nstring	[1，42]	代理银行归集行，财政提供	O
PayBankName	代理银行名称	GBString	[1，60]	代理银行归集行，财政提供	O
Hold1	预留字段1	GBString	[1，42]		O
Hold2	预留字段2	GBString	[1，42]		O

8.2.10.2　财政授权支付日报表明细信息

XMLTag：Voucher/DetailList/Detail/

标识符	字段名称	类型	长度	备注	强制/可选
Id	支付明细编号	String	38	退款时为财政授权支付退款通知书Id	M
VoucherBillId	财政授权支付凭证Id	String	38	退款时为财政授权支付退款通知书Id	M
DayBillNo	财政授权支付日报表单号	GBString	[1，42]	与主单VoucherNo内容一致	M
BgtTypeCode	预算类型编码	Nstring	[1，42]		O
BgtTypeName	预算类型名称	GBString	[1，60]		O
FundTypeCode	资金性质编码	Nstring	[1，42]		M

续表

标识符	字段名称	类型	长度	备注	强制/可选
FundTypeName	资金性质名称	GBString	[1, 60]		M
PayTypeCode	支付方式编码	Nstring	[1, 42]		M
PayTypeName	支付方式名称	GBString	[1, 60]		M
SetModeCode	结算方式编码	Nstring	[1, 42]		M
SetModeName	结算方式名称	GBString	[1, 60]		M
AgencyCode	基层预算单位编码	Nstring	[1, 42]		M
AgencyName	基层预算单位名称	GBString	[1, 60]		M
ExpFuncCode	支出功能分类科目编码	Nstring	[1, 42]		M
ExpFuncName	支出功能分类科目名称	GBString	[1, 60]		M
ExpEcoCode	支出经济分类科目编码	Nstring	[1, 42]		M
ExpEcoName	支出经济分类科目名称	GBString	[1, 60]		M
ProCatCode	收支管理编码	Nstring	[1, 42]		O
ProCatName	收支管理名称	GBString	[1, 60]		O
DepProCode	预算项目编码	Nstring	[1, 42]		O
DepProName	预算项目名称	GBString	[1, 2000]		O
CheckNo	支票号（结算号）	String	[1, 42]		O
PayeeAcctNo	收款人账号	NString	[1, 42]		M
PayeeAcctName	收款人名称	GBString	[1, 120]		M
PayeeAcctBankName	收款人银行	GBString	[1, 60]		M
PayAcctNo	付款人账号	NString	[1, 60]		M
PayAcctName	付款人名称	GBString	[1, 120]		M
PayAcctBankName	付款人银行	String	[1, 60]		M
PayBankCode	代理银行编码	Nstring	[1, 42]	代理银行归集行，财政提供	O
PayBankName	代理银行名称	GBString	[1, 60]	代理银行归集行，财政提供	O
PayDate	支付日期	DateTime			M
PayAmt	支付金额	Currency			M
PaySummaryCode	用途编码	Nstring	[1, 42]		O
PaySummaryName	用途名称	GBString	[1, 200]		O

续表

标识符	字段名称	类型	长度	备注	强制/可选
PayMgrCode	支付管理类型编码	Nstring	[1, 42]		O
PayMgrName	支付管理类型名称	GBString	[1, 60]		O
Remark	备注	GBString	[1, 255]		O
Hold1	预留字段1	GBString	[1, 42]		O
Hold2	预留字段2	GBString	[1, 42]		O
Hold3	预留字段3	GBString	[1, 42]		O
Hold4	预留字段4	GBString	[1, 42]		O

8.2.10.3　XML示例

参考8.1.3.3 XML示例。

8.3　代理银行与人民银行日常业务

8.3.1　凭证内容

代理银行与人民银行日常业务包含的凭证有：

序号	凭证类型编号	名称	发起方	接收方
1	2301	申请划款凭证	代理银行	人民银行
2	2301	申请划款凭证回单	人民银行	代理银行
3	2302	申请退款凭证	代理银行	人民银行
4	2302	申请退款凭证回单	人民银行	代理银行

8.3.2　凭证回单规则

人民银行给代理银行和财政的凭证回单规则如下：

“2301申请划款凭证”、“2302申请退款凭证”回单凭证类型编号仍为2301、2302，在原文基础上补充“XPaySndBnkNo支付发起行行号”、“XAddWord附言”、“XClearDate人行账务日期”、“XPayAmt汇总清算金额”信息后返回。

8.3.3 申请划款凭证（2301）

8.3.3.1 申请划款凭证主单信息

XMLTag：Voucher/

标识符	字段名称	类型	长度	备注	强制/可选
Id	申请划款凭证 Id	NString	38	主键	M
AdmDivCode	行政区划代码	NString	[1，9]		M
StYear	业务年度	NString	4		M
VtCode	凭证类型编号	NString	4	2301	M
VouDate	凭证日期	Date			M
VoucherNo	凭证号	GBString	[1，42]	申请划款凭证单号	M
TreCode	国库主体代码	NString	10		M
FinOrgCode	财政机关代码	NString	[1，12]		M
BgtTypeCode	预算类型编码	Nstring	[1，42]		O
BgtTypeName	预算类型名称	GBString	[1，60]		O
FundTypeCode	资金性质编码	Nstring	[1，42]		M
FundTypeName	资金性质名称	GBString	[1，60]		M
PayTypeCode	支付方式编码	Nstring	[1，42]		M
PayTypeName	支付方式名称	GBString	[1，60]		M
AgentAcctNo	收款银行账号	NString	[1，42]		M
AgentAcctName	收款银行账户名称	GBString	[1，60]		M
AgentAcctBankName	收款银行名称	GBString	[1，60]		M
ClearAcctNo	付款账号	NString	[1，60]		M
ClearAcctName	付款账户名称	GBString	[1，60]		M
ClearAcctBankName	付款银行	String	[1，60]		M
PayAmt	汇总清算金额	Currency			M
PayBankName	代理银行名称	GBString	[1，60]	代理银行归集行，财政提供	M
PayBankNo	代理银行行号	NString	12	代理银行归集行，人民银行提供	M
Remark	摘要	GBString	[1，200]		O
MoneyCorpCode	金融机构编码	String	14		O
XPaySndBnkNo	支付发起行行号	NString	12	人民银行在回单中补录	O

续表

标识符	字段名称	类型	长度	备注	强制/可选
XAddWord	附言	GBString	[0，60]	人民银行在回单中补录	O
XClearDate	清算日期	Date		人行处理日期，人民银行在回单中补录	M
XPayAmt	汇总清算金额	Currency		人民银行在回单中补录	M
Hold1	预留字段1	GBString	[1，42]		O
Hold2	预留字段2	GBString	[1，42]		O

8.3.3.2　申请划款凭证明细信息

XMLTag：Voucher/DetailList/Detail/

标识符	字段名称	类型	长度	备注	强制/可选
VoucherNo	支付凭证单号	GBString	[1，42]	财政直接支付凭证单号或者财政授权支付凭证单号	O
SupDepCode	一级预算单位编码	Nstring	[1，42]		M
SupDepName	一级预算单位名称	GBString	[1，60]		M
ExpFuncCode	支出功能分类科目编码	Nstring	[1，42]		M
ExpFuncName	支出功能分类科目名称	GBString	[1，60]		M
PayAmt	支付金额	Currency			M
PaySummaryName	摘要名称	GBString	[1，200]		O
Hold1	预留字段1	GBString	[1，42]		O
Hold2	预留字段2	GBString	[1，42]		O
Hold3	预留字段3	GBString	[1，42]		O
Hold4	预留字段4	GBString	[1，42]		O

8.3.3.3　XML示例

参考8.1.3.3 XML示例。

8.3.4 申请退款凭证（2302）

8.3.4.1 申请退款凭证主单信息

XMLTag：Voucher/

标识符	字段名称	类型	长度	备注	强制/可选
Id	申请退款凭证 Id	NString	38	主键	M
AdmDivCode	行政区划代码	NString	[1，9]		M
StYear	业务年度	NString	4		M
VtCode	凭证类型编号	NString	4	2302	M
VouDate	凭证日期	Date			M
VoucherNo	凭证号	GBString	[1，42]	申请退款凭证单号	M
TreCode	国库主体代码	NString	10		M
FinOrgCode	财政机关代码	NString	[1，12]		M
BgtTypeCode	预算类型编码	Nstring	[1，42]		O
BgtTypeName	预算类型名称	GBString	[1，60]		O
FundTypeCode	资金性质编码	Nstring	[1，42]		M
FundTypeName	资金性质名称	GBString	[1，60]		M
PayTypeCode	支付方式编码	Nstring	[1，42]		M
PayTypeName	支付方式名称	GBString	[1，60]		M
AgentAcctNo	原收款银行账号	NString	[1，42]		M
AgentAcctName	原收款银行账户名称	GBString	[1，60]		M
AgentAcctBankName	原收款银行	GBString	[1，60]		M
ClearAcctNo	原付款账号	NString	[1，60]		M
ClearAcctName	原付款账户名称	GBString	[1，60]		M
ClearAcctBankName	原付款银行	String	[1，60]		M
PayAmt	汇总清算金额	Currency		负金额	M
PayBankName	代理银行名称	GBString	[1，60]	代理银行归集行，财政提供	M
PayBankNo	代理银行行号	NString	12	代理银行归集行，人民银行提供	M
Remark	摘要	GBString	[1，200]		O
MoneyCorpCode	金融机构编码	String	14		O
XPaySndBnkNo	支付发起行行号	NString	12	人民银行在回单中补录	O
XAddWord	附言	GBString	[0，60]	人民银行在回单中补录	O

续表

标识符	字段名称	类型	长度	备注	强制/可选
XClearDate	清算日期	Date		人行处理日期，人民银行在回单中补录	M
XPayAmt	汇总清算金额	Currency		负金额，人民银行在回单中补录	M
Hold1	预留字段 1	GBString	[1，42]		O
Hold2	预留字段 2	GBString	[1，42]		O

8.3.4.2　申请退款凭证明细信息

XMLTag：Voucher/DetailList/Detail/

标识符	字段名称	类型	长度	备注	强制/可选
VoucherNo	支付凭证单号	GBString	[1，42]	财政直接支付退款通知书单号或者财政授权支付退款通知书单号	O
SupDepCode	一级预算单位编码	Nstring	[1，42]		M
SupDepName	一级预算单位名称	GBString	[1，60]		M
ExpFuncCode	支出功能分类科目编码	Nstring	[1，42]		M
ExpFuncName	支出功能分类科目名称	GBString	[1，60]		M
PayAmt	支付金额	Currency		负金额	M
PaySummaryName	摘要名称	GBString	[1，200]		O
Hold1	预留字段 1	GBString	[1，42]		O
Hold2	预留字段 2	GBString	[1，42]		O
Hold3	预留字段 3	GBString	[1，42]		O
Hold4	预留字段 4	GBString	[1，42]		O

8.3.4.3　XML 示例

参考 8.1.3.3 XML 示例。

8.4　对账类

支付电子化管理对账是指财政与代理银行、人民银行间额度、支付及清算信息的对账，由财政业务系统、代理银行业务系统和人民银行业务系统分别处理，包括每日对账和定期对账两种对账模式。

每日对账是指在当日业务终了时财政、代理银行和人民银行业务系统分别将当日所发送的所有凭证信息按接收方汇总分别发至各接收方，由接收方接收后进行核对。

定期对账是指财政、代理银行和人民银行按照业务要求和提前约定的期间（如周、旬、半月、月等）或临时要求的期间核对该期间内的额度、支付、清算等业务信息。

8.4.1　每日对账

8.4.1.1　财政凭证对账

8.4.1.1.1　财政与代理银行凭证对账（5501）

财政与代理银行凭证对账包括主动给代理银行发送的5105（财政授权支付额度通知单）、5201（财政直接支付凭证）、8202（财政授权支付凭证）类型的凭证。

8.4.1.1.1.1　财政与代理银行凭证对账单主单信息

XMLTag：Voucher/

标识符	字段名称	类型	长度	备注	强制/可选
AdmDivCode	行政区划代码	NString	[1，9]		M
StYear	业务年度	NString	4		M
VtCode	凭证类型编号	NString	4	5501	M
VouDate	凭证日期	Date			M
VoucherNo	凭证号	GBString	[1，42]	对账单流水号	M
PayBankCode	代理银行编码	Nstring	[1，42]	代理银行归集行，财政提供	M
PayBankName	代理银行名称	GBString	[1，60]	代理银行归集行，财政提供	M

续表

标识符	字段名称	类型	长度	备注	强制/可选
CheckDate	对账日期	Date		取凭证日期	M
EVoucherType	发送的凭证类型	NString	4	可以是5105、5201、8202	M
AllNum	总笔数	NString	[1，8]		M
AllAmt	总金额	Currency			M
Hold1	预留字段1	GBString	[1，42]		O
Hold2	预留字段2	GBString	[1，42]		O
Hold3	预留字段3	GBString	[1，42]		O
Hold4	预留字段4	GBString	[1，42]		O

8.4.1.1.1.2　财政与代理银行凭证对账单明细信息

无。

8.4.1.1.1.3　XML示例

```
业务凭证原文格式示例如下：
<！—1笔财政与代理银行凭证对账单信息-->
<Voucher>
    <AdmDivCode>220181</AdmDivCode>
    <StYear>2012</StYear>
    <VtCode>5501</VtCode>
    <VouDate>20120328</VouDate>
    <VoucherNo>15013032012031600001</VoucherNo>
    <PayBankCode>102</PayBankCode>
    <PayBankName>工商银行</PayBankName>
    <CheckDate>20120316</CheckDate>
    <EVoucherType>1201</EVoucherType>
    <AllNum>21</AllNum>
    <AllAmt>1000.00</AllAmt>
    <Hold1>预留字段1</Hold1>
    <Hold2>预留字段2</Hold2>
    <Hold3>预留字段3</Hold3>
    <Hold4>预留字段4</Hold4>
</Voucher>
```

8.4.1.1.2　财政与人民银行凭证对账（5502）

财政与人民银行凭证对账包括主动给人民银行发送的5106（财政授

权支付汇总清算额度通知单)、5108（财政直接支付汇总清算额度通知单)、5207（实拨拨款凭证)、5209（收入退付凭证）类型的凭证。

8.4.1.1.2.1　财政与人民银行凭证对账单主单信息

XMLTag：Voucher/

标识符	字段名称	类型	长度	备注	强制/可选
AdmDivCode	行政区划代码	NString	[1，9]		M
StYear	业务年度	NString	4		M
VtCode	凭证类型编号	NString	4	5502	M
VouDate	凭证日期	Date			M
VoucherNo	凭证号	GBString	[1，42]	对账单流水号	M
TreCode	国库主体代码	NString	10		M
FinOrgCode	财政机关代码	NString	[1，12]		M
ClearBankName	人民银行名称	GBString	[1，60]		O
CheckDate	对账日期	Date		凭证发送日期	M
EVoucherType	发送的凭证类型编号	NString	4	可以是5108、5106、5207、5209	M
AllNum	总笔数	NString	[1，8]		M
AllAmt	总金额	Currency			M
Hold1	预留字段1	GBString	[1，42]		O
Hold2	预留字段2	GBString	[1，42]		O
Hold3	预留字段3	GBString	[1，42]		O
Hold4	预留字段4	GBString	[1，42]		O

8.4.1.1.2.2　财政与人民银行凭证对账单明细信息

无。

8.4.1.1.2.3　XML示例

参考8.4.1.1.1.3XML示例。

8.4.1.2　代理银行凭证对账

8.4.1.2.1　代理银行与财政凭证对账（2501）

代理银行与财政凭证对账包括主动给财政发送的5201（财政直接支付凭证回单)、8202（财政授权支付凭证回单)、2104（财政授权支付额度到账通知书)、2203（财政直接退款通知书)、2204（财政授权退款通知书）、2205（财政直接支付/退款入账通知书）、2206（财政授权支出/退款日报表）类型的凭证。

8.4.1.2.1.1　代理银行与财政凭证对账单主单信息

XMLTag：Voucher/

标识符	字段名称	类型	长度	备注	强制/可选
AdmDivCode	行政区划代码	NString	[1，9]		M
StYear	业务年度	NString	4		M
VtCode	凭证类型编号	NString	4	2501	M
VouDate	凭证日期	Date			M
VoucherNo	凭证号	GBString	[1，42]	对账单流水号	M
PayBankCode	代理银行编码	Nstring	[1，42]	代理银行归集行，财政提供	M
PayBankName	代理银行名称	GBString	[1，60]	代理银行归集行，财政提供	M
CheckDate	对账日期	Date		需要核对的凭证发送日期	M
EVoucherType	发送的凭证类型编号	NString	4	可以为5201、8202、2104、2203、2204、2205、2206	M
AllNum	总笔数	NString	[1，8]		M
AllAmt	总金额	Currency			M
Hold1	预留字段1	GBString	[1，42]		O
Hold2	预留字段2	GBString	[1，42]		O
Hold3	预留字段3	GBString	[1，42]		O
Hold4	预留字段4	GBString	[1，42]		O

8.4.1.2.1.2　代理银行与财政凭证对账单明细信息

无。

8.4.1.2.1.3　XML示例

参考8.4.1.1.1.3XML示例。

8.4.1.2.2　代理银行与人民银行凭证对账（2502）

代理银行与人民银行凭证对账包括主动给人民银行发送的2301（申请划款凭证）、2302（申请退款凭证）。

8.4.1.2.2.1　代理银行与人民银行凭证对账单主单信息

XMLTag：Voucher/

标识符	字段名称	类型	长度	备注	强制/可选
AdmDivCode	行政区划代码	NString	[1, 9]		M
StYear	业务年度	NString	4		M
VtCode	凭证类型编号	NString	4	2502	M
VouDate	凭证日期	Date			M
VoucherNo	凭证号	GBString	[1, 42]	对账单流水号	M
TreCode	国库主体代码	NString	10		M
PayBankCode	代理银行编码	Nstring	[1, 3]	代理银行归集行，财政提供	M
CheckDate	对账日期	Date		需要核对的凭证发送日期	M
EVoucherType	发送的凭证类型编号	NString	4	可以为 2301、2302	M
AllNum	总笔数	NString	[1, 8]		M
AllAmt	总金额	Currency			M
Hold1	预留字段 1	GBString	[1, 42]		O
Hold2	预留字段 2	GBString	[1, 42]		O
Hold3	预留字段 3	GBString	[1, 42]		O
Hold4	预留字段 4	GBString	[1, 42]		O

8.4.1.2.2.2　代理银行与人民银行凭证对账单明细信息

无。

8.4.1.2.2.3　XML 示例

参考 8.4.1.1.1.3XML 示例。

8.4.1.3　人民银行凭证对账

8.4.1.3.1　人民银行与财政凭证对账（3501）

人民银行与财政凭证对账包括主动给财政发送的 5106（财政授权支付汇总清算额度通知单回单）、5108（财政直接支付汇总清算额度通知单回单）、5207（实拨拨款凭证回单）、3208（实拨退款通知书）、2301（申请划款凭证回单）、2302（申请退款凭证回单）、5209（收入退付凭证回单）、3401（收入日报表）、3402（库存日报表）类型的凭证。

8.4.1.3.1.1　人民银行与财政凭证对账单主单信息

XMLTag：Voucher/

标识符	字段名称	类型	长度	备注	强制/可选
AdmDivCode	行政区划代码	NString	[1, 9]		M
StYear	业务年度	NString	4		M
VtCode	凭证类型编号	NString	4	3501	M
VouDate	凭证日期	Date			M
VoucherNo	凭证号	GBString	[1, 42]	对账单流水号	M
TreCode	国库主体代码	NString	10		M
ClearBankCode	人民银行编码	Nstring	[1, 42]		O
ClearBankName	人民银行名称	GBString	[1, 60]		O
CheckDate	对账日期	Date		需要核对的凭证发送日期	M
EVoucherType	发送的凭证类型编号	NString	4	可以为 5106、5108、5207、3208、5209、2301、2302、3401、3402	M
AllNum	总笔数	NString	[1, 8]		M
AllAmt	总金额	Currency			M
Hold1	预留字段 1	GBString	[1, 42]		O
Hold2	预留字段 2	GBString	[1, 42]		O
Hold3	预留字段 3	GBString	[1, 42]		O
Hold4	预留字段 4	GBString	[1, 42]		O

8.4.1.3.1.2　人民银行与财政凭证对账单明细信息

无。

8.4.1.3.1.3　XML 示例

参考 8.4.1.1.1.3XML 示例。

8.4.1.3.2　人民银行与代理银行凭证对账（3502）

人民银行与代理银行电子凭证对账包括主动给代理银行发送的 2301（申请划款凭证回单）、2302（申请退款凭证回单）类型的电子凭证。

8.4.1.3.2.1　人民银行与代理银行凭证对账单主单信息

XMLTag：Voucher/

标识符	字段名称	类型	长度	备注	强制/可选
AdmDivCode	行政区划代码	NString	[1, 9]		M
StYear	业务年度	NString	4		M
VtCode	凭证类型编号	NString	4	3502	M

续表

标识符	字段名称	类型	长度	备注	强制/可选
VouDate	凭证日期	Date			M
VoucherNo	凭证号	GBString	[1，42]	对账单流水号	M
TreCode	国库主体代码	NString	10		M
PayBankCode	代理银行编码	Nstring	[1，3]	代理银行归集行，财政提供	M
CheckDate	对账日期	Date		需要核对的凭证发送日期	M
EVoucherType	发送的凭证类型	NString	4	可以为2301、2302	M
AllNum	总笔数	NString	[1，8]		M
AllAmt	总金额	Currency			M
Hold1	预留字段1	GBString	[1，42]		O
Hold2	预留字段2	GBString	[1，42]		O
Hold3	预留字段3	GBString	[1，42]		O
Hold4	预留字段4	GBString	[1，42]		O

8.4.1.3.2.2　人民银行与代理银行凭证对账单明细信息

无。

8.4.1.3.2.3　XML示例

参考8.4.1.1.1.3XML示例。

8.4.2　定期对账

8.4.2.1　代理银行对账单

8.4.2.1.1　授权额度对账（2503）

主要核对代理银行授权支付额度相关信息。

8.4.2.1.1.1　代理银行授权额度对账单主单信息

XMLTag：Voucher/

标识符	字段名称	类型	长度	备注	强制/可选
AdmDivCode	行政区划代码	NString	[1，9]		M
StYear	业务年度	NString	4		M
VtCode	凭证类型编号	NString	4	2503	M
VouDate	凭证日期	Date			M

续表

标识符	字段名称	类型	长度	备注	强制/可选
VoucherNo	凭证号	GBString	[1，42]	对账单流水号	M
PayBankCode	代理银行编码	Nstring	[1，42]	代理银行归集行，财政提供	M
PayBankName	代理银行名称	GBString	[1，60]	代理银行归集行，财政提供	M
BeginDate	对账起始日期	Date			M
EndDate	对账终止日期	Date			M
AllAmt	总金额	Currency			M
Hold1	预留字段 1	GBString	[1，42]		O
Hold2	预留字段 2	GBString	[1，42]		O

8.4.2.1.1.2　代理银行授权额度对账单明细信息

XMLTag：Voucher/DetailList/Detail/

标识符	字段名称	类型	长度	备注	强制/可选
FundTypeCode	资金性质编码	Nstring	[1，42]		O
FundTypeName	资金性质名称	GBString	[1，60]		O
BgtTypeCode	预算类型编码	Nstring	[1，42]		O
BgtTypeName	预算类型名称	GBString	[1，60]		O
SupDepCode	一级预算单位编码	Nstring	[1，42]		O
SupDepName	一级预算单位名称	GBString	[1，60]		O
AgencyCode	基层预算单位编码	Nstring	[1，42]		O
AgencyName	基层预算单位名称	GBString	[1，60]		O
ExpFuncCode	支出功能分类科目编码	Nstring	[1，42]		O
ExpFuncName	支出功能分类科目名称	GBString	[1，60]		O
ProCatCode	收支管理编码	Nstring	[1，42]		O
ProCatName	收支管理名称	GBString	[1，60]		O
AgencyAccoCode	预算单位零余额账户	Nstring	[1，60]		O
AgencyAccoName	预算单位零余额账户名称	GbString	[1，200]		O
AgencyBankName	预算单位零余额账户开户行	GBString	[1，200]		O
SetMonth	计划月份	NString	2		O
PlanAmt	计划金额	Currency			M
Hold1	预留字段 1	GBString	[1，42]		O
Hold2	预留字段 2	GBString	[1，42]		O
Hold3	预留字段 3	GBString	[1，42]		O
Hold4	预留字段 4	GBString	[1，42]		O

8.4.2.1.1.3 XML 示例

业务凭证原文格式示例如下：


```xml
<!—授权支付额度对账单信息-->
    <Voucher>
        <AdmDivCode>220181</AdmDivCode>
        <StYear>2012</StYear>
        <VtCode>2503</VtCode>
        <VouDate>20120328</VouDate>
        <VoucherNo>25033032012033100001</VoucherNo>
        <PayBankCode>102</PayBankCode>
        <PayBankName>工商银行</PayBankName>
        <BeginDate>20120101</BeginDate>
        <EndDate>20120331</EndDate>
        <AllAmt>1000.00</AllAmt>
        <Hold1>预留字段1</Hold1>
        <Hold2>预留字段2</Hold2>
        <!—明细信息-->
        <DetailList>
            <Detail><!—第1笔明细信息-->
                <FundTypeCode>11</FundTypeCode>
                <FundTypeName>公共财政预算资金</FundTypeName>
                <BgtTypeCode>11</BgtTypeCode>
                <BgtTypeName>当年预算指标</BgtTypeName>
                <SupDepCode>999</SupDepCode>
                <SupDepName>测试一级预算单位</SupDepName>
                <AgencyCode>999001001</AgencyCode>
                <AgencyName>测试基层预算单位</AgencyName>
                <ExpFuncCode>2010101</ExpFuncCode>
                <ExpFuncName>行政运行(人大)</ExpFuncName>
                <ProCatCode>111</ProCatCode>
                <ProCatName>基本支出</ProCatName>
                <AgencyAccoCode></AgencyAccoCode>
                <AgencyAccoName></AgencyAccoName>
                <AgencyBankName></AgencyBankName>
                <SetMonth>3</SetMonth>
                <PlanAmt>1.66</PlanAmt>
                <Hold1>预留字段1</Hold1>
                <Hold2>预留字段2</Hold2>
                <Hold3>预留字段3</Hold3>
                <Hold4>预留字段4</Hold4>
            </Detail>
            ……
            <Detail><!—第n笔明细信息--></Detail>
        </DetailList>
    </Voucher>
```

8.4.2.1.2 支付信息对账（2504）

主要核对代理银行支付相关信息。

8.4.2.1.2.1 代理银行支付对账单主单信息

XMLTag：Voucher/

标识符	字段名称	类型	长度	备注	强制/可选
AdmDivCode	行政区划代码	NString	[1，9]		M
StYear	业务年度	NString	4		M
VtCode	凭证类型编号	NString	4	2504	M
VouDate	凭证日期	Date			M
VoucherNo	凭证号	GBString	[1，42]	对账单流水号	M
PayBankCode	代理银行编码	Nstring	[1，42]	代理银行归集行，财政提供	O
PayBankName	代理银行名称	GBString	[1，60]	代理银行归集行，财政提供	O
BeginDate	对账起始日期	Date			M
EndDate	对账终止日期	Date			M
AllAmt	总金额	Currency			M
Hold1	预留字段1	GBString	[1，42]		O
Hold2	预留字段2	GBString	[1，42]		O

8.4.2.1.2.2 代理银行支付对账单明细信息

XMLTag：Voucher/DetailList/Detail/

标识符	字段名称	类型	长度	备注	强制/可选
BgtTypeCode	预算类型编码	Nstring	[1，42]		O
BgtTypeName	预算类型名称	GBString	[1，60]		O
FundTypeCode	资金性质编码	Nstring	[1，42]		O
FundTypeName	资金性质名称	GBString	[1，60]		O
MOFDepCode	业务处室编码	Nstring	[1，42]		O
MOFDepName	业务处室名称	GBString	[1，60]		O
PayKindCode	支出类型编码	Nstring	[1，42]		O
PayKindName	支出类型名称	GBString	[1，60]		O

续表

标识符	字段名称	类型	长度	备注	强制/可选
SupDepCode	一级预算单位编码	Nstring	[1, 42]		O
SupDepName	一级预算单位名称	GBString	[1, 60]		O
AgencyCode	基层预算单位编码	Nstring	[1, 42]		O
AgencyName	基层预算单位名称	GBString	[1, 60]		O
ExpFuncCode	支出功能分类科目编码	Nstring	[1, 42]		O
ExpFuncName	支出功能分类科目名称	GBString	[1, 60]		O
ExpEcoCode	支出经济分类科目编码	Nstring	[1, 42]		O
ExpEcoName	支出经济分类科目名称	GBString	[1, 60]		O
ProCatCode	收支管理编码	Nstring	[1, 42]		O
ProCatName	收支管理名称	GBString	[1, 60]		O
DepProCode	预算项目编码	Nstring	[1, 42]		O
DepProName	预算项目名称	GBString	[1, 200]		O
PayTypeCode	支付方式编码	Nstring	[1, 42]		O
PayTypeName	支付方式名称	GBString	[1, 60]		O
PayeeAcctNo	收款人账号	NString	[1, 42]		O
PayeeAcctName	收款人名称	GBString	[1, 120]		O
PayeeAcctBankName	收款人银行	GBString	[1, 60]		O
PayAmt	支付金额	Currency			M
SetModeCode	结算方式编码	Nstring	[1, 42]		O
SetModeName	结算方式名称	GBString	[1, 60]		O
Hold1	预留字段 1	GBString	[1, 42]		O
Hold2	预留字段 2	GBString	[1, 42]		O
Hold3	预留字段 3	GBString	[1, 42]		O
Hold4	预留字段 4	GBString	[1, 42]		O

8. 4. 2. 1. 2. 3　XML 示例

参考 8. 4. 2. 1. 1. 3XML 示例。

8. 4. 2. 2　人民银行对账单

8. 4. 2. 2. 1　清算额度对账（3503）

主要核对人民银行清算额度相关信息。

8. 4. 2. 2. 1. 1　人民银行清算额度对账单主单信息

XMLTag：Voucher/

标识符	字段名称	类型	长度	备注	强制/可选
AdmDivCode	行政区划代码	NString	[1, 9]		M
StYear	业务年度	NString	4		M
VtCode	凭证类型编号	NString	4	3503	M
VouDate	凭证日期	Date			M
VoucherNo	凭证号	GBString	[1, 42]	对账单流水号	M
TreCode	国库主体代码	NString	10		M
ClearBankCode	人民银行编码	Nstring	[1, 42]		O
ClearBankName	人民银行名称	GBString	[1, 60]		O
BeginDate	对账起始日期	Date			M
EndDate	对账终止日期	Date			M
AllAmt	总金额	Currency			M
Hold1	预留字段1	GBString	[1, 42]		O
Hold2	预留字段2	GBString	[1, 42]		O

8.4.2.2.1.2　人民银行清算额度对账单明细信息

XMLTag：Voucher/DetailList/Detail/

标识符	字段名称	类型	长度	备注	强制/可选
SupDepCode	一级预算单位编码	String	[1, 15]		O
SupDepName	一级预算单位名称	GBString	[1, 60]		O
FundTypeCode	资金性质编码	Nstring	[1, 42]		O
FundTypeName	资金性质名称	GBString	[1, 60]		O
PayBankCode	代理银行编码	Nstring	[1, 42]	代理银行归集行、财政提供	O
PayBankName	代理银行名称	GBString	[1, 60]	代理银行归集行，财政提供	O
PayBankNo	代理银行行号	NString	12	代理银行归集行，人民银行提供	O
ExpFuncCode	支出功能分类科目编码	Nstring	[1, 42]		O
ExpFuncName	支出功能分类科目名称	GBString	[1, 60]		O

续表

标识符	字段名称	类型	长度	备注	强制/可选
ProCatCode	收支管理编码	Nstring	[1, 42]		O
ProCatName	收支管理名称	GBString	[1, 60]		O
PayTypeCode	支付方式编码	Nstring	[1, 42]		O
PayTypeName	支付方式名称	GBString	[1, 60]		O
ClearAmt	清算额度	Currency			M
Hold1	预留字段 1	GBString	[1, 42]		O
Hold2	预留字段 2	GBString	[1, 42]		O
Hold3	预留字段 3	GBString	[1, 42]		O
Hold4	预留字段 4	GBString	[1, 42]		O

8.4.2.2.1.3　XML 示例

参考 8.4.2.1.1.3XML 示例。

8.4.2.2.2　清算信息对账（3504）

主要核对人民银行清算支出相关信息。

8.4.2.2.2.1　人民银行清算对账单主单信息

XMLTag：Voucher/

标识符	字段名称	类型	长度	备注	强制/可选
AdmDivCode	行政区划代码	NString	[1, 9]		M
StYear	业务年度	NString	4		M
VtCode	凭证类型编号	NString	4	3504	M
VouDate	凭证日期	Date			M
VoucherNo	凭证号	GBString	[1, 42]	对账单流水号	M
TreCode	国库主体代码	NString	10		M
ClearBankCode	人民银行编码	Nstring	[1, 42]		O
ClearBankName	人民银行名称	GBString	[1, 60]		O
BeginDate	对账起始日期	Date			M
EndDate	对账终止日期	Date			M
AllAmt	总金额	Currency			M
Hold1	预留字段 1	GBString	[1, 42]		O
Hold2	预留字段 2	GBString	[1, 42]		O

8.4.2.2.2.2　人民银行清算对账单明细信息

XMLTag：Voucher/DetailList/Detail/

标识符	字段名称	类型	长度	备注	强制/可选
SupDepCode	一级预算单位编码	Nstring	[1，42]		O
SupDepName	一级预算单位名称	GBString	[1，60]		O
FundTypeCode	资金性质编码	Nstring	[1，42]		O
FundTypeName	资金性质名称	GBString	[1，60]		O
PayBankCode	代理银行编码	Nstring	[1，42]	代理银行归集行，财政提供	O
PayBankName	代理银行名称	GBString	[1，60]	代理银行归集行，财政提供	O
PayBankNo	代理银行行号	NString	12	代理银行归集行，人民银行	O
ExpFuncCode	支出功能分类科目编码	Nstring	[1，42]		O
ExpFuncName	支出功能分类科目名称	GBString	[1，60]		O
ProCatCode	收支管理编码	Nstring	[1，42]		O
ProCatName	收支管理名称	GBString	[1，60]		O
PayTypeCode	支付方式编码	Nstring	[1，42]		O
PayTypeName	支付方式名称	GBString	[1，60]		O
PayAmt	支付金额	Currency			M
Hold1	预留字段1	GBString	[1，42]		O
Hold2	预留字段2	GBString	[1，42]		O
Hold3	预留字段3	GBString	[1，42]		O
Hold4	预留字段4	GBString	[1，42]		O

8.4.2.2.2.3　XML示例

参考8.4.2.1.1.3XML示例。

8.4.2.2.3　实拨信息对账（3505）

主要核对人民银行实拨支出相关信息。

8.4.2.2.3.1　人民银行实拨对账单主单信息

XMLTag：Voucher/

标识符	字段名称	类型	长度	备注	强制/可选
AdmDivCode	行政区划代码	NString	[1，9]		M
StYear	业务年度	NString	4		M
VtCode	凭证类型编号	NString	4	3505	M
VouDate	凭证日期	Date			M
VoucherNo	凭证号	GBString	[1，42]	对账单流水号	M
TreCode	国库主体代码	NString	10		M
ClearBankCode	人民银行编码	Nstring	[1，42]		O
ClearBankName	人民银行名称	GBString	[1，60]		O
BeginDate	对账起始日期	Date			M
EndDate	对账终止日期	Date			M
AllAmt	总金额	Currency			M
Hold1	预留字段 1	GBString	[1，42]		O
Hold2	预留字段 2	GBString	[1，42]		O

8.4.2.2.3.2　人民银行实拨对账单明细信息

XMLTag：Voucher/DetailList/Detail/

标识符	字段名称	类型	长度	备注	强制/可选
BgtTypeCode	预算类型编码	Nstring	[1，42]		O
BgtTypeName	预算类型名称	GBString	[1，60]		O
FundTypeCode	资金性质编码	Nstring	[1，42]		O
FundTypeName	资金性质名称	GBString	[1，60]		O
PayTypeCode	支付方式编码	Nstring	[1，42]		O
PayTypeName	支付方式名称	GBString	[1，60]		O
PayeeAcctNo	收款人账号	NString	[1，42]		O
PayeeAcctName	收款人名称	GBString	[1，120]		O
PayeeAcctBankName	收款人银行	GBString	[1，60]		O
PayAcctNo	付款账户账号	NString	[1，60]		O
PayAcctName	付款账户名称	GBString	[1，120]		O
PayAcctBankName	付款账户银行	String	[1，60]		O
AgencyCode	预算单位编码	Nstring	[1，42]		O
AgencyName	预算单位名称	GBString	[1，60]		O
ExpFuncCode	支出功能分类科目编码	Nstring	[1，42]		O

续表

标识符	字段名称	类型	长度	备注	强制/可选
ExpFuncName	支出功能分类科目名称	GBString	[1, 60]		O
ExpEcoCode	经济分类科目编码	Nstring	[1, 42]		O
ExpEcoName	经济分类科目名称	GBString	[1, 60]		O
PayAmt	拨款金额	Currency			M
Hold1	预留字段1	GBString	[1, 42]		O
Hold2	预留字段2	GBString	[1, 42]		O
Hold3	预留字段3	GBString	[1, 42]		O
Hold4	预留字段4	GBString	[1, 42]		O

8.4.2.2.3.3　XML示例

参考8.4.2.1.1.3XML示例。

8.4.2.2.4　收入退付对账（3506）

主要核对人民银行收入退付相关信息。

8.4.2.2.4.1　人民银行收入退付对账单主单信息

XMLTag：Voucher/

标识符	字段名称	类型	长度	备注	强制/可选
AdmDivCode	行政区划代码	NString	[1, 9]		M
StYear	业务年度	NString	4		M
VtCode	凭证类型编号	NString	4	3506	M
VouDate	凭证日期	Date			M
VoucherNo	凭证号	GBString	[1, 42]	对账单流水号	M
TreCode	国库主体代码	NString	10		M
ClearBankCode	人民银行编码	Nstring	[1, 42]		O
ClearBankName	人民银行名称	GBString	[1, 60]		O
BeginDate	对账起始日期	Date			M
EndDate	对账终止日期	Date			M
AllAmt	总金额	Currency			M
Hold1	预留字段1	GBString	[1, 42]		O
Hold2	预留字段2	GBString	[1, 42]		O

8.4.2.2.4.2 人民银行收入退付对账单明细信息

XMLTag：Voucher/DetailList/Detail/

标识符	字段名称	类型	长度	备注	强制/可选
FundTypeCode	资金性质编码	Nstring	[1，42]		O
FundTypeName	资金性质名称	GBString	[1，60]		O
PayeeAcctNo	收款人账号	NString	[1，42]		O
PayeeAcctName	收款人名称	GBString	[1，120]		O
PayeeAcctBankName	收款人银行	GBString	[1，60]		O
PayAcctNo	付款账户账号	NString	[1，60]		O
PayAcctName	付款账户名称	GBString	[1，120]		O
PayAcctBankName	付款账户银行	String	[1，60]		O
AgencyCode	预算单位编码	Nstring	[1，42]		O
AgencyName	预算单位名称	GBString	[1，60]		O
IncomeSortCode	收入分类科目编码	Nstring	[1，42]		O
IncomeSortName	收入分类科目名称	GBString	[1，60]		O
PayAmt	退付金额	Currency			M
Hold1	预留字段1	GBString	[1，42]		O
Hold2	预留字段2	GBString	[1，42]		O
Hold3	预留字段3	GBString	[1，42]		O
Hold4	预留字段4	GBString	[1，42]		O

8.4.2.2.4.3 XML示例

参考8.4.2.1.1.3XML示例。

8.5 基础数据类

基础数据由财政发送给代理银行和人民银行，发送时按每一种基础要素分别发送。

8.5.1 基础数据元数据（5901）

8.5.1.1 基础数据元数据主单

XMLTag：Voucher/

标识符	字段名称	类型	长度	备注	强制/可选
AdmDivCode	行政区划代码	NString	[1，9]		M
StYear	业务年度	NString	4		M
VtCode	凭证类型编号	NString	4	5901	M
VouDate	凭证日期	Date			M
VoucherNo	凭证号	GBString	[1，42]	同步流水单据号	M
DataEle	基础数据代码	GBString	[1，30]	需要同步的基础数据英文名称	M
DataEleName	基础数据中文名称	GBString	[1，30]		M
Hold1	预留字段1	GBString	[1，42]		O
Hold2	预留字段2	GBString	[1，42]		O
Hold3	预留字段3	GBString	[1，42]		O
Hold4	预留字段4	GBString	[1，42]		O

8.5.1.2 基础数据元数据明细单

无。

8.5.1.3 XML示例

```
业务凭证原文格式示例如下：
<！—1笔基础数据项信息－－>
<Voucher>
    <AdmDivCode>220181</AdmDivCode>
    <StYear>2012</StYear>
    <VtCode>5901</VtCode>
    <VouDate>20120328</VouDate>
    <VoucherNo>123456879</VoucherNo>
    <DataEle>Agency</DataEle>
    <DataEleName>基层预算单位</DataEleName>
    <Hold1>预留字段1</Hold1>
    <Hold2>预留字段2</Hold2>
    <Hold3>预留字段3</Hold3>
    <Hold4>预留字段4</Hold4>
</Voucher>
```

8.5.2 基础数据代码集（5902）

8.5.2.1 基础数据代码集主单

XMLTag：Voucher/

标识符	字段名称	类型	长度	备注	强制/可选
AdmDivCode	行政区划代码	NString	[1，9]		M
StYear	业务年度	NString	4		M
VtCode	凭证类型编号	NString	4	5902	M
VouDate	凭证日期	Date			M
VoucherNo	凭证号	GBString	[1，42]	基础数据信息流水单号	M
DataEle	同步基础数据名字	GBString	[1，30]		M
ChrId	本要素 ID	NString	[1，38]	唯一标识本笔要素信息，使用 GuId 机制实现唯一区分码	M
ChrCode	显示编码	NString	[1，42]	用于显示、打印、要素树的编码显示	M
ChrName	显示名称	GBString	[1，60]	用于显示、打印、要素树的名称显示	M
LevelNum	级次	NString	[1，2]	显示当前本要素的级次	M
IsLeaf	是否底级	NString	1	标定是否底级叶节点	M
Enabled	是否启用	NString	1	标定本要素是否启用	M
CreateDate	创建时间	DateTime		创建时间	O
LatestOpDate	最后修改时间	DateTime		最后修改时间	M
IsDeleted	是否删除	NString	1	标定是否删除	M
LastVer	最后版本	DateTime		最后版本	M
ParentId	父级 ID	NString	[1，38]	记录其父级 ID	O
CurVer	当前版本	NString	[1，12]	服务端当前的版本号	M
Hold1	预留字段 1	GBString	[1，42]		O
Hold2	预留字段 2	GBString	[1，42]		O
Hold3	预留字段 3	GBString	[1，42]		O
Hold4	预留字段 4	GBString	[1，42]		O

8.5.2.2　基础数据代码集明细单

无。

8.5.2.3　XML 示例

```
业务凭证原文格式示例如下：
<! —1 笔基础数据信息 - - >
<Voucher>
    <AdmDivCode>220181</AdmDivCode>
    <StYear>2012</StYear>
    <VtCode>5902</VtCode>
    <VouDate>20120328</VouDate>
    <VoucherNo>000093</VoucherNo>
    <DataEle>Agency</DataEle>
    <ChrId>1</ChrId>
    <ChrCode>001001</ChrCode>
    <ChrName>XX 省财政厅</ChrName>
    <LevelNum>2</LevelNum>
    <IsLeaf>1</IsLeaf>
    <Enabled>1</Enabled>
    <CreateDate>20120201120101</CreateDate>
    <LatestOpDate>20120220120101</LatestOpDate>
    <IsDeleted>0</IsDeleted>
    <LastVer>20120301120101</LastVer>
    <ParentId>111</ParentId>
    <CurVer>20120301120101</CurVer>
    <Hold1>预留字段 1</Hold1>
    <Hold2>预留字段 2</Hold2>
    <Hold3>预留字段 3</Hold3>
    <Hold4>预留字段 4</Hold4>
</Voucher>
```

8.6　财政专户银行业务

财政专户银行业务是指除了在人民银行进行清算和拨款的预算管理资金外的其他资金的清算和拨款。专户资金的集中支付业务同样在代理银行办理，资金清算、实拨拨款和收入退付业务在专户银行（商业银行）办理。

财政专户资金的拨付和清算使用的凭证与预算管理资金使用的凭证一致，即使用上述与人民银行相关的凭证格式，包括对应的凭证类型编号和内容。需要特别说明的是，与人民银行相关的凭证定义中不能为空的“国库主体代码”和“财政机关代码”，专户资金使用时这两个字段无须填写，可以为空或由当地财政部门与专户银行自行约定填写内容。

财政专户银行使用的凭证包括与人民银行相关的日常业务凭证和对账凭证。

9 附录

9.1 代码表

代码表参考了《财政业务基础数据规范（2.0）》，各地在应用时可以自行确定使用的每个代码的层级，并能根据实际业务情况按照规则进行扩展。下面列出本规范中常用的固定业务基础数据代码表，其他的以各地实际业务代码为准。

9.1.1 资金性质

反映、统计和管理各级财政业务资金不同类型的结构构成，采用层次码，用数字表示。第1位表示资金大类，第2位表示资金小类。与人民银行交互一般只到一级。

编码	名称	说明
1	预算管理资金	
11	公共财政预算资金	
12	政府性基金	
13	国有资本经营预算资金	
14	社会保险基金预算资金	
2	财政专户管理资金	
9	其他资金	

9.1.2　支付方式

财政资金由财政部门拨付到用款单位的方式，采用顺序码，用1位或2位数字表示。在“11 直接支付”、“12 授权支付”下各地可以根据业务管理需要进行具体支付方式的扩展。

编码	名称	说明
1	集中支付	
11	直接支付	
12	授权支付	
9	其他	
91	实拨	

9.1.3　结算方式

反映、统计和管理各级财政业务资金不同类型的结构构成，采用顺序码，用1位数字表示。

编码	名称	说明
1	现金支票	
2	转账支票	
3	电汇	
4	同城信汇	
5	异地信汇	
6	委托收款	
7	公务卡结算	
8	网银	
9	其他	

9.1.4　支付类型

反映支出管理的类型，如限额支票等特殊支出类型。

编码	名称	说明
1	正常支付	
2	限额支票	

9.1.5 预算类型

反映指标、计划或支出的类型，用数字表示。

编码	名称	说明
1	当年预算	
2	上年结余	

9.1.6 支出类型

反映财政支出的用途，采用层次码，用数字表示。第 1 位表示大类，第 2 位表示小类。

编码	名称	说明
1	购买支出	
11	货物政府采购支出	
12	工程政府采购支出	
13	服务政府采购支出	
14	货物非政府采购支出	
15	工程非政府采购支出	
16	服务非政府采购支出	
2	转移性支出	
3	工资支出	

9.1.7 收支管理

反映财政收支管理的分类，采用层次码，用数字表示。

编码	名称	说明
1	本级支出	
11	部门支出	
111	基本支出	
112	项目支出	
12	未划分支出	
2	转移支付	
21	返还性支出	
22	一般转移性支出	
23	专项转移支出	
24	政府性基金转移支付	
3	国有资本经营预算支出	
31	资本性支出	
32	费用性支出	
39	其他支出	
4	收入退付	
41	收入退付	
42	非税收入退付	
5	国债支出	
51	中央部门兑付国债支出	

9.1.8　业务类型

反映财政资金业务的类型，用于预算单位使用自助柜面的业务分类。用1位数字表示。

编码	名称	说明
1	普通业务	
2	公务卡业务	
3	工资业务	
4	其他批量业务	如中央专项批量发放等
9	其他业务	

9.1.9　退款类型

反映财政资金退款业务办理的类型。用1位数字表示。

编码	名称	说明
1	单笔退款	
2	全部退款	

9.1.10 办理方式

反映财政资金业务支付办理的方式，用1位数字表示。

编码	名称	说明
1	柜面业务	
2	自助柜面业务	

9.1.11 预算级次

反映预算的级次，采用顺序码，用数字表示。

编码	名称	说明
0	共享	
1	中央	
2	省	
3	市	
4	县	
5	乡	

后　记

国库集中支付电子化管理，是建设现代国库管理制度体系的一项基础性工作，也是一项开拓性工作。国库司翟钢司长曾评价它是“一件大事、新事、难事”。2013 年 2 月，财政部国库司和人民银行国库局，为指导国库集中支付电子化管理第二批十个试点省市开展工作，组织人员先期编写了一本小册子，以业务问答的形式，对电子化管理各业务方最关心的问题做了简要阐述。这本小册子作为培训材料下发后，引起试点省市各级领导、一线工作人员的积极反响。很多同志希望财政部国库司能够尽快在此基础上，对电子化管理的基础理论、试点经验、成果和问题进行全面梳理总结，正式出版一本书来普及有关知识，指导实际工作。

应地方同志要求，2013 年 3 月至 6 月间，财政部国库司组织部分地方试点省市、支付电子化系统研发单位相关人员着手编写《国库集中支付电子化管理理论与实践》一书。由于时间紧迫，工作繁忙，编写组很多同志牺牲了大量业余时间，为此付出了巨大努力。翟钢司长亲自为本书撰写了前言，娄洪副主任、赵永旺副司长对全书进行了审定和修改。同时，在本书的撰写过程中，河北省财政厅、重庆市财政局、湖北省财政厅、河南省财政厅、工商银行、江南科友公司及用友政务公司也给予了大力支持和帮助，在此一并表示衷心的感谢！

编者

2013 年 7 月